COPYRIGHT THEORY

著作权权利理论

陈健 | 著

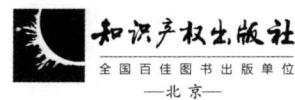

知识产权出版社
全国百佳图书出版单位
—北京—

图书在版编目（CIP）数据

著作权权利理论 / 陈健著. — 北京：知识产权出版社, 2022.6
ISBN 978-7-5130-8027-9

Ⅰ.①著… Ⅱ.①陈… Ⅲ.①著作权—研究—中国 Ⅳ.①D923.414

中国版本图书馆CIP数据核字(2021)第279109号

责任编辑：李陵书　武　晋　　　　　**责任校对：**王　岩
封面设计：研美文化　　　　　　　　**责任印制：**刘译文

著作权权利理论

陈健　著

出版发行：知识产权出版社 有限责任公司	**网　　址：**http://www.ipph.cn
社　　址：北京市海淀区气象路 50 号院	**邮　　编：**100081
责编电话：010-82000860 转 8165	**责编邮箱：**lilingshu_1985@163.com
发行电话：010-82000860 转 8101/8102	**发行传真：**010-82000893/82005070/82000270
印　　刷：三河市国英印务有限公司	**经　　销：**新华书店、各大网上书店及相关专业书店
开　　本：720mm×1000mm　1/16	**印　　张：**19.5
版　　次：2022 年 6 月第 1 版	**印　　次：**2022 年 6 月第 1 次印刷
字　　数：300 千字	**定　　价：**88.00 元

ISBN 978-7-5130-8027-9

本书试图对著作权涉及的各种权利理论问题进行深入的探讨和研究。本书的写作意图在于总结笔者多年的教学和科研成果，同时就笔者发现的目前我国著作权权利理论研究方面存在的各种问题进行探讨，从而促进著作权理论研究的深入发展。

本书分为上、下篇，上篇从著作权总论出发，主要研究著作权基础理论中存在的问题。下篇主要研究各种著作权权利问题，可以将其视为分论，不同的著作权权利问题各自独立，各自成章。

本书的上篇主要研究了如下问题：

功能性例外研究这一章，具体研究了物理分离和概念分离的测试方法，商标和外观设计中的功能性例外，版权功能性例外原则的完善措施，以及功能性例外在我国的具体应用和实用艺术作品的保护问题。

著作权的精神权利理论中，存在诸多的悖论，在财产权利、人格权利、职务作品、发表权、保护作品完整权等诸多方面，都存在内在的无法解释的悖论，笔者提出这些悖论，试图更好地理解精神权利，从而促进我国精神权利制度的不断完善。

在著作权的追续权问题上，笔者指出了追续权的益处与存在的问题，深入研究了各国追续权的立法状况，提出了我国追续权立法应当采取的做法，期望有利于促进我国追续权立法的完善。

著作权滥用，是著作权理论发展过程中一个较为重要的问题。美国版权滥用是在专利权滥用理论基础上生发而来的，它与专利权滥用有着一些共同的发展脉络，体现着美国法院在知识产权滥用与反托拉斯审查之间，反复考察、辨析的折中态度。本书归纳总结了美国版权滥用演变进程，期望从中引出可资借鉴之处，促进我国著作权滥用理论发展。

在著作权基础理论部分，笔者还研究了两种特殊类型作品的著作权保护问题。一种是关于字型设计的著作权保护问题。笔者从美国字型设计的功能性与版权保护研究出发，深入研究了汉字字型设计的功能性，总结了字型设计著作权保护的可能性及其存在的问题。另一种是关于地图独创性的问题。地图独创性，是地图著作权得以产生的前提条件。作为一种作品，地图由其制作者付出劳动而制作完成，同时产生著作权，并受著作权法的保护。此外，地图作为一种特殊类型的作品，对其独创性的要求又有特殊性。笔者从地图的制作过程分析地图独创性的所在，以期为判断地图著作权侵权行为奠定基础。

本书的下篇主要研究了如下问题：

在衍生作品与合理使用问题上，笔者侧重研究了衍生作品的合理使用判断原则，即实质性相似原则的判断，分析了各类衍生作品的合理使用，期望能够在衍生作品的合理使用理论上有所发展。

版权技术保护措施是版权所有人在互联网环境下，为应对作品的传播、保护作品著作权而使用的一种常用手段，但技术措施的广泛应用存在诸多弊端，为了克服这些弊端，各国采取了一些不同的应对措施。笔者对技术措施滥用带来的问题进行了归纳整理，对各国采取的应对措施进行了分析，并在此基础上提出了我国的完善对策。

首次销售理论是知识产权穷竭理论的一个分支，在数字市场上，产生了一个问题，即首次销售理论是否适用于数字市场？在总结研究了欧洲和美国对这一问题的不同处理方法后，笔者提出了首次销售理论适用于数字市场的观点，并在此基础上，侧重解决首次销售理论是否适用于国外制造的版权产品问题，研究了首次销售理论与平行进口的关系问题。

本书还分析了云存储的技术现状，研究了新技术引发云存储版权责任的变动情况，重点研究了云存储服务商的版权责任问题，以期促进我国互联网环境下云存储技术中版权法律制度的完善。

公开表演权是新型的著作权类型，笔者从美国公开表演权的相关判例研究入手，分析了公开表演权的具体含义，认为在互联网环境下公开表演权必将受到越来越明显的侵害，提出了保护公开表演权的法律措施。

笔者还分析研究了集体管理制度的现状，对数字版权时代集体管理制度的不适应之处进行了深入分析，具体研究了各国应对数字版权时代集体管理制度变革的各种方法，提出了我国集体管理制度的完善方向和措施。

现实中经常会发生艺术与文化遗产流失别国的问题，尤其像我国这样的文化大国，历经战乱，有许多艺术与文化遗产被盗取而流失国外。艺术与文化遗产的回归之路非常漫长，针对艺术与文化遗产的回归，我国必然与别国产生各种纠纷。在艺术与文化遗产纠纷中，由于涉及复杂的文化和历史背景问题，法院诉讼并不是最合适的解决之道。与法院诉讼相反，仲裁解决机制恰恰可以发挥其特殊的作用，因此笔者研究了艺术与文化遗产纠纷国际仲裁调解机制的完善问题。

著作权权利理论所涉及的问题还有许多，本书的内容仅仅展示了其中的一小部分，可谓挂一漏万。笔者希望通过对上述著作权权利理论问题的深入研究，能够促进我国著作权理论的发展。由于笔者水平所限，书中难免存在不当之处，敬请读者批评指正。

目 录 / CONTENTS

下篇
著作权权利理论：分论

| 上 篇 |

著作权权利理论：
总 论

第一章

著作权功能性例外研究

一、作品中的功能性例外

（一）美国版权法关于功能性作品版权保护的历史演变

美国自从1790年颁布第一个版权法以来，就在版权保护范围内开始保护书籍、地图和图表，也保护实用的艺术品。1802年，美国国会在版权法中增加保护了"历史和其他版画"。直到1870年，版权保护跨越了二维视觉艺术作品的范围，首次包含了三维作品，版权保护扩展至"任何书籍、地图、图表、戏剧或音乐作品、雕刻、切割、印刷、照片或其底片、绘画、素描、色彩、雕像、雕塑和模型"。1870年，"美术"的范畴被扩大到涵盖所有"艺术品"，包括艺术品的模型或设计。[1] 版权修正案允许"模压装饰制品、瓷砖、牌匾、陶器或金属制品的设计制造商受版权保护"，只要这些制造商在指定位置贴上指定的版权声明，明示这些物品实际上受到版权保护。

1909年《美国版权法》将版权保护的范围从"美术"扩大到"艺术品"

---

1 Shira Perlmuttera, Conceptual separability and copyright in the designs of useful articles, Journal of the Copyright Society of the U.S.A., April, 1990.

（艺术品的模型或设计），将艺术的所有作品包括在内，这一措辞首次为功能性作品的版权保护打开了大门。通过这项修正案，美国国会扩大了艺术品版权保护的范围，使之超越了纯粹的美学范畴，并正式允许对有用产品进行保护。1909年《美国版权法》颁布后不久，美国版权局通过了一项法规，拒绝对任何具有功利目的的艺术品进行版权保护。

到1948年，美国版权局首次抛弃了"美术"概念，试图界定功能性作品的保护范围。[1] 也就是说，美国版权局抛弃了"美术"概念，要求必须是"艺术品"，这种艺术品包括"艺术工艺品，只要它们的形式不是机械的或纯功能性的，如艺术首饰、搪瓷、玻璃器皿和挂毯，以及所有属于美术的作品，如绘画、雕刻"。[2]

此后，美国版权法引入了"可分离性测试"标准，即如果一件物品的"唯一"内在功能是它的效用，那么这件物品独特且外形诱人的事实，将无法证明它是一件艺术品。但是，如果一件功利物品的形状包含艺术雕塑、雕刻或图案表现等特征，这些特征可以被单独识别，并且能够作为一件艺术品独立存在，那么这些特征将有资格被版权注册。

在接下来的几十年里，美国版权局对各种实用物品进行了版权登记，包括：图书、时钟、灯、门把手、烛台、墨水瓶、吊灯、存钱罐、日晷、胡椒瓶、鱼缸、砂锅和烟灰缸等。

1976年《美国版权法》将"唯一"一词删除。目前美国版权法认为，"就汽车、飞机、妇女用品、食品加工机器、电视机或其他任何工业品来说，该外观设计要想依据本法获得版权，除非它们的外形含有某些在物理上或观念上的可分离的要素，这些要素独立于该物品实用方面"。一个有用产品的设计，只有当且仅当这种设计中包含能够与物品的实用方面分开识别并能够独立存在的图画、图形或雕塑特征时，才能被视为图画、图形

----

1 Shira Perlmuttera, Conceptual separability and copyright in the designs of useful articles, Journal of the Copyright Society of the U.S.A., April, 1990.

2 Eric Setliffa, Copyright and industrial design: an "alternative design" alternative table of contents, Columbia Journal of Law & the Arts, Fall, 2006.

或雕塑作品。

（二）物理分离

Mazer v. Stein案为物理可分离性理论奠定了基础。在该案中，原告制造了一个模仿人形的雕像，并将其作为艺术品加以版权保护。在获得版权之后，原告将雕像用作灯具的底座。被告复制了灯座并出售。被告辩称，这些台灯不能享有版权，因为它们是有用产品，是专利保护对象，而非版权保护对象。法院不同意被告的观点，对雕像给予了版权保护，因为这盏灯不需要艺术性的底座，也能发挥灯的功能。

Mazer案之后，美国版权局相应地修改了版权注册规则，规定"如果物品的唯一内在功能是实用性，即使该物品具有独特并吸引人的外形，也不具有艺术品的登记注册资格。然而，如果实用物品的外形具有一些诸如雕塑、图形、雕刻的艺术特征，此种外形特征能够作为艺术品被分离出来，并能作为艺术品独立存在，那么，该外形特征就符合登记注册的条件"[1]。

1976年《美国版权法》明确规定，用于一件有用产品表面或将其设计融入其中的装饰品，无论是二维或三维的，都具有著作权。例如，保护建筑物上雨水喷口的滴水嘴兽，或织物上的印记图案，如果这样的艺术元素可以与有用产品进行物理上的分离，则其可以作为一件艺术品受到版权保护。

一幅二维的绘画、素描或图形作品，当它被印在实用物品上或应用于诸如纺织品、壁纸、容器之类的物品上时；一尊雕像或雕刻品被用来修饰一件工业产品时；或者像Mazer案中那样，雕像被整合到一件产品中而不丧失其作为一件艺术品独立存在的价值时，是可以受到版权保护的。

如果可以在物理上将艺术元素从功能性产品中分离出来，同时不减少产

----

1 Darren Hudson Hicka, Conceptual problems of conceptual separability and the non-usefulness of the useful articles distinction, Journal of the Copyright Society of the U.S.A., Fall, 2009-Winter, 2010.

品的内在功能，那么这一特定的艺术元素就是可授予著作权的。[1]

（三）概念分离

在物理分离之外，美国版权法还发展出概念分离理论，并且通过一系列案例细化了概念性分离的测试方法。物理可分离性要求产品的美学元素和其功能性物理上相分离，例如美洲虎汽车引擎盖上的艺术雕像与汽车本身的实用功能在物理上是分离的。概念可分离性，则只要求美学元素在理论上与功能性是可分离的。例如，花瓶上的彩绘图案在概念上与花瓶本身是分离的，但并不发生物理上的分离。但是概念性分离毕竟不同于比较直观的物理性分离，如何对概念性分离加以判断呢？在美国，针对概念性分离，发展出若干判断方法。

1.客观必需判断法

在Carol Barnhart案中适用的概念上的可分离标准被概括为：如果实用物品的艺术或美学部分由物品的功能性决定，则该艺术或美学部分无法在概念上分离，无法获得版权保护；相反，如果该艺术或美学部分不受制于物品的实用功能，它们能被想象并添加到实用物品上，即满足概念上的可分离要求，则可获得版权保护。该测试方法称为客观必需判断法。

因此，客观必需判断法，是指如果在客观上一个实用物品中的艺术或美学特征是实现该物品的实用功能所必需的，这些特征就不能满足"概念上分离"的要求，因此不能获得版权保护；相反，如果这些特征不是实现该物品的实用功能所必需的，能被添加或附加到实用产品中去，那么它们就满足了"概念上分离"的要求，可以获得版权保护。

"如果设计元素反映了美学和功能性的融合，作品的艺术性就不能说在概念上与功能性相分离。"产品的艺术元素对于它的实用功能来说，必须是"完全不必要的"。如果一个设计特征"对物品的使用或用途至关重要"，

---

1 Raymond M. Polakovic, Should the Bauhaus be in the copyright doghouse? Rethinking conceptual separability, University of Colorado Law Review, 1993.

那么它就不能受到版权保护。

　　这种测试方法来源于一个理念，即一个独特的艺术设计，完全没有必要去表现功利性的功能。[1] 它要求艺术元素对于产品的功能性是完全不必要的，艺术或美学特征可以被认为是添加或叠加在一件本来实用的物品上。如果产品的实用功能不需要美学特征，则可以找到概念上的可分离性。反之，如果产品的功能规定了艺术或美学特征，那么这些特征在概念上不可分离。一些学者称赞该测试方法足够客观，减少了法官将他们对艺术的想法和观点注入概念可分离性分析的机会。

　　由于工业设计中的实用部分的主要特征是非审美的、功能性的，实用产品中的受版权保护部分，最终取决于作品在多大程度上不受功能约束地反映了艺术表现。如果设计元素反映了美学和功能考虑的融合，作品的艺术方面就不能从概念上与实用元素分离。相反，如果设计元素可以被识别为反映了设计者的艺术判断，不受功能的影响，那么概念上的可分离性就存在了。[2] 这种方法要求对"作品反映艺术表达的程度"进行调查，要求法院判定设计师的意图，并判断其意图是否具有足够的艺术性。可分离性在一定程度上依赖于发现，即发现艺术特征是否"可以作为艺术作品而独立存在"，甚至更明显地涉及对艺术本质的个人判断。如果设计元素可以被识别为反映了设计者的艺术判断，独立于功能的影响，那么概念上的可分离性就存在了。[3] 该测试要求考虑功能在多大程度上或以何种方式决定了艺术特征。[4] 因此，这种方法要求法院调查艺术特征是否多余地被添加到功能性之上，但在这种调查之

1　Sonja Wolf Sahlstena, I'm a little treepot: conceptual separability and affording copyright protection to useful articles, Florida Law Review, March, 2015.

2　Shira Perlmuttera, Conceptual separability and copyright in the designs of useful articles, Journal of the Copyright Society of the U.S.A., April, 1990.

3　Jacob Bishopa, Stealing beauty: Pivot Point International v. Charlene Products and the unfought battle between the merger doctrine and conceptual separability, Wisconsin Law Review, 2006.

4　Sonja Wolf Sahlstena, I'm a little treepot: conceptual separability and affording copyright protection to useful articles, Florida Law Review, March, 2015.

初，要求法院对艺术特征首先加以明确认定。在这一环节上，要求法院判断艺术特征，会导致较多的主观因素的参与。

2.Newman法官的测试方法

Newman法官提出了另一种测试法，即临时置换测试法（temporal displacement test）。该测试方法要求判断实用物品是否能激发旁观者头脑中的观念，该头脑中的观念与实用物品的实用功能是否可以暂时分离。"旁观者"指一般理性人，这一测试方法要求一般理性人头脑中的艺术性与实用艺术作品的实用性至少在某一瞬间发生分离。

例如，在艺术上进行了设计的一把椅子，也许值得在博物馆里展出，但仅凭这一点还不能满足"概念分离"的要求。博物馆里的参观者看到并理解这是一把精心设计的椅子，其作为带有设计的艺术作品的设计理念与供人坐的功能概念相分离。Newman法官认为，要使设计特性"概念上分离"，这一产品就必须在旁观者的头脑中激发一个概念，这个概念与它的功利主义功能所唤起的概念相分离。被考虑的"旁观者"是普通的、理性的观察者。"每当设计在普通观察者的头脑中创造了两种不同的概念，而这两种概念同时存在"时，概念性分离就存在了。只有当这两个概念相互独立、相互排斥时，才能找到概念"分离"。"当非功能的艺术概念可以在普通观察者的脑海中产生，而同时并没有考虑功能因素时"[1]，当非功能因素与产品的功能方面交织在一起，能够使一个普通的、合理的观察者感知一个美学概念，概念性分离就产生了。如果设计"在旁观者的头脑中激发出一个与功利功能唤起的概念相分离的概念"，并且旁观者是普通的理性观察者，那么设计特征在概念上应该是可分离的。[2]

要使一个艺术特征可被版权保护，旁观者必须能够想象出这一艺术概

1 Shira Perlmuttera, Conceptual separability and copyright in the designs of useful articles, Journal of the Copyright Society of the U.S.A., April, 1990.

2 Eric Setliffa, Copyright and industrial design: an "alternative design" alternative table of contents, Columbia Journal of Law & the Arts, Fall, 2006.

念，而同时不考虑功能因素。[1] 检验的标准是，在观察者的头脑中是否会产生一个单独的艺术性的非功能概念，或者它能否至少暂时地取代功能方面。

在这种测试方法下，虽然产品的功能是可以观察到的，但当观察者看到一个独立的概念上的非功能特征时，如果产品的功能可以在他的脑海中被艺术特征所取代，就会产生概念上的分离。因此，法官个人对"什么构成艺术"的理解将不可避免地影响其相信合理的观察者是否会理解作品体现的是艺术性而不是实用功能。

进一步说，因个人的品位和想象不同，一般理性人会对艺术有不同的理解，不同的一般理性人可能有不同的艺术理解。因此，Newman法官提出的测试方法过于抽象，以至于难以把握。美术作品的艺术美感层面的判定，是一个以不同人的主观意识为转移的抽象层面的判断，是一个带有浓厚个人色彩的主观层面的判断。这种判断标准的判决结果必将是不一致的，若要使法官在艺术美感的判定问题上达成一致，是比较困难的。因此，该判断标准主观色彩过于浓重，无法在司法实践中系统地提炼出一套客观的、易于操作的方法。

此外，由于该艺术美感的判定在著作权保护的司法实践中往往取决于法官的主观判断，而法官在判决时依赖于自己的审美情趣或理解，由于美学分析通常是因人而异的，这也将会导致很多小众的、新兴的、有个性的实用艺术作品无法很好地得到著作权法的保护，因此这种测试方法带有较大的不确定性。

3.设计过程测试法

这一测试方法是由Denicola教授最先提出的。Denicola教授认为法院分析的焦点不是最终产品，而是产生产品的过程。换句话说，创作这个产品的艺术家的动机如何，决定了这个产品的最终功能主要是功能性的还是纯粹美学的。如果设计过程中考虑的要素是美感及功能的结合，那么该设计就不能

---

1 Sonja Wolf Sahlstena, I'm a little treepot: conceptual separability and affording copyright protection to useful articles, Florida Law Review, March, 2015.

被认定为在观念上与功能相分离；反之，若设计过程中考虑的诸因素仅是反映设计者的艺术美感判断，且设计者在进行这一设计时未受其实用功能的影响，那么就符合概念上分离的标准。此标准主要是判定设计者在设计过程中所考虑的实用或功能因素对设计的影响，认为反映设计者设计过程中艺术判断的设计元素能被有效地识别且独立于功能因素存在时，就存在概念上的可分离性。进行判断时，应关注相关作品和工业设计过程之间的关系，外观设计者的艺术判断能够独立于功能性的影响而存在，外观设计元素能被识别出来，可满足概念上的可分离标准。该分析方法称为设计过程测试法。[1]

如果一个人能构想出一个产品的美学元素（即设计）而不去设想它的功能元素，那么这些元素在概念上是可分离的。如果在设计过程中，实用艺术品中的设计元素是同时考虑了艺术性和实用性的结果，那么该物品的艺术方面无法与其实用元素在"概念上分离"；反之，如果其设计完全是艺术性判断的结果，而没有考虑实用功能，那么其就符合"概念上分离"的标准。

Denicola教授要求我们关注设计师的审美和功能考虑，也就是说，我们应该问，设计师在考虑作品功能性的同时，是否也在考虑作品的美学方面？[2]当设计元素可以被识别为反映设计师独立于功能因素而进行的艺术判断时，概念可分离性就存在。

这一测试方法在法律界引起了相当大的争论。应当看到，关注创造者主观设计过程的判断方法，会逐渐导致这一测试方法走向消亡。如果两位设计者分别独立创作了十分相似的作品——一个考虑了功能性需求，另一个没有考虑功能性需求。在注重设计过程测试方法的指引下，未考虑到功能需求的作品可以获得版权保护，考虑到功能性的作品反而无法受到版权保护，但事实上两个作品是一样的，得出这样的结果十分荒谬。

----

1 Robert C. Denicola, Applied art and industrial design: a suggested approach to copyright in useful articles, 67 Minn. L. Rev., pp. 707, 741 (1983).

2 Darren Hudson Hicka, Conceptual problems of conceptual separability and the non-usefulness of the useful articles distinction, Journal of the Copyright Society of the U.S.A., Fall, 2009-Winter, 2010.

此外，设计过程测试法鼓励设计者无需考虑他们的作品能否获得商业成功，从而使得设计者拒绝为存在于他们头脑中的功能考虑如何采取解决的措施，这将不利于外观设计的创新。

如果一个人可以设想物品的美学元素而不同时设想其功能方面，那么这些元素在概念上是可分离的。反过来说，如果一个人能设想事物的功能而不同时设想它的特定设计，那么它的功能和它的设计在概念上同样是可分离的。鉴于此，从概念上将作品的功能从设计中分离出来几乎总是可能的，因为尽管功能经常限制设计，但它几乎从不要求设计。因此，几乎所有的有用产品都有可能获得版权保护。

在进行设计时，设计者自己既无法只考虑一个概念，而不同时考虑另一个概念，也无法证明这两个概念是不可分离的。如果艺术家的动机是创造一件明显具有功能性的产品，那么这一产品的艺术特征在概念上就会与功能产品密不可分；因此，这个产品将仅仅构成一个有用的产品，而无法受到版权保护。这就造成了明显的悖论。

Denicola的测试方法甚至会鼓励工业设计师通过证言或其他方式，记录其设计的艺术动机，而不是工业或功能性动机，从而试图说服法庭相信设计的非功能性。具有讽刺意味的是，最有可能成功获得版权保护的人将是工业设计师，因为其在很大程度上比纯粹的艺术家更能意识到记录这个功能性产品的动机和过程的重要性。精明的工业设计公司将因此保留适当的文件，以表明纯粹的艺术动机，而不是功能性的考量，从而最终使作品受到版权保护。相对于工业设计师，艺术家更有可能不知道知识产权法的复杂性，因此不太可能在其对有用产品的设计中，记录其创作过程。这意味着这种测试方法会导致一种奇怪的现象，即设计同样的产品，一个工业设计师和一个普通的艺术家相比，更可能是前者被授予版权，而不是后者获得保护。[1]

----

1 Raymond M. Polakovic, Should the Bauhaus be in the copyright doghouse? Rethinking conceptual separability, University of Colorado Law Review, 1993.

4.可销售测试法

Nimmer教授的市场销售理论来自Galiano v. Harrah's Operating Co., Inc.案。该理论认为，"即使产品没有任何功利用途，它仍然会因为其美学品质而在社区的某些重要群体中有市场，因此具有概念上的分离性"。如果产品无法销售，那么它们将无法通过概念可分离性的测试，因此无法获得版权保护。[1] Nimmer教授的测试方法，重点是调查该产品的可销售程度。

"产品在社会上进行大量销售，如果这种销售来自其美学价值时，概念性分离存在。"概念可分离性存在于这样一种情况下，即使产品存在功能性用途，它也会因为其美学特性而在社区的某些重要群体中有市场。它允许调查者考虑作品可销售性的事实，这些事实说明，一个普通的、理性的观察者可以从产品的功能中察觉到美学特征，从而促进产品的销售。

这一测试方法的主要问题在于，判断的结果可能仅仅对那些更近于主流艺术的实用艺术品提供版权保护；而对于非主流的实用艺术品，大多数人不会因为它所具有的艺术特征而购买，因此它就无法获得版权保护。该测试方法虽然减少了法官个人意见对艺术判断的影响，但增加了社会群体对艺术的不同判断的影响。进一步说，在不同的案件中，对同一件物品的判断，因为参照的社群标准不同，可能导致不同的裁判结果，所以该测试法并不值得推崇。正如Newman法官所认识到的，这个测试会产生两个相关的问题：一是它可能只保护流行艺术领域内的艺术品形式，二是它可能排除了只有少数人愿意购买的艺术品的形式。[2] 大多数人可能认识一些作品构成的艺术作品，但如果只有少数人，也许不构成一个社区的重要部分，人们愿意购买这些作品只是为了摆放在自己的家里，这种情况下，可能会将这些作品排除于版权保护之外。

---

1 Darren Hudson Hicka, Conceptual problems of conceptual separability and the non-usefulness of the useful articles distinction, Journal of the Copyright Society of the U.S.A., Fall, 2009-Winter, 2010.

2 Shira Perlmuttera, Conceptual separability and copyright in the designs of useful articles, Journal of the Copyright Society of the U.S.A., April, 1990.

此外，对于"市场上绝大多数消费者"的判定也是一个颇具争议的问题，对于不同的市场而言绝大多数消费者的具体数量是随机的、变化的，而不是一成不变的，这使得在每一个具体的案例中都需要明确绝大多数消费者的数量，这无疑是一项冗余且标准不一的工作，会使判决出现不可预见性。

"显著"一词缺乏一个定量的界限，"社区"一词的范围也不清楚，该社区是基于地理区域、艺术赞助还是其他因素。根据这种测试方法，同样的作品在一个社区可能会被认为是受保护的，因为它在该社区的市场成功，但由于它在另一个社区不受欢迎，而可能被拒绝保护。

因此，适销性被纳入测试方法，不应是一个主导的分析方法，只能作为一种参考因素加以考虑。

5.直接否认法

美国版权法规定了一个双重测试方法，以确定功能产品的版权性。首先，必须确定所调查的产品是否具有功能性；其次，如果产品具有功能性，必须确定产品在多大程度上值得受到版权保护。这就为功能性分离测试提供了一个空间，在特定情况下可以直接否认其艺术性而不必继续判断其功能性分离问题；或者直接否认其功能性，而判定其构成艺术作品，从而脱离判断功能性分离的复杂问题。

例如，在Brandir International, Inc. v. Cascade Pacific伐木场有限公司案中，法院驳回了一种有风格的自行车架设计的版权，理由是，尽管这种设计在美学上很有吸引力，但它本质上是工业设计的产物。[1]

在Gay Toys, Inc. v. Buddy L. Corporation案中，法院认为玩具飞机不是"有用的产品"，因为玩具在儿童的成长过程中起着重要的作用，并将玩具的"实用性和功能性特征"认定为"允许孩子做梦，让他或她的想象力翱翔"。美国联邦上诉法院则把玩具飞机的功能描述为仅仅是描绘一架真正的飞机，从而使它脱离了"有用产品"的法定定义。法院指出，"设计师或制

---

1 Darren Hudson Hicka, Conceptual problems of conceptual separability and the non-usefulness of the useful articles distinction, Journal of the Copyright Society of the U.S.A., Fall, 2009-Winter, 2010.

造商出于经济原因对某些艺术特性的选择，与该产品是否对消费者来说是有用的产品无关"。[1] 许多艺术作品本身能够引发人的梦想和发挥想象力，并不因此成为功能性产品，这种产品依然可以认定为艺术作品。因此，法院不必考虑可分离性测试问题，直接认定其可以受到版权保护。

判断一个产品属于艺术作品还是功能性产品，这是一个不可回避的问题。判断产品属于艺术作品从而直接进行版权保护，这没有问题；而判断产品属于功能性产品，则要继续判断功能性产品中包含的美学因素是否能够受到版权保护。直接判断产品属于功能性产品还是艺术作品，从而脱离概念性分离的判断，毕竟只是少数情况。

二、商标中的功能性例外

《日本商标法》规定，"属于商品以及商品的包装的形状，仅由为了确保商品以及商品的包装的功能所不可缺少的立体的形状"不得注册商标。《日本商标审查指南》认为，如果为实现商品功能所必需的商品或商品包装的形状可以注册为商标，商标所有人将获得事实上无限期的垄断性的权利，将妨害在生产和销售过程中适当的市场竞争。《日本商标审查指南》认为，关于何谓"为实现功能所必需的"，应特别考察以下两点：（1）是否存在可实现同样功能的其他可替代形状；如是，则该三维形状并非所必需的。（2）如果该商品或商品包装的形状被其他形状替代，成本是否保持相同水平或者更低。如果采用其他可替代形状，将显著增加制造成本，同业竞争者将在商业交易中处于明显的竞争劣势，申请人不可以将其注册为商标。

《协调成员国商标立法1988年12月21日欧洲共同体理事会第一号指令》（89/104/EEC）第3条第1款第5项规定，"纯粹由商品本身的性质决定的，

---

1 Shira Perlmuttera, Conceptual separability and copyright in the designs of useful articles, Journal of the Copyright Society of the U.S.A., April, 1990.

或对取得某种技术效果所必需的，或赋予商品实质价值的外形"构成的标记，不能作为商标注册。

美国国会在《美国兰哈姆法》第1052（e）（5）条中规定，"任何由总体上具有功能性的东西构成的商标"不能注册在商标主登记簿上。该项规定不但没有具体限定功能性分析所适用的商标构成要素，还通过"任何"一词将功能性规定的范围无限扩大。《美国侵权法重述（第一次）》第742条规定："如果产品的某个特征影响了产品的目的、操作或使用，或者便利了产品的加工、操作或使用，或者节省了加工、操作或使用的费用，该特征就是功能性的。""如果消费者购买商品很大程度上是因为商品所具有的美学功能，那么这些美学特征就具有功能性，因为它们促成了美学价值的产生，有助于商品所要达到的目标的实现。确定这些特征是否具有功能性，要看禁止他人模仿是否剥夺了他人什么，并进而实质上阻碍了他们进行自由竞争。""产品对消费者的吸引力如果主要在于美感价值，由于产品的外观特征明显助益于上述价值，进而促动产品吸引力的实现，它们应当是功能性的。"《美国反不正当竞争法重述（第三次）》对美学功能标准进行了限制，认为单纯美学意义上的愉悦不构成功能性，只有它能够带来一种实质利益，而这种利益又不能通过替代设计来获得的情况下，才具有功能性。只有商品特征影响了商品的用途、作用或者性能，或者是加工制造、处理、使用中的便宜、经济，它才具有功能性，否则就不具有功能性。

商标的非美学功能性于1938年在美国被首次提出，1952年在Pagliero案中被首次运用。在该案中，美国联邦法院认为，原告印在瓷器上的设计仅仅是希望在瓷器市场具有竞争力，因为盘子的图案吸引消费者购买瓷器，因此认为运用于瓷器的该设计是具有美学功能性的，不能受到商标法的保护。"如果一外观在产品商业销售的成功中起到了重要作用，那么它就是具有美学功能性的，应当在自由竞争中允许对这种图案或版权的共享。"

在Brunswick案中，法院运用商标的非美学功能性原则，驳回了对舷外发动机的黑色的商标注册。判决舷外发动机的黑色是具有功能性的，因为黑色在各色船只中都是适用的，并使产品显得体积更小，使发动机的销售更具有优势，因此具有功能性，不能注册为商标。

1995年，美国联邦最高法院在夸里提克斯案中确定了功能性的定义，认为如果商品特征为商品使用或性能所必需，或者影响商品的成本或质量，而独占使用该特征会给其他竞争者带来严重不利影响，则该特征就是功能性的。这样，在夸里提克斯案中以美国联邦最高法院判决的形式，确定了功能性判断标准。

美国海关与专利上诉法院在Morton-Norwich案中确立了功能性测试的四条标准，包括：（1）该设计是否获得了实用性专利，并披露了设计的实用性优点。（2）设计的所有人在广告宣传中是否宣扬了设计的实用性优点。（3）竞争者是否可以采用其他替代设计。如果有同等有效而经济的替代设计存在，则该设计不具有功能性。（4）该设计是否源于一种相对简单或经济的制造方法。如果是，则该设计不具有功能性。这个测试标准在美国获得了商标注册管理部门和许多法院的认可。

我国商标法规定，仅由商品自身的性质产生的形状，为获得技术效果而需有的商品形状，使商品具有实质性价值的形状，不得注册为商标。《商标审查审理指南》对这三种情况分别进行了明确规定，三维标志仅由商品自身性质产生的立体形状组成，即该立体形状是为实现商品固有的目的和用途所必须采用的或通常采用的立体形状，判定该三维标志具有功能性。三维标志仅由为获得技术效果而需有的商品立体形状组成，即该立体形状是为使商品具备特定的功能，或者使商品固有的功能更容易地实现所必需使用的立体形状，该三维标志具有功能性。三维标志仅由使商品具有实质性价值的立体形状组成，即该立体形状是为使商品的外观和造型影响商品价值所使用的立体形状，该三维标志具有功能性。

可见，我国商标中的功能性例外范围更广，包括技术功能性例外和美学功能性例外。立体商标的非功能性在于保持专利法和商标法之间的平衡，避免利用商标对发明和外观设计实现垄断性的永久保护，解决的是商标对公共利益可能造成妨害的问题。商标非功能性原则，旨在保护基本的公共领域，避免以商标保护的方式妨碍正常的市场竞争，为市场竞争划出一片自由的空间。相较于发明和外观设计的有期限限制的保护，商标可以通过续展获得永久保护，如果对功能性立体商标予以注册，相当于扼杀了发明和外观设计保护期限届满后公众使用该专利和外观设计的自由，造成技术垄断，对人类发展之公共利益造成损害。非功能性的制度价值在于：能够保持专利法和商标法之间的平衡，杜绝将商标由标示产源的标志异化为阻碍自由竞争的工具。

三、外观设计中的功能性例外

现代工业设计的主要特征是美学与功利主义的结合，设计师不能随心所欲地追求审美情趣。美国专利与商标局将外观设计定义为"一种应用于制造产品的视觉装饰特征"。美国工业设计师协会将工业设计师的工作描述为"创造和发展概念和规范的专业服务，以优化产品和系统的功能、价值和外观，以实现用户和制造商的共同利益"。这一定义说明工业设计针对的是功能性的物品，产生实用性的目的和创造性的设计。工业设计对于消费者和制造商都很重要，工业设计师通过创造最大化实用主义和美学功能的产品使消费者受益。

《美国专利法》第171条规定："就产品而发明的任何新的、原创性的和装饰性的外观设计，其发明者可依据本法的规定和要求获得专利。"《美国专利审查指南》中规定，一件制造品的外观设计主要体现在产品的功能上，则认为它缺乏装饰性，不能申请外观设计。《日本意匠法》第5条规定，下列外观设计，不能取得外观设计注册：从确保物品的机能而不可或缺的形状中得出的外观设计。《韩国外观设计保护法》第6条规定，下列外观设计不予登记注册：仅由实质上是为实现产品功能而不可缺少的形状组成的外观设计。《欧盟理事会共同体外观设计保护条例》第A8.1条规定，对于仅仅由技术功能决定的产品外观特征组成的共同体设计不给予保护。《TRIPS协定》中有关外观设计的第25条排除了对"主要按技术上或功能上考虑而做的设计"的保护。

世界知识产权组织指出，工业设计涵盖了产品的外观或美学特征，只有产品的美学方面应该受到工业设计的保护，而功能方面则应保留给专利。例如一辆自行车，即使它的所有功能部件都被排除在版权保护之外，也可以适用专利保护。外观设计为有用产品的"图像、图形和雕刻"元素提供保护，只有这些元素可从实用功能方面被"单独识别"出来，才能受到外观设计的保护。

如果一个产品的唯一内在功能是它的效用，那么这个产品即使有独特的、吸引人的外形，也并不构成受到外观设计保护的艺术品。然而，如果实用产品的形状包含了艺术雕塑、雕刻或绘画表现等特征，这些特征可以单独识别，并且能够独立地作为艺术品存在，那么这些特征将可以受到外观设计保护。

工业设计代表了"美学和功利主义的结合"。在进行外观设计时，设计者必须考虑一系列其他的实用主义因素，包括"易于操作、维护、保养、储存、制造成本、包装、运输、陈列、安全、故障安全操作"等，同时也要考虑富有美感的工业品外表，因此艺术特色与物体的功利功能不可分割地交织在一起，几乎不可避免地形影不离。

大多数产品都是功能性和装饰性的结合。绝对地区分功能性设计特征和装饰性设计特征在大多数情况下是不现实的。只有在特殊的情形下，某种产品的某项设计特征才可能完全由装饰性或者功能性所决定。至少存在三种不同类型的设计特征：功能性设计特征、装饰性设计特征、功能性与装饰性兼具的设计特征。如果这种设计特征是由某种特定功能所决定的唯一设计，则该种设计特征不存在考虑美学因素的空间，显然属于功能性设计特征。如果某种设计特征是实现特定功能的有限设计方式之一，则这一事实是证明该设计特征属于功能性设计特征的有力证据。即使某种设计特征仅仅是实现某种特定功能的多种设计方式之一，只要该设计特征仅仅由所要实现的特定功能所决定而与美学因素的考虑无关，仍可认定其属于功能性设计特征。如果把功能性设计特征仅仅理解为实现某种功能的唯一设计，则会过分限制功能性设计特征的范围，把具有两种或者两种以上替代设计的设计特征排除在外，进而使得外观设计申请人可以通过对有限的人工设计分别申请外观设计专利的方式实现对特定功能的垄断，不符合外观设计专利保护具有美感的创新性设计方案的立法目的。[1]

我国《专利审查指南》中给出了这样一个判定标准：在进行外观设计是否具有明显区别的判断时，由产品功能唯一限定的设计对产品外观设计的整体视觉效果通常不具有显著影响。实现特定技术功能的唯一或者有限的设计，以及为实现产品或者产品组成部分连接、配合的设计，属于主要由技术功能决定的设计，对外观设计专利的整体视觉效果不具有影响。显然，我国《专利审查指南》使用"对外观设计专利的整体视觉效果不具有影响"的措辞，意味着这种类型的外观设计可以申请外观设计专利，但在保护之时并不受专利法的保护。外观设计不必如版权那样一定要明确地区分，因为外观设计本身就是二者合一体。但是外观设计保护必须强调只能保护其美学部分，而不能保护其功能性部分。

四、功能性例外之再认识

（一）版权功能性分离原则的完善

物理性可分离比较容易理解，而概念可分离性测试需要判断一个普通的、合理的观察者是否能从有用产品的功能中察觉到美学特征。当设计元素可以被识别为反映设计者的艺术判断而不受功能影响时，概念上的可分离性就存在了。概念性分离要求普通的、理性的观察者将美学特征与产品的功能分离开来，因为美学特征是非常主观的，是否属于美学特征，应当坚持客观的标准。要考虑作品的艺术特征是否得到了公众或媒体的认可，帮助调查者判断一个普通的、理性的观察者是否能从产品的功能中察觉到美学特征，是公众对作品的客观感知。

使用客观必需判断法，比较适合我国的国情。在普通的、合理的观察

---

1 人民法院出版社，《最高人民法院司法观点集成（第三版）·知识产权卷》，人民法院出版社2018年版，第133页。

者的心目中，与功能同时感知的美学特征的存在，将满足概念可分离性的标准。独立于其功能的艺术作品，如果一个普通的、理性的观察者能够从产品功能中分离出艺术特征，那么就可以通过概念可分离性测试。

调查者在判断时，重点考虑作品是否，以及在何种程度上，具有作为一件艺术品的用途。在客观上，一个实用物品中的艺术和美学特征是否是实现该物品的实用功能所必需的，如果是，则这些特征不能满足"概念上分离"的要求，因此不能获得版权保护；如果这些特征不是实现该物品的实用功能所必需的，是自由添加或附加到实用物品中的，那么它们就满足了"概念上分离"的要求，可以获得版权保护。

此外，调查者可以调查关于作品销路的事实，需要考虑的相关事实包括：作品在多大程度上有销路，根据作品的艺术特征在多大程度上进行广告和营销，消费者是否表示他们购买作品是出于审美考虑而非功能考虑。市场信息应当显示出，作品的艺术特征与物品的功能分离，影响了普通消费者购买物品的倾向。

笔者认为，分离理论在我国也是有价值的，功能性不受版权保护，在版权保护时，也要采用分离原则将功能性部分从版权保护中分离出去；我国著作权法对于分离理论含糊不明，是立法上的缺欠；应当在著作权法上增加分离理论，引入美国的物理性分离和概念性分离测试方法，促进我国著作权法的深入发展。

（二）功能性例外之应用

当某一特定功能只能以一种或几种非常有限的方式表达时，该表达将不值得受到版权保护。版权保护应用于艺术作品或具有美学、艺术特征的工业设计，如果它们的美学或艺术特征不能与其功能性相分离则这样的作品是不能被版权保护的，不管它们是否"在美学上令人满意和有价值"。

工业设计的产品是功能性的，它的功能性和美学性相互交织，如果工业设计本质上是功能性的，对这类产品的版权保护将产生垄断作用，从而阻碍进步和良性竞争。"通过版权法保护功能作品——其保护门槛低且持续时间更长——将削弱专利制度作为保护功利主义作品的主要手段，阻碍对技术进步至关重要的顺序创新的过程。"因此，外观设计不保护那些没有与产品功能性结合起来的美学特征，也不保护那些欠缺美学特征仅仅单纯具有功能性的外观设计，外观设计保护的是功能性和美学特征相结合的产品外观。

外观设计只能保护其美学功能性部分，不能保护技术功能性部分，但二者常常结合在一起，从而使得技术功能性与美学功能性的整体产品也会受到外观设计保护，但外观设计保护的只能是其美学功能性部分，技术功能性或产品常规形状，并不受到外观设计的保护。工业设计的美学特征与艺术观念越接近，它被授权的可能性就越大。相反，产品越抽象，越属于具有功能性的设计，其被授权的可能性就越小。

作为一个产品，表达美学思想的方式不止一种，或者是非常有限的几种。只要某种特定的表达方式是表达某种特定功能性的唯一方式，或者是少数几种可能的表达方式之一，这种表达方式就不值得受到外观设计保护。如果一个产品的功能被限定为一种表达，一个设计是由某个给定的功能所决定的，那么这个设计将不在版权的保护范围之内，同时也不能被授予外观设计专利权。一个功能一个设计，一个功能多个设计，这两种都属于功能性。只有一个功能任意设计的情况下，设计才属于版权保护的对象，同时能够被授予外观设计专利权。如果形状确实是"功能强制的"，那么对于这样的形状，无论它在美学上有多么令人满意，都不应该授予版权保护，也不能授予外观设计专利权。[1]

外观设计的侵权判断，必须首先将其技术功能性部分剥离。即便是主要由技术功能决定的设计，只要该设计不是实现所述功能的唯一手段，或者说，只要该设计不属于"由功能唯一限定的设计"，就不能直接认定其是纯粹出于功能的考虑，因为不能排除该设计是出于美学的考虑，所以，在外观设计的对比判断过程中，应当考察其对产品外观设计整体视觉效果的影响，

---

[1] Sonja Wolf Sahlstena, I'm a little treepot: conceptual separability and affording copyright protection to useful articles, Florida Law Review, March, 2015.

而不能武断地认定其对产品外观设计整体视觉效果不具有显著影响。

外观设计申请授权时，既排斥那些没有与产品相结合的设计，也排斥那些由某种特定功能所决定的唯一设计和实现特定功能的有限设计方式，如果这些设计是由其要实现的特定功能所决定的，将无法受到外观设计的保护。外观设计不保护其功能性部分，可以使用著作权分离理论对外观设计进行分离测试，将著作权法上的分离测试方法引入外观设计侵权判断之中，从而使外观设计只保护其美学部分而舍弃其功能性部分。

有美学功能性的设计，不能申请商标，但可以申请外观设计。对于商标来说，要求更为严格。功能性部分在商标中不能受到保护，但功能性部分可以申请实用新型，美学功能性部分则可以申请外观设计。之所以功能性分离对于商标申请来说要求更为严格，是因为商标的授权会导致对商标的永久保护，不注意将功能性剥离出去，会导致利用商标授权而干扰本应属于实用新型或外观设计所规范的客体的情形。版权的功能性分离应当是次要的，因为版权的保护时间相对漫长。外观设计的功能性分离则较为宽松，因为外观设计的保护时间仅有十年，这也是为什么功能性与装饰性兼具的设计特征可以被授予外观设计专利权而仅在保护上要剥离其功能性部分的原因。

（三）实用艺术作品的界定

实用艺术作品的概念是错误的，应当是实用的"艺术作品"，笔者认为，在实用艺术作品中应当引入美国的分离理论，实用性和艺术性应当进行分离，版权只能保护其"艺术作品"部分，其实用性部分不能受到版权的保护。

同时，实用艺术作品也是具有功能性的工业品，其美学部分是作品，而其功能性部分又不是外观设计能够保护的，因此其功能性部分应当与美学部分相分离而不受任何保护。实用艺术作品只能在分离原则下，其美学部分受到版权保护。实用艺术作品作为一个整体，也可以申请外观设计，但外观设计只能保护功能之外的美学部分。

实用艺术作品，版权只能保护其美学部分而不保护其功能性部分。实用艺术作品申请外观设计时，其功能性部分也不能受到外观设计的保护，只有其功能性部分与美学部分作为一个整体，才可以受到外观设计的保护。

实用艺术作品受到版权保护的只能是与实用功能性相分离的部分，如果无法与实用功能性相分离，实用艺术作品也不能受到版权保护。因此，并不是所有的实用艺术作品都能够受到版权保护，只有与其功能具有分离性的美学特征部分，才能够受到版权保护。

实用艺术作品，其功能性部分不能申请外观设计，其整体可以申请外观设计，但外观设计并不保护其功能性部分。此外，实用艺术作品可以就其实用功能部分申请实用新型。

因此，实用艺术作品是一种比较特殊的作品，其不一定受到版权保护，其整体可以申请外观设计，但外观设计的保护不及于其功能性部分。

因实用艺术作品具有功能性部分，因此其也可以申请实用新型，在实用艺术作品作为实用新型获得保护时，实用新型只能保护实用艺术作品中的技术方案部分，而无法对艺术性部分加以保护。因此，实用艺术作品无论作为作品、外观设计还是实用新型受到保护时，都呈现出部分受到保护的特征。

第二章
精神权利的悖论

一、精神权利与财产权利

> 悖论一：过了财产权利保护期限，作品是否能够进入公共领域？如果作者通过行使精神权利也会影响作品，那么财产权利和精神权利有什么区别？

"精神权利"是指一名艺术家所拥有的权利，该权利允许其对作品的使用和传播进行控制，而不受任何所有权变动或许可设置的限制。也就是说，即使作者已不享有财产权利，他依然还会享有精神权利，从而能够通过精神权利的行使，依然控制作品的使用和传播。按照精神权利理论，作品的创作者可以保留对其作品的控制，不论这一作品是否脱离其财产权。因此，精神权利允许作者在销售了原件之后继续控制该作品，甚至在买方与艺术家之间没有任何合同的情况下，作者可以依据法律而享有精神权利，从而依然能够控制作品。

精神权利具有延伸性，在作者去世之后，精神权利可以在财产权利终结之后永久性存在，这就导致了精神权利可以永远延伸下去。同时，精神权利还具有阻碍性，精神权利可以永久存在，可能会使得权利人（继承人、受遗赠人或原件持有人）在比财产权利更长的期间内，享有精神权利，通过主张行使或保护精神权利而影响作品的使用。这种精神权利的行使，会影响他人对作品的使用，从而对他人的使用具有阻碍作用。

在精神权利的设置问题上，长期存在着作者继续控制其作品命运的意志与传统对私有产权的尊重相冲突的问题。版权保护的理论基础是保障作者在作品上的利益，同时确保社会公众对作品的使用。精神权利的设置，会导致作品即使已经过了财产权利保护期限之后，依然受到精神权利的制约，从而无法保障作品及时进入公共领域被社会公众使用。

在一篇题为《作家与艺术家的精神权利：比较法律与经济分析》的文章中，汉斯曼和桑蒂利提出，"动产的卖方通常不能保留动产的权利"，通常物权法处于精神权利之上，但精神权利试图改变这一规则，在没有作者允许的情况下禁止对作品的任何使用。这样，精神权利可能会通过限制艺术品的使用和转移的方式来降低艺术品作为财产的价值。

因此，精神权利与契约自由、版权财产的自由可转移性等概念发生冲突。美国倾向于不惜一切代价保护经济利益，所以美国不愿意承认精神权利。对精神权利的认可，违背了美国社会的法律文化，通常美国认为作品是一种财产保护对象，而不认为精神权利高于财产权利。美国版权法非常重视盎格鲁—撒克逊法学，强调经济财产权。美国将版权作为经济财产权而不是个人权利加以认识和保护。对于普通法思维来说，这样一种观点完全不可思议，即认为作者将经济权利转让给使用者后，还能够用某种精神权利控制作品，或为保护某种精神利益，而否定使用者已经获得的财产权。美国出版商、电影制片人和发行人，都可能受到精神权利的限制，因此他们极力反对精神权利。长期以来美国不承认精神权利，但是，认为美国法院不保护精神权利，这实际上是一个误解。实际上在美国，作品的完整性受到反不正当竞争法、合同法、诽谤法和隐私法的保护。

精神权利与财产的自由让渡性相冲突，精神权利与首次销售原则也是矛盾的。精神权利的不可转让性，导致作者在转让作品原件所有权后，依然可以控制作品，这与首次销售原则产生冲突。精神权利与著作权中的财产权利一样，并不随着原件所有权的转移而穷竭。这是著作权明确区别于商标权、专利权的一个特点，在商标法和专利法中，物的转移会导致商标权和专利权的穷竭；而在著作权法中，原件的转移并不导致著作权的穷竭。例如，美术作品原件所有权转移，仅仅导致展览权会随原件所有权转移而转移，但几乎全部著作权并未穷竭，著作权人依然享有几乎全部的精神权利和财产权利。著作权在原件转移之后不穷竭，在原件再次销售之后也不穷竭，通过精神权利控制作品，这成为一种作品使用的额外负担。因此，精神权利本质上是一种限制知识产权的自由的权利。

在此就产生了一个悖论，油画的买家购买了艺术品后能否彻底销毁，如果能销毁，侵犯了保护作品完整权；如果不能，则违反了物权法。不论能否销毁作品，都要违反一种法律。

此外，精神权利还会威胁对艺术的经济投资行为，阻碍艺术创作的产生。精神权利可能会威胁在艺术的公开传播上的商业投资，阻碍需要很多投资的艺术作品的创作活动。例如在需要大量商业投资的艺术创作中，精神权利越多，艺术创作受到的干扰也就越大，越影响商业投资，从而影响艺术作品的产生。可以说，精神权利恰恰是以保护艺术作品的方式损害了艺术创作。艾米·阿德勒更进一步宣称，"精神权利以保护艺术的名义危害艺术"。

Marshall Leaffer教授对于精神权利提出了如下质疑：对于电影制作、出版和广播来说，都需要有很大的投资，如果放开精神权利，则会干扰这些领域的投资，使其投资回报和利润预期受到影响。例如，电影制片人是电影的唯一版权拥有者，可能会对电影进行数字修改、删除或添加场景，以使电影更符合某些观众的口味，但这些艺术表达的进行，可能会以牺牲电影艺术的完整性为代价，从而损害保护作品完整权。

精神权利与合理使用规则也会产生冲突，精神权利是否包括反对模仿、歪曲性模仿的权利？在后现代文学创作中，批判性作品和衍生作品也大量出现。以不同于在先作品的风格去创作另一作品，就会形成所谓带有在先作品特点的同人作品。这常常导致精神权利保护与同人作品保护的冲突问题。合理使用并不仅仅针对财产权利，针对精神权利，也可以使用合理使用原则进行抗辩。鼓励合理使用，鼓励衍生作品，将会置精神权利于不顾。使用合理使用规则，会限制精神权利的行使。保护精神权利，则会限制作品的合理使用规则。合理使用是对精神权利的明确法定限制，通过合理使用来限制精神权利，将会促进尊重艺术和保护文物的目标的实现，但又是以牺牲精神权利为代价的。

因此，精神权利是否能够超越经济权利的保护期间，实际上是一个法律政策的问题。这个问题应当由各个国家的法律和文化传统来回答。按照乌尔默教授的观点，在作者死后50年或70年之后，公开批判和讨论其作品的价值应当超过保护作者精神权利的价值。

二、精神权利与人格权利

> 悖论二：禁书的作者享有人格利益吗？是否需要保护禁书作者的精神
> 权利？

康德与黑格尔将精神权利视为著作权的人格化，他们认为，私有财产促进了自我表现和人的发展。自我表现和自我实现的激励，并不是依靠金钱财产而是人格利益，人格利益成为创新活动的主要激励机制。有美国学者认为，精神权利（moral rights）不应当翻译成精神权利，德国的urheberpersön-lichkeitsrecht一词应当是精神权利最好的词源，这个词应当翻译成"作者人格权"。

保护精神权利是基于一个理念，即在创作作品时，作者向作品注入了自己的人格利益。如果作者没有注入人格利益，是否应当享有精神权利呢？我们不禁要问，禁书的作者也享有精神权利吗？禁书的作者在书中灌输了不好的人格利益，也享有精神权利吗？

作者在不同的作品中有不同的人格利益，是否享有同样的精神权利？应当看到，不同的作品中，作者灌输了不同的人格利益，因此应当享有不同的精神权利。对于不同作品的作者，其精神权利并不完全相同。严肃作品与一般的网络流行作品，其作者的精神权利是否完全一样？严肃的文学名著，可能需要更严格的精神权利加以保护；一般的网络流行作品，则未必需要很严格的精神权利加以保护，其作者对于作品完整性的要求可能也并不高。

不同的文化特征会导致不同的精神权利要求，不同时代的文化观点也决定了不同的精神权利保护需求。

不同种类作品的作者的精神权利也并不完全相同。并不是所有作品的作者都支持精神权利，有些作品的作者不需要甚至认为精神权利会产生阻碍作用。文字作品、艺术作品的作者是需要精神权利的，但有些作品的作者并无精神权利的需要，例如计算机软件等作品。

"最近出现的计算机程序或数据库作品，更纯粹是一种商品因而其中的精神权利表现较弱。精神权利更多地适用于艺术品或较少功能性的作品。"[1] 对许多开源的计算机程序来说，在计算机程序发布之际，作者即已放任他人对程序进行较多、较重大的修改，作者已不寻求保护自己的修改权和完整权。对计算机程序来说，作者只保留署名权一种精神权利，而计算机程序在运行和使用时，署名权又根本无从体现。因此，计算机程序作者的精神权利显得非常单薄。计算机程序作为一种作品，具有更多的功能性和工具性，其作为一种计算机运行所必需的工具，虽然可以通过著作权保护作品的完整权，但许多计算机程序的作者并无意维护其完整权，通常允许计算机程序的使用者为了兼容目的修改计算机程序，主动放弃保护作品完整权，或者向他人转让计算机程序的修改权。在这种情况下，就出现了计算机程序的修改权是否可以放弃或转让的问题。

---

1 Jacqueline D. Lipton, Moral rights and supernatural fiction: authorial dignity and the new moral rights agendas, Media and Entertainment Law Journal, Spring, 2011.

（一）精神权利是否可以转让或放弃

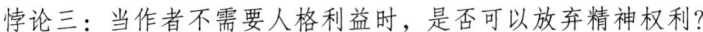

悖论三：当作者不需要人格利益时，是否可以放弃精神权利？

　　精神权利对应的是人格利益，没有人格利益也就不一定有精神权利，当当事人不需要人格利益时，精神权利是可以放弃的。根据《美国视觉艺术家权利法案》的规定，艺术家可以用签名的形式，放弃他们的精神权利，明确标识作品和用途，但精神权利不得转让。

　　《伯尔尼公约》的一个不明确之处在于精神权利是否可以转让或放弃。Kwall教授认为，不应当允许放弃精神权利，一是由于放弃精神权利与保护作者尊严的权利设定目的相违背；二是由于允许精神权利的放弃将加重作者与订约者之间讨价还价能力不一致的问题，有些订约者可能会恶意胁迫作者放弃精神权利。[1]

　　在现实生活中，作者通常可以和他人签订合同，将作品著作权转让给他人。通常认为著作权中的财产权利是可以转让的，而精神权利不可以转让。但精神权利可以由作者主动放弃，不予行使并且不再提出要求，在这种情况下，艺术家放弃精神权利未必会增加社会成本，反而会促进社会效益的提升。在不需要人格利益时，应当允许作者放弃精神权利，建立更灵活的精神权利机制。因此，精神权利不可转让但可以放弃并不违反我国著作权法的基本精神，允许当事人通过契约放弃精神权利，有利于著作权的灵活行使。

----

1 Jacqueline D. Lipton, Moral rights and supernatural fiction: authorial dignity and the new moral rights agendas, Media and Entertainment Law Journal, Spring, 2011.

（二）作者死后精神权利的行使和保护

悖论四：死者的精神权利由继承人、受遗赠人或原件所有人行使，
　　　　艺术家的精神权利能够被他人代为行使吗？

一位艺术家的人格在其死后会继续存在，甚至可能会得到更大范围的认可。事实上，艺术家对一个国家的文化和艺术历史传统的贡献往往在他们去世之后才被充分认识到。在艺术家去世后，其作品的真实意图和意义仍然保持完好，因此，艺术家的人格和工作的完整性也应超越其死亡。在法国情况就是这样，精神权利是永久的。

《伯尔尼公约》规定，署名权和保护作品完整权在作者死后应至少保留到作者经济权利期满为止，并由被要求给予保护的国家的本国法所授权的人或机构行使之。但在批准或加入本公约文本时，其法律中未包括有保证在作者死后保护全部精神权利的各国，有权规定对这些权利中的某些权利在作者死后不予保留。也就是说，《伯尔尼公约》也允许精神权利的保护期限和财产权利一致，在作者死后财产权利保护期限届满后不再享有精神权利。

Kwall教授认为，在作者死后，没有一个人的判断能够代替作者本人的判断，即使是他的继承人。因此，她认为精神权利应当于作者死亡之时截止。

在作者死后，实际上继承人担负了特殊的义务。在精神权利由继承人保护的情况下，如果继承人并不行使和保护精神权利，就没有人会为精神权利提供保护，这是与精神权利的保护宗旨相违背的。作者死后，管理这些权利的方式也是有问题的。艺术家的继承人通常会行使艺术家本人的精神权利，例如发表权，但这种情况有可能与作者的发表权存在冲突。

继承人不是以保护自己的利益去行使精神权利，而是以死者的利益，此时的精神权利又被称为功能性权利。作为一项功能性权利，主要目的是行使和保护作者的精神权利，因此，精神权利能否超出经济权利的保护期限，主要是一个法律政策的问题，而不是一个法理化的问题。

三、精神权利与职务作品

> 悖论五：职务作品中，法人的人格利益体现在作品中，是否应当将法人作为精神权利的主体，从而进一步作为著作权的主体？这与职务作品的著作权法定归属规则相冲突。

美国参议员哈金表示，他担心在美国法律下承认精神权利将"大大改变目前的版权关系"，尤其是在"雇佣"背景下，即雇佣一个艺术家为其创作作品，人格是雇主的，因此精神权利应当属于雇主，在这种情况下版权关系将受到极大的干扰。

德国法律关注的是创造本身，"即使他们是自然人，也不能仅仅因为他们的雇员根据雇佣协议的条款创造了作品而成为作家"。作为雇员的艺术家专门签署了一份雇佣性质的合同，会导致雇主成为作者；雇主对版权的关注，可能会迫使艺术家放弃其在雇佣作品中的精神权利，除非另有特别协议。在雇用创作的作品中，雇主将享有版权，而艺术家将无法保留其在作品中的精神权利。

职务作品分为两类：（1）员工在正常工作过程中所做的工作；（2）专门委托给职工的工作，只要双方明确同意，该工作应被视为一项职务作品。

在第一种情况下，作品在员工就业的范围内产生，当事人之间的关系意味着员工不应该保留任何精神上的权利，因为员工的工作很大程度上体现了规范要求，体现的是法人而不是职员的人格，职员只是法人创造力的表现手段。因此，这类职务作品中的精神权利应当属于法人，法人应当成为全部著作权的主体。但这一规则与我国著作权法的规定是矛盾的。我国著作权法规定，一般职务作品，著作权归作者。特殊职务作品，著作权归法人，只有署名权归作者。在特殊职务作品中，精神权利被人为分割。那些真正创造了作品的人仅仅有资格成为精神权利中署名权的主体，而其他精神权利被硬性分割给单位，这直接违反了精神权利的基本规则。我国著作权法所规定的职务作品的大多数著作权归法人、署名权归员工的法律规则，与精神权利的基本理念并不一致，可能会带来精神权利的冲突与矛盾。

四、保护作品完整权的要件

悖论六：提高作品艺术性的修改是否损害了作品的完整性？

精神权利与保护精神权利的权利是有差异的。如果说署名权是一种真正意义上的精神权利，保护作品完整权则是为了保护人格利益而赋予作者的一种手段。如果不能保护作品的完整性，则有可能损害作者的人格利益。但破坏作品的完整性是否一定构成损害作者的人格利益，则不是绝对的。在《伯尔尼公约》中也附带了限制条件，只有在损害作者人格利益的情况下，才构成侵害作品完整权。因此，笔者认为我国著作权法直接规定保护作品完整权容易令人产生歧义，似乎一切破坏了作品完整性的行为都会侵犯保护作品完整权。

侵犯保护作品完整权应当有三个前提条件。首先，对作品的修改必须符合失真或减损价值的要求。对作品的"扭曲"意味着作品的贬值，贬低了作品的艺术价值，然而，这并不一定意味着使作品更糟。修改者的行为必须是"与作品有关"，并且"可能危及作者的利益"。其次，作品必须是具有较高艺术性的作品。许多作品完整权的保护仅仅适用于有很高经济价值和艺术价值的作品。最后，作者的利益必须是合法的。当作品本身是禁书的情况下，为社会公众利益的考虑而修改该禁书，不应当构成侵犯作品完整权的行为。

通常认为，作品完整性最好受到合同的保护。例如Zechariah Chafee教授认为："任何希望保护自己精神权利的版权人都可以通过在其与出版商、制片人的合同中插入适当条款的方式来保护自己的精神权利，例如明确禁止未经其许可的改动或删节。"但许多学者也认为，作者在与出版商、制片人的谈判中并不处于优势，很难在合同中纳入这种保护作品完整权的合同条款。Kwall教授也注意到，保护作品完整权并不是绝对的，除非毁损是严重的。许多判例也支持这个观点。作者的完整权并不是完全一致的，受到不同判例的不同影响，在不同的判例中有不同的完整权。

美术作品相较其他类型的作品来说，更加重视其外在表达形式的完整性。因为美术作品等艺术作品是通过其作品的外在形式进行艺术表达的，这也正是《美国视觉艺术家权利法案》侧重单独为视觉艺术作品的作者设置精神权利的主要原因。

视听作品则很难被侵犯其完整权，除非进行电影修复或其他衍生创作时才可能会侵犯电影作品的完整权。即使在法国这样肯定和维护每个电影作品主创者精神权利的国家，也仅仅限于对署名权和财产权利的认定，对电影作品完整权的侵犯也是比较少见的。

音乐作品的完整性也通常较难受到保护。这主要是由于音乐作品常常被片段性使用，即通常在打破其作品完整性的情况下使用该作品片段，认定这些片段性使用行为都构成侵权并不现实。利用音乐作品的片段进行其他衍生创作，也是非常常见的现象。演唱者对音乐作品进行表演时，唱歌跑调也并不等于侵犯了音乐作品的完整性，如果这样也构成侵犯音乐作品的精神权利，那么保护与追究责任均不现实。

从某种意义上说，保护作品完整权和禁止改动作品，都能够通过物权法来实现。对作品完整性的破坏，例如对视觉艺术品的完整性的破坏，属于精神权利的损害，还是物权的损害？例如对一幅国画的撕毁破坏，通过物权的损害就可以解决，如果两种损害都追究，也应当形成法条竞合而选择其中一种进行赔偿。在作品未出售或发表之前，可以通过物权法来实现。例如，作者的手稿受到损害，可以通过物权法加以解决。在作品原件所有权转移之后，既可以通过保护作品完整权，也可以通过物权去保护作品，从而实现保护物权的效果。因此，保护作品完整权常常与物权产生交集。

购买者在购买之后修改作品，会受到作者的保护作品完整权的对抗，这是保护作品完整权的利益所在。但是应当看到，作品完整性是不容易受到破坏的，一部小说被改编成电视剧，可能会破坏其完整性，但小说依然存在，其他人依然可以回溯小说的原貌，在这种情况下，小说的完整性实际上并没有受到影响。保护作品完整权应当注重保护作品不受到恶意修改的破坏从而无法恢复原貌。因此，保护作品完整权对于艺术作品更为重要，而对于文字作品、音乐作品等，则影响不大。

　　文字的完整无法完全保护其思想的完整，例如他人常常在引用原文时歪曲了作者的思想。因此，在不侵犯保护作品完整权的情况下，也可能会损害作者精神和思想的完整。如果作者的精神和思想受到歪曲，就会损害作者的人格利益，那么此时的保护作品完整权又有何意义？不改变原作，只是单纯地放大或缩小，是否也可能侵犯作品的完整权？对于视觉作品如何悬挂、摆放，是否要考虑可能侵犯作品的完整权？保护作品完整权还应当允许对作品的合理使用。例如，在视听作品中夹杂广告，并不侵犯作品的完整权。否则任何电视台都可能成为侵权人。因此，合理使用也会构成对保护作品完整权的一种限制和制约。

五、发表权的悖论

（一）未发表作品的发表权

　　悖论七：作品未发表才存在发表权，作品发表之前可以多次行使发表权，作品发表之前才存在发表权的侵权问题。

　　现代意义上的发表权是指"作者决定是否首次向公众提供作品以及以何种形式、方式和条件提供作品的权利"。詹启智在其《著作权论》一书中指出，"发表权是由发表的决定、行使和实现三个环节构成的"。在Dame Canal v. Jamin案中，法院指出，"作者是其思想的唯一主人，他控制着思想披露的条件和程度。因而，他是决定其作品是否、何时、以何种条件发表，以及这种发表在何种程度上应该发生的唯一法官"。在作品发表之前，作者都享有发表权。作者在作品完成之后直至发表之前，阻止他人对作品进行披露的行为都属于行使发表权，但发表权并不因此而用尽。准确的说法应当是：发表权因作品的发表而用尽，发表是一次性行为，但发表权不是一次性权利，而是持续一定时期的权利。

发表权具有两个层次的权能：第一层次是权利人有权决定是否将作品公之于众；第二层次是权利人有权决定作品如何公之于众，即作品首次发表的时间、地点、方式。发表必须体现作者的主观意愿，不能以行政手段强行发表作者的作品，作者对发表作品的时间、地点、形式和通过方式有决定权。对发表权的侵犯，要么未经作者同意而发表，要么虽经作者同意但未按作者指定的时间、地点和方式发表其作品，即使公众得知了该作品的内容，仍然不得认为该作品已经发表，作者仍然保留随时修改发表该作品方式的权利。

著作权人许可某核心期刊发表其作品，而该期刊社编辑人员擅自将该作品转给一家非核心期刊发表，则可能侵犯该作者的发表权。著作权许可使用范围是国内，但出版者在国外出版发行作品，也可能侵犯发表权。一位摄影家同意将其作品在报纸上发表，而报社编辑却将其在展览会上展览，在这种情况下，编辑侵犯了摄影家的发表权。

如果著作权人为某一特定事件而创作作品，许可使用者须在该事件到来前出版发行该作品，但出版者没有按照该时间要求出版该作品，则会侵犯发表权。例如，某著作权人为中华人民共和国成立70周年创作了一部大型画册，但出版者没有在中华人民共和国成立70周年之前出版该作品，而是在过去两个月后才出版该作品。

侵犯发表权主要表现为以下三种形式：（1）违背作者的意志强行发表其作品，主要发生在决定阶段。（2）不经作者同意擅自发表其作品，主要发生在行使阶段。（3）未按照作者指定的方式、时间、地点发表其作品，主要发生在实现阶段。

作品尚未"公之于众"，发表权就没有"穷竭"，作者仍然可以继续行使发表权。例如，杂志社不给发表作品，作者就投第二家，这是第二次行使发表权。作品"发表"之前，作者可能多次行使发表权。作者屡屡行使发表权，选择可供作品发表的刊物，但稿件屡屡被退回的现象，在实践中司空见惯。行使发表权，未必导致发表的实现，作品公开以前，发表权行使次数不受限制。

　　我国著作权法对发表的方式、形式、范围、规模等都没有限制。建议著作权法应增加"如何公之于众"的规定。只有规定了"如何公之于众"及其相关责任，才能够更好地保护作者对未发表作品的发表权。

（二）发表权的行使

> 悖论八：如果某作者有一尚未发表的电影剧本，被他人"盗"走并以电影的形式公映，这侵犯了该作者的发表权还是放映权？

　　作者行使发表权时，必须同时行使发行权、表演权、展览权或播放权等财产权，在作者尚未决定发表作品的情况下，他人擅自将作品拿去发行、展览、放映、广播等，作者也可以以作品的发行权、展览权、放映权、广播权等受到侵犯为由主张保护。这些情形似乎使发表权的单独存在显得多余。

　　与其他著作人身权不同的是，发表权与著作财产权的联系最为紧密。没有作品的公之于众，著作财产权就无从实现。发表行为不可能单独实现，它总是要与一定财产权利的行使相结合，如以发行、展览的方式发表作品，必然涉及发行权、展览权的行使。例如，《意大利版权法》第72条就规定"首次行使使用权的形式即为作品的首次发表"。

　　当英国的两个小偷从出版社偷出两本《哈利·波特》第六部，打算卖给报社牟利时，J.K.罗琳的律师向法院申请禁制令，要求本案的小偷、记者、报社及检警相关人等，不得泄露书中细节。提前公开书的情节，将会导致部分读者于图书正式出版前得知关键情节，从而不去购书，J.K.罗琳的获利空间将大大缩小。由此可见，发表权不是一项单纯的精神权利，而是一项与经济权利密切相关的精神权利，它的行使直接关系着著作权人经济利益的得失。

　　张革新认为，"发表权通常不能单独行使，需要和其他著作财产权的任何一种一起行使"。赵莉认为，"发表权的特点是：与其他权利共同使用性，即通常发表权不能单独使用，而是与出版、展示、表演等权利共同行使"。可以说，著作权法中有多少种经济权利，就有多少种行使发表权的方式。

在日本，作者转让尚未发表作品的著作权时，按照法律规定，即推定其通过这种方式行使了发表权。画家或书法家将作品赠与好友，好友或后人将作品拿去展览，按《日本著作权法》的规定，美术作品原件持有人是可以拿去展览的，此情形下就应当推断作者同意发表。发表权在不同发表方式之下的权利状态应当由法律不断加以明确。作者将未发表作品的著作财产权转让给他人或许可他人使用作品的，作者的发表权实际上也已行使完毕，即对作品的发表与否已作出了决定，否则这种转让、许可行使是没有意义也无法实现的。财产权的转让意味着发表权的转让。

违背作者的意志将其作品发表，法律效力如何，即非法发表是否导致发表权穷竭？在这一点上，《日本著作权法》第18条第1款明确规定，"作者有权向公众提供或提示其尚未发表的著作物（包括未经同意就被发表了的著作物）"，即非法发表并不导致发表权穷竭。我国学者对非法发表的法律效力也多持否定态度，认为未经作者授权而将其作品公布不是发表，作者仍享有发表权。但在这种情况下，就导致了发表的事实与发表权未行使的矛盾，一方面发表权未行使，另一方面作品已经发表了。公众关注并只能注意的是作品是否已经被公开，是否可被获知，而无法去考究发表本身是否"违背作者意愿"，是否违法。否认非法发表的有效性，会导致众多无辜的作品使用者成为侵权人，这绝非保护发表权的本意。

笔者认为，他人未经作者许可发表其作品，应视为作者的发表权已经行使，但该侵权人要承担侵犯作者发表权的侵权责任。未经许可的"公之于众"仍然构成"发表"，是在侵犯作者"发表权"情况下的发表。对作者而言，对已经为公众所知晓的作品再行使发表权，也无实际意义。"一旦作品未经著作权人许可被他人发表，就像泼出去的水难以收回一样，著作权人本人就不可能再将作品处于秘密状态，也不可能就同一作品再行使发表权。"

（三）发表权的继承

> 悖论九：作者生前未明确表示发表与否，又无法推定作者意图的，
> 　　　　这种作品如何发表？

我国著作权法中没有明确的文字表述"发表权属于作者"。一般精神权利不会像发表权那样，被法律设定了有限的期限，因此发表权面临一个难题：作者死后，发表权的归属、行使何去何从？作者死后其作品是否能够发表？如果发表权能够继承，还是不是精神权利？

以德国为代表的一元论国家认为著作权中的人身权与财产权无法截然分开，主张著作人身权在作者死后可由他人继承，以便于继承人更好地行使其财产权。德国学者认为，如果继承人公开继承了作者的财产权利，而有关人身权利随作者的死亡而消失或由别人行使，则其继承的财产权利很难得到满意的行使，甚至可能落空。由此主张"经济权利与精神权利"一元化，精神权利在作者死后可由他人继承。一些二元论国家则认为著作人身权与著作财产权具有可分性，对发表权等人身权利的看法有所不同。如《法国著作权法》第6条规定，著作权中的人身权利在作者死后既可被继承，也可依其遗嘱将人身权利的行使权转移给继承人以外的第三方，从而显出较大的灵活性。

我国著作权法规定，发表权的保护期为作者终生及其死亡后50年。作者生前未发表的作品，在作者死后50年内，由继承人等决定是否发表。发表权不能被继承，但是可由继承人等行使。这种立法方式虽然解决了一些实际问题——作者死后，发表权仍可受到保护，但权利归属的问题却被回避了：作者死后，在发表权有效期限内，被相关人员行使的发表权到底是谁的权利呢？因为著作权人以外的其他人，包括著作权人的合法继承人，都只能在得到著作权人授权许可或者法定授权的前提下，代为行使著作权人的该项权利。

熊英认为，"发表权的人身性决定发表权专属于作者并不可被转移，即表明发表权只能由作者享有，但这并不意味着发表权不可以由作者以外的人行使，因为发表权的'专属享有'与发表权的'行使'具有不同的法律含

义，认为'发表权只能由作者行使'的观点是混淆了发表权的享有与发表权的行使之间的区别"。

在发表权能否被继承这一问题上，必须对传统民法理论有关人身权不能被继承的原则提出挑战。

在探讨遗作发表权的"行使"问题时，首先要澄清遗作发表权到底是谁的权利，是否可以被继承？对此，主流观点有两种：一种观点认为，虽然精神权利在一般情况下不可转让，但遗作发表权是可以发生继承的。作者死后，发表权随著作财产权一并依遗嘱或法律由作者的继承人继承。"如果不允许发表权继承的话，继承人取得的著作财产权实际上也无法行使"，故应当承认发表权是"继承人"的权利。另一种观点则主张，遗作发表权只能是"作者"的权利，仅可由继承人或受遗赠人等代为行使，这是由精神权利的专属性和不可转让性决定的。

作者死亡将导致权利能力丧失，权利主体资格也一并消灭。他人又怎么会行使"作者"的发表权？"人格权的不可转让性本应成为保护作者的一道屏障，而非一道障碍。"

为了实现作品的市场价值和传播价值，当作者生前未明确表示不予发表的，法律就推定由继承人或受遗赠人乃至作品原件所有人来"积极行使"发表权。这是从效用主义原则出发作出的一种法律推定，本意是为了最大化发挥遗作发表后的社会价值。

如果某人持有某一作品的原件，说明其与作者或多或少有一定的关系。如果能够鼓励其积极将作品发表，对于社会总体收益来说，总不是一件坏事。

作者生前未明确表示发表与否，又无法推定作者意图的，是否就可以一概发表？这时候我们应该看作品中有无隐私及隐私的性质。如果作品中不涉及隐私，那么按照鼓励作品传播原则，发表死者作品不构成侵权。如果作品中涉及隐私，还要区分绝对隐私和相对隐私，如果是绝对隐私，当然要保护死者的绝对隐私权，任何人都不能任意侵犯，作品不能发表；如果是相对隐私，那么死者的相对隐私权就受到限制，基于传播文化和科学研究的需要，作品可以发表。

如果作者未明确表示不同意，即视为同意，这是一个不合乎逻辑的推理，因为"作者生前未明确禁止发表"并不意味着作者就同意发表。例如，前英国王室近卫骑兵军官詹姆斯·休伊特公开拍卖英国已故前王妃戴安娜在海湾战争期间写给他的情书，被英国人称为"出卖爱情的卑鄙小人"。情书也可以构成作品，具有著作权。虽然戴安娜突然离世没有对情书是否发表作出明确表示，但是情书作为个人情感的表露，属于个人隐私，其作者戴安娜生前决不会同意发表，情书原件的所有人詹姆斯·休伊特将其公之于众，就是对戴安娜发表权的侵犯。

我国著作权法之所以规定在经过50年期限后发表权不再受法律保护，其目的就是为了防止发表权对作品传播的阻碍，发表权可以由作者以外的人去着手实施和保护。

此外，人身权不得转让，但是发表权在某些场合下可以转让。作者在与他人签订授权许可使用合同，将作品的使用权转让给他人时，作品的发表权也随之转移。实际上，作者将作品转让给他人时已经行使了发表权，即决定将作品公之于众以及以受让人使用权所必需的方式发表，作品使用权的转让不过是作者行使其发表权的必然结果。

综上所述，通过对著作权精神权利所带来的悖论的分析可以看到，我国著作权法应当对精神权利制度加以完善，防止精神权利的过度扩张而影响作品的使用，超过财产权利保护期限的作品应当及时进入公共领域，不应当再通过精神权利的行使而妨碍作品的使用。防止通过精神权利的行使，影响艺术作品的重大投资行为，从而妨碍艺术作品的创新活动。平衡合理使用与精神权利保护之间的关系，在平衡精神权利保护和公共利益的基础上，建立中国特色的精神权利制度。

应当允许精神权利的放弃，只有建立不得转让精神权利但允许放弃精神权利的机制，才能够符合社会现实的需要，促进著作权转让中权利人利益的平衡。重新建立我国遗作精神权利制度，政府机构真正负担起对精神权利的保护和责任，防范钱钟书书信手稿拍卖案这样的事件发生。

　　完善我国职务作品和委托作品的著作权归属规则。目前我国职务作品和委托作品的著作权归属规则与精神权利规则存在一定的冲突和矛盾。我国保护作品完整权的规定也过于简单，应当深化保护作品完整权的理论制度和立法规范。

　　关于我国发表权制度，笔者认为，发表权常常与财产权利的行使紧密结合在一起，我国应当完善非法发表和非自愿发表情况下的法律规则，对于遗作的发表加以明确的规定，防范随意发表遗作而损害当事人权益的现象发生。

第三章
追续权制度研究

一、追续权的益处

"艺术家们常常以微薄的价格出售他们的作品，而几年后，有时是在他们死后，这些作品以很高的价格被转售。让艺术家或他们的继承人参与到这个高价格分配中是公平的。"[1] 传统上，艺术家在与经销商和买家的关系中被视为弱势一方。艺术家靠自己的作品谋生，面对贪婪的商人却无能为力。这种差异导致了追续权的发展，追续权的目的是缓解艺术家遭受的不公平困境。追续权之所以产生，其主要考虑的因素应当是保护艺术家的权益，这一权利设置的益处主要可以归纳如下。

（一）补偿饥饿的艺术家

追续权制度起源于法国，据说是为了补偿"饥饿的艺术家"。印象派时期，巴黎是艺术世界的中心，贫穷的艺术家把画作低价卖给"贪婪"的商人，这些商人随后说服新兴的资产阶级高价购买高价值的画作。一个著名的

---

1 Monroe E. Price, Government policy and economic security for artists: the case of the droit de suite, Yale Law Journal, June, 1968.

例子是让·弗朗索瓦·米勒的《天使》。米勒的继承人流浪街头，为了生存而卖画。艺术品经销商以7万法郎的价格买下了《天使》，然后以100万法郎的价格卖掉了这幅画，但米勒的家人没有从画作转卖中得到任何回报。法国艺术家埃德加·德加在1965年以100.5美元的价格首次出售了他的画作《芭蕾舞女》，该画作在1995年以40.1万美元的价格再次售出。这些艺术家有一个共同点：他们的作品价值显著上升。然而，"艺术的巨大财富很少转化为艺术家的巨大财富"。通常贫穷的艺术家和强大的艺术品经销商之间具有不平等的谈判地位。追续权试图弥补这种差异，追续权最初的基本理念是让艺术家在作品转卖时从其作品的增值中获益并获得有意义的补偿。[1] 因此，法国议会于1920年颁布了一项法律，该法律第一次承认并确立了追续权立法。[2]

（二）促进艺术进步

20世纪初，学者们开始认识到视觉艺术家并没有像作家和作曲家那样获得相同程度的保护。视觉艺术家与其他类型的艺术家，如作曲家或音乐家，有着巨大的不同，因为后者能够从其作品的大规模生产和传播中获得利润，而视觉艺术家只创造了单个的作品，不可能大规模生产。文字作家可以从售出的每一本书中获得版税，而一旦视觉艺术家出售其作品，他就不能像其他艺术家一样从随后的作品复制、销售中获益。

追续权的目的是确保平面和造型视觉艺术作品的作者享有其原创艺术作品的经济利益，它有助于改善视觉艺术作品作者的经济状况，平衡在作品的连续销售中受益者和创作者经济状况的不平衡。

如果视觉艺术家能够继续从其作品的转售中获益，就可以激励他们继续

---

1 Michelle Janevicius, Droit de suite and conflicting priorities: the unlikely case for visual artists' resale royalty rights in the United States, Technology & Intellectual Property Law, Spring, 2015.

2 Lara Mastrangelo, Droit de suite: why the United States can no longer ignore the global trend, Chicago-Kent Journal of International and Comparative Law, June, 2018.

创作艺术作品。追续权可以对艺术家的创造力给予奖励，从而进一步激发其创作的动力。

追续权使艺术家不仅生前可以从额外的收入中获益，而且可以对其死后的福利产生积极影响。一位过世的艺术家在一件视觉艺术作品上的追续权，可以让他的继承人从经济上受益。这一做法不仅可以激励艺术家创造艺术，而且可以促使其在艺术界获得卓越的声誉，这将使他的继承人在艺术家死后，获得更高的作品转售提成，从而对艺术家生前的创作行为形成巨大的鼓励。因此，追续权将有助于"促进艺术进步"。

二、各国和地区的做法

一位法国律师Edouard Mack最早在1896年的《社会学》中指出，视觉艺术家和其他类型艺术家之间存在着不同的权利，追续权集精神权利与财产权利于一身，同时又具有许多特征。为了颁布追续权法律，卢森堡阿米斯学会于1903年成立。该学会撰写了一份报告，论述了创造可以被复制的艺术品的艺术家，如摄影师，可以通过多次出售他们的艺术作品而获利，而视觉艺术家则在他们的作品被转卖时没有任何利润。他们向法国部长提交文本，说明即使收藏者拥有实物，追续权仍然是艺术品创作者的财产权。[1]

法国于1920年5月20日正式实施追续权法律。这项法律是被作为其著作权法的补充而颁布的。1957年，法国颁布了一项新的法律，将转售提取的固定百分比改为3%，无论艺术品的转售价格是多少。为了简化版税的收取，转

---

[1] Michelle Janevicius, Droit de suite and conflicting priorities: the unlikely case for visual artists' resale royalty rights in the United States, Technology & Intellectual Property Law, Spring, 2015.

售提取的权利仅适用于公开拍卖转售的艺术品。[1]

（一）欧盟的经验

欧盟于2001年通过了《追续权指令》（2001/84/EC），欧盟希望该指令能赋予艺术家更大的权利，协调欧盟各国的艺术市场，并协调欧盟内部有关追续权的法律框架。该指令适用于"图形或雕塑艺术，如图片、拼贴画、绘画、图纸、雕刻、印刷品、石版画、雕塑、挂毯、陶瓷、玻璃器皿和照片，前提是该作品由艺术家自己制作或被视为是原创艺术品"。该指令规定了一个分级版税计划，转售提取版税权利的期限持续到艺术家生前及死后70年。该指令还允许集体管理组织收集版税，转售提取版税权利是不可剥夺的，即使艺术家将其作品版权转让给第三方，艺术家仍然保留其转售提取版税权利。[2] 该指令要求每个成员国在2006年前实施有利于艺术家及其继承人的追续权法律，但它允许给予像英国这样的国家更长的期限。[3]

由于其强大的当代艺术市场使欧洲其他国家相形见绌，当时英国是欧盟《追续权指令》最强烈的反对者之一，也是实施该指令时最顽固的反对者。英国担心，追续权会损害艺术市场，并将艺术品拍卖转移给没有追续权的国家，如美国和瑞士。欧盟的《追续权指令》给英国带来了一系列问题，伦敦利润丰厚的艺术品行业将面临利润和销售额的损失，从事艺术行业的人因此担心自己的工作。追续权的不可让渡性使其被归类为精神权利，而英国普通法很少承认版权法领域的精神权利。追续权的不可让渡性与英美法系在著作权法、物权法、合同法等领域的政策存在冲突。此外，追续权在执行方面也

---

1 Michelle Janevicius, Droit de suite and conflicting priorities: the unlikely case for visual artists' resale royalty rights in the United States, Technology & Intellectual Property Law, Spring, 2015.

2 Alexander Bussey, The incompatibility of droit de suite with common law theories of copyright, Media and Entertainment Law Journal, Spring, 2013.

3 Jennifer B. Pfeffer, The costs and legal impracticalities facing implementation of the European Union's droit de suite directive in the United Kingdom, Northwestern Journal of International Law and Business, Winter, 2004.

存在问题。[1]

为了延长最后期限，英国在2006年将这项法律应用到了在世的艺术家身上，并在2012年将其扩展到了他们的继承人身上。直到2012年，英国才全面实施该指令。[2]

自从法国引入追续权制度之后，许多其他国家也采取同样的立法，例如德国在1965年、西班牙在1987年、丹麦在1990年规定了追续权制度。[3] 当前，除瑞士外，其他欧洲国家都已编纂了追续权法。此外，几个拉丁美洲国家，以及少数非洲国家，也有追续权立法，如巴西、智利、哥斯达黎加、厄瓜多尔和摩洛哥。[4] 迄今为止，追续权在美国（除加利福尼亚州外）、澳大利亚、加拿大、新西兰以及亚洲国家内，还未得到太多支持。[5]

《伯尔尼公约》1948年增加了第66条第14款，其中设立了一个可供选择的追续权条款：（1）作者或在其去世后，获国家立法授权的人或机构，就艺术原作及作者、作曲家的原稿而言，享有在作者首次转让该作品后，在该作品的任何出售中享有不可剥夺的权益。（2）只有在作者所属国家的立法允许的情况下，并在要求保护的国家允许的范围内，才可在本联盟的某个国家主

---

1 Jennifer B. Pfeffer, The costs and legal impracticalities facing implementation of the European Union's droit de suite directive in the United Kingdom, Northwestern Journal of International Law and Business, Winter, 2004.

2 Michelle Janevicius, Droit de suite and conflicting priorities: the unlikely case for visual artists' resale royalty rights in the United States, Technology & Intellectual Property Law, Spring, 2015.

3 Lara Mastrangelo, Droit de suite: why the United States can no longer ignore the global trend, Chicago-Kent Journal of International and Comparative Law, June, 2018.

4 M. Elizabeth Petty, Rauschenberg, Royalties and artists' rights: potential droit de suite legislation in the United States, William & Mary Bill of Rights Journal, March, 2014.

5 Mara Grumbo, Accepting droit de suite as an equal and fair measure under intellectual property law and contemplation of its implementation in the United States post passage of the EU directive, Hastings Communications and Entertainment Law Journal, Winter, 2008.

张前款规定的保护。

（二）美国的经验

1976年，加利福尼亚州成为美国第一个创建艺术家追续权的州，但没有其他州承认该权利。[1]《加利福尼亚州追续权法》第986（a）条规定：当一件美术作品被出售，而卖方居住在加利福尼亚州或在加利福尼亚州进行出售时，买方或卖方应向该美术作品的艺术家或该艺术家的继承人支付该出售金额超过1000美元部分的5%。仅可通过书面合同放弃艺术家获得该等销售额5%的权利。艺术家可以将收取本节规定的版税的权利转让给其他个人或实体。[2]《加利福尼亚州追续权法》还规定，仅限于"转售时是美国公民或居住在该州至少两年的该州居民"的艺术家。关于艺术家，他或她在转售时必须是美国公民或加利福尼亚居民至少两年。关于销售，必须在加利福尼亚州进行，或涉及一个是加利福尼亚居民的卖方。如果不满足任何条件，例如，艺术家是在洛杉矶转卖作品的巴西人，或是在巴黎转卖作品的加利福尼亚人（非加利福尼亚卖家），则《加利福尼亚州追续权法》将不适用，并且不能要求转售提取版税。[3] 它也不适用于以低于卖方支付的买价转售的作品。对于1983年1月1日以后去世的艺术家，追续权在他死后传给他的继承人。此外，该法案规定，如果艺术品的卖家无法找到艺术家，他必须将售价的5%转给加

---

1 Alexander Bussey, The incompatibility of droit de suite with common law theories of copyright, Media and Entertainment Law Journal, Spring, 2013.

2 Jay B. Johnson, Copyright: droit de suite: an artist is entitled to royalties even after he's sold his soul to the devil, Oklahoma Law Review, Fall, 1992.

3 Lee D. Neumanna, The Berne Convention and droit de suite legislation in the United States: domestic and international consequences of federal incorporation of state law for treaty implementation, Columbia-VLA Journal of Law & the Arts, Winter, 1992.

州艺术委员会。[1] 目前，追续权概念在美国的实际应用仅限于加利福尼亚州。

在美国成为《伯尔尼公约》的签署国之后，美国国会考虑在艺术家精神权利中规定追续权。创建追续权的第一次尝试是1978年提交国会并于1986年和1987年修订的《美国视觉艺术家权利法案》的原始版本，其目的是为追续权和其他道德权利提供保障。最初的草案载有一项追续权条款，但由于争议太大，最后从1990年《美国视觉艺术家权利法案》中删除。尽管如此，《美国视觉艺术家权利法案》还是要求美国版权局对未来可能的追续权立法进行可行性研究。

1992年12月，美国版权局制作了一份760页的报告，题为"Droit de Suite：The Artist's Resale Royalty"。在考虑美国类似法规的影响之前，该报告仔细分析了其他大陆法系国家（如法国、比利时和德国）的追续权立法的影响。该报告回应了对追续权的一些批评，其中包括它不会鼓励创作，因为"追续权只会让极少数艺术家受益，并会压低初级市场上作品的价格，可能会使人感到寒心，而不是刺激创作的动机"。该报告还承认有隐私问题："艺术家需要获得有关销售价格和所有权的某些信息，而卖方、买方和其他所有者可能不想透露这些信息。"[2] 报告建议，由于"美国版权办公室不相信存在充分的经济和版权政策理由"，美国国会不应颁布追续权法律。但是，报告还包括一个警告："如果欧洲共同体协调现有追续权法律，国会可以再考虑追续权立法，特别是当共同体决定将版税扩展到所有成员国时"。因此，美国版权局不建议当时通过立法，但如果欧洲共同体"协调"，它为可能的审查敞开了大门。该报告发布时，只有36个国家实施了追续权制度，而当前，70多个国家已规定了这项权利。目前，由于欧盟统一了

1　Lee D. Neumanna, The Berne Convention and droit de suite legislation in the United States: domestic and international consequences of federal incorporation of state law for treaty implementation, Columbia-VLA Journal of Law & the Arts, Winter, 1992.

2　M. Elizabeth Petty, Rauschenberg, Royalties and artists' rights: potential droit de suite legislation in the United States, William & Mary Bill of Rights Journal, March, 2014.

其追续权法律，美国有正当理由规定该项权利。如果美国实施追续权法律，不仅会使其与欧洲更加协调，美国艺术家在国外通过互惠方式出售作品时也可以获得版税。[1]

2013年12月，美国版权局发布了其"转售提取版税：最新分析"，分析了在美国规定追续权的许多积极和消极方面之后，报告发现，由于当前版权制度的结构，美国的许多艺术家与其他作者（如文学或音乐作者）相比处于不利地位。视觉艺术家不能像其他艺术家那样受益，因为视觉艺术不像其他形式的艺术那样，通常以复制品的形式传播。美国版权局敦促美国国会考虑如何解决这个问题，通过寻找解决方案来鼓励视觉艺术家继续他们的艺术创作。尽管有70多个国家通过了转售特许权使用费的立法，但美国版权局认为有其他更有效的方法来实现这些目标。美国版权局的结论是，它确实支持追续权立法，但探索其他选择也很重要。它警告美国国会，如果规定追续权，它必须有利于最多的艺术家，而最重要的是，应当对艺术市场的干扰最小。该报告与1992年报告的最终建议非常相似，建议等到若干年以后再收集进一步的经验数据。[2]

由于版税的征收和分配困难，导致加利福尼亚州的立法并不成功，艺术家们实际上可能无法从追续权法律中受益。[3]美国未引入追续权，除了经济上的原因外，还认为追续权与宪法中的著作权条款相违背，普通法传统与这一权利不相容。美国法律一般遵循首次销售原则，根据该原则艺术家通常只控

---

1 Michelle Janevicius, Droit de suite and conflicting priorities: the unlikely case for visual artists' resale royalty rights in the United States, Technology & Intellectual Property Law, Spring, 2015.

2 Michelle Janevicius, Droit de suite and conflicting priorities: the unlikely case for visual artists' resale royalty rights in the United States, Technology & Intellectual Property Law, Spring, 2015.

3 M. Elizabeth Petty, Rauschenberg, Royalties and artists' rights: potential droit de suite legislation in the United States, William & Mary Bill of Rights Journal, March, 2014.

制初始出售的原创艺术作品。[1]

很难在美国国内权利保护和如何更好地与国际艺术市场协调之间找到一个平衡点，这也说明了为什么在美国建立追续权制度如此困难。如果成功地通过追续权法，需要以经验数据为基础，并能够证明美国艺术家需要这一权利。但收集这些数据几乎是不可能的。[2] 在美国，可能永远没有足够的信息来决定追续权立法是否可行。目前美国版权局得出结论，美国不应急于实施追续权制度，而应谨慎考虑这一问题。

三、追续权的问题

（一）饥饿艺术家的概念已过时

饥饿艺术家的概念是构成追续权基础的一项基本原则，但饥饿艺术家这一假设本身是值得怀疑的，像凡·高和高更这样的穷艺术家的存在是孤立事件，而不是常见现象。艺术家可能由于讨价还价能力较弱而受到不公平对待，但没有大量的实证证据证明饥饿艺术家现象普遍存在。

事实上，许多优秀的艺术家在他们年轻时，已经从他们的艺术作品中获得了相当大的财富。如今，艺术家的收入通常高于其他作家，如诗人或剧作家。一旦饥饿艺术家的神话被打破，很明显视觉艺术家并不比任何其他创作者更值得受到额外的知识产权保护。[3] 现在已经没有饥饿艺术家了，如果法律的意图是使视觉艺术家更好地摆脱不利的经济状况，那么这项法律是建立在

---

1 Lara Mastrangelo, Droit de suite: why the United States can no longer ignore the global trend, Chicago-Kent Journal of International and Comparative Law, June, 2018.

2 Michelle Janevicius, Droit de suite and conflicting priorities: the unlikely case for visual artists' resale royalty rights in the United States, Technology & Intellectual Property Law, Spring, 2015.

3 Alexander Bussey, The incompatibility of droit de suite with common law theories of copyright, Media and Entertainment Law Journal, Spring, 2013.

一个虚构的前提之上的。[1]

年轻艺术家和买家之间的讨价还价能力不平等，这种观点是基于对艺术市场的古老理解。最初存在的饥饿艺术家问题今天已经不存在，最为显著的是经销商对艺术家的态度，现代社会中经销商与艺术家是一种共生关系，不存在经销商剥削艺术家的现象了，因此艺术家的讨价还价能力比20世纪早期要强得多。[2]

尽管视觉艺术家最初的议价能力可能较弱，但他们也比其他类型的艺术家有更多的优势。例如，视觉艺术家无需与"具有强大市场力量的强大中介机构"联系，便可出售其作品。视觉艺术家无需有限的出版商的同意，即可找到经销商，艺术工作者可以得到公平的对待。虽然艺术家的讨价还价能力取决于具体情况，但不是所有人都"挨饿"，这削弱了追续权背后的预期理由。[3]

（二）受益艺术家数量较少

据《艺术经济学》杂志调查表示，只有"0.4%的美国艺术家会从追续权中获益"。有报告指出，1993年至2000年，加州艺术理事会平均每年仅向艺术家支付802美元。[4]大部分的追续权权益明显集中在少数艺术家手中。在法国，四位已故艺术家——毕加索、布拉克、马蒂斯和克莱因（没有一位是饥

1 Mara Grumbo, Accepting droit de suite as an equal and fair measure under intellectual property law and contemplation of its implementation in the United States post passage of the EU directive, Hastings Communications and Entertainment Law Journal, Winter, 2008.

2 Alexander Bussey, The incompatibility of droit de suite with common law theories of copyright, Media and Entertainment Law Journal, Spring, 2013.

3 Michelle Janevicius, Droit de suite and conflicting priorities: the unlikely case for visual artists' resale royalty rights in the United States, Technology & Intellectual Property Law, Spring, 2015.

4 Mara Grumbo, Accepting droit de suite as an equal and fair measure under intellectual property law and contemplation of its implementation in the United States post passage of the EU directive, Hastings Communications and Entertainment Law Journal, Winter, 2008.

饿艺术家）占有所有追续权使用费的近70%。[1] 这就引发了一个问题：如果追续权只对那些知名艺术家有益，那么追续权有什么用处？[2]

真正从追续权中受益的艺术家是最不需要追续权的艺术家。对于一个普通的艺术家来说，二级市场的销售额是很少的，在该艺术家的职业生涯后期是不会产生收益的。而当一个艺术家足够成功地在二级市场上出售他的作品时，他很可能已经在一级市场上赚得足够多，生活得相当舒适了。[3]

追续权没有惠及饥饿的艺术家和他们饥饿的继承人，相反，惠及了少数富裕的主宰二级艺术市场的艺术家。[4] 由此可见，追续权主要给那些不需要额外经济保护的人带来好处。追续权可能仅仅对少数艺术家有利，追续权的法律制度是否与问题的严重性相称，这是值得考虑的。[5]

追续权不会影响传统（如中世纪、文艺复兴）艺术品的古董贸易，中世纪、文艺复兴时期的艺术家永远无法从他们的成功中获得利益。追续权不能覆盖传统作品，只能在现代艺术家死后作品巨大升值时产生益处，但这种情况越来越少见。

（三）艺术家与经销商的共生关系

当前的艺术品市场与20世纪初有很大的不同。现代经销商的工作是寄售，而不是试图"利用"贫穷的艺术家。目前，主要的艺术品市场不再让经

---

1 Alexander Bussey, The incompatibility of droit de suite with common law theories of copyright, Media and Entertainment Law Journal, Spring, 2013.

2 Michelle Janevicius, Droit de suite and conflicting priorities: the unlikely case for visual artists' resale royalty rights in the United States, Technology & Intellectual Property Law, Spring, 2015.

3 Alexander Bussey, The incompatibility of droit de suite with common law theories of copyright, Media and Entertainment Law Journal, Spring, 2013.

4 Alexander Bussey, The incompatibility of droit de suite with common law theories of copyright, Media and Entertainment Law Journal, Spring, 2013.

5 Jennifer B. Pfeffer, The costs and legal impracticalities facing implementation of the European Union's droit de suite directive in the United Kingdom, Northwestern Journal of International Law and Business, Winter, 2004.

销商与艺术家对立，当前的画廊模式发生了重大变化。如果没有画廊经销商对艺术家进行投资，艺术家们几乎没有希望从他们的作品中获利。[1]

现代画廊采用寄售的方式，经销商从艺术品销售中获得佣金，比例通常高达50%，这意味着经销商和艺术家一样，可以从更高的价格中获益，因此经销商没有动机向艺术家支付低于作品价值的报酬。此外，经销商不只拿着艺术家的作品等买家上门，还会花很多时间来宣传他的艺术家——通常是通过画廊展览——他必须冒很大的风险，预先投资存储、租金、广告等费用，有时还得向艺术家预付报酬。结果是，当代艺术品经销商实际上"真正感兴趣并有能力"支持和促进艺术家的工作，并有兴趣看到艺术家的成功。经销商的利益不再与艺术家的利益对立，经销商只有在艺术家变得富有时才会变得富有。[2]

"二战"后，艺术品市场的繁荣吸引了新的买家，购买艺术品开始被视为一种投资，而不仅仅是地位的象征。在此期间，由两家著名的拍卖行苏富比和佳士得组织的当代艺术品拍卖会变得频繁而有规律。如今的艺术品拍卖与二级艺术品市场相连，二级艺术品市场只吸引那些已经成功的艺术家。就一级艺术品市场而言，重要的是要考虑经销商从艺术品销售中收取佣金。[3]

通过艺术品经销商的画廊展示作品是年轻艺术家公共展示的主要方式。艺术品经销商通过转售艺术家的作品来补贴画廊展示的成本。如果艺术品经销商被迫支付每次转售的版税，则其利润下降，这会迫使经销商提供更少的画廊展示时间和空间，这将不利于年轻艺术家的成长。[4]

1　Alexander Bussey, The incompatibility of droit de suite with common law theories of copyright, Media and Entertainment Law Journal, Spring, 2013.

2　Alexander Bussey, The incompatibility of droit de suite with common law theories of copyright, Media and Entertainment Law Journal, Spring, 2013.

3　Lara Mastrangelo, Droit de suite: why the United States can no longer ignore the global trend, Chicago-Kent Journal of International and Comparative Law, June, 2018.

4　Jay B. Johnson, Copyright: droit de suite: an artist is entitled to royalties even after he's sold his soul to the devil, Oklahoma Law Review, Fall, 1992.

（四）仅针对拍卖行导致不公平

追续权仅适用于拍卖转售，许多拍卖行强烈游说反对这项法案，因为它专门针对拍卖转售，而这已不适用于现代艺术品的销售模式了。[1]

现在的艺术品显然多数是由单一买家长期持有。博物馆和企业买家数量的增加，以及政府购买数量的增加，意味着更多的绘画作品将由单一买家长期持有。

随着采购商越来越多地参与艺术市场，画廊的重要性似乎在下降。取而代之的是，出现了一种艺术品代理，这种代理可以避免画廊的管理费用，并将销售集中在选定的买家名单上，主要包括公司、政府、私人委员会、博物馆和大型收藏家。艺术品销售日益脱离拍卖行而进行。[2]

追续权规则仅仅看到了拍卖转售，但在现代艺术品市场上，拍卖行已是相对不重要的销售和转售场所。追续权的实用性，受到拍卖转售在艺术品销售中所扮演的角色地位下降的影响。

（五）执行成本较高

执行追续权的效率低下，它所产生的执行问题可能会超过它的收益。[3]管理机构必须登记艺术品、监控销售、收集和分发相关费用，维持一个行政机构运营的经费可能会超过向艺术家支付的版税金额，这些成本超过了艺术家获得的实际利益，从而使追续权在经济上变得无意义。同时，纳税人不能对追续权机制进行补助，很少有政府项目能够拿出必要的资金来支

1　Michelle Janevicius, Droit de suite and conflicting priorities: the unlikely case for visual artists' resale royalty rights in the United States, Technology & Intellectual Property Law, Spring, 2015.

2　Monroe E. Price, Government policy and economic security for artists: the case of the droit de suite, Yale Law Journal, June, 1968.

3　Monroe E. Price, Government policy and economic security for artists: the case of the droit de suite, Yale Law Journal, June, 1968.

持其运营。[1]

在这种情况下，只能将原本应支付给艺术家的费用支付给国家机构。在许多国家，收取追续权费用并将其交付给艺术家，很容易成为管理不善和腐败的原因。管理追续权费用的收集和分发需要广泛的基础设施才能正常有效地运行。一旦考虑到运行这一基础设施的成本，艺术家只能得到更少的钱，这就导致追续权立法与追续权意图的背道而驰。[2]

因此，在还没有完全顺利地建立起追续权行政管理制度的国家，贸然规定追续权制度，将会给追续权的执行管理带来一定的问题。

（六）导致艺术家受损

追续权产生了与预期相反的效果，不仅不能真正从经济上帮助视觉艺术家，实际上反而会伤害他们。如果画廊被迫向艺术家支付作品转售费用的一部分，画廊可能会要求从艺术家那里以更低的价格购买作品，那么为适应"追续权"而支付给艺术家的销售价格会下降。鉴于双方不平等的谈判立场，经销商可能会在最初的销售中降低艺术品的市场价格。因此，艺术品市场对追续权的反应，实际上会阻止视觉艺术家从经济上获利。[3] 甚至严重的时候，追续权会迫使一位艺术家放弃首次销售的收入，因为他的作品后来会增值并在二级市场上出售。[4]

---

1 Jay B. Johnson, Copyright: droit de suite: an artist is entitled to royalties even after he's sold his soul to the devil, Oklahoma Law Review, Fall, 1992.

2 Mara Grumbo, Accepting droit de suite as an equal and fair measure under intellectual property law and contemplation of its implementation in the United States post passage of the EU directive, Hastings Communications and Entertainment Law Journal, Winter, 2008.

3 Mara Grumbo, Accepting droit de suite as an equal and fair measure under intellectual property law and contemplation of its implementation in the United States post passage of the EU directive, Hastings Communications and Entertainment Law Journal, Winter, 2008.

4 Alexander Bussey, The incompatibility of droit de suite with common law theories of copyright, Media and Entertainment Law Journal, Spring, 2013.

目前在美国，艺术家既可以选择将追续权费用纳入其销售合同，也可以选择不享受追续权。[1] 艺术家可以在合同中强制要求买家在转售时支付版税，这显然会降低最初的销售价格。艺术家对他的画放在哪里以及作品售出后的用途有着至关重要的兴趣；艺术家也关心佣金的数额，谁支付广告费，以及经销商的宣传成本、开业成本和悬挂成本，但追续权条款通常不在艺术家和经销商的谈判范围之内。[2] 追续权规则将导致艺术家在合同中处于弱势地位，事实上，一些拥有追续权规定的国家的艺术家也宁愿它不存在。

如果经销商知道会因追续权而在以后增加交易成本，就有可能不愿意长期投资年轻艺术家。正如一位英国商人所说：追续权规则并不鼓励我们与不太成熟的艺术家打交道，这是肯定的，它肯定会影响经销商攀附那些有潜力的艺术家。即使经销商想支持年轻艺术家，追续权规则也导致经销商无法这样做。

经销商在展览前购买年轻、有发展前途的艺术家的作品作为投资，这些风险投资通常不会产生初始回报。由于可能会有追续权，这些年轻艺术家作品的价格将不得不上涨，以便经销商盈利。但经销商会认为，价格的上涨可能会影响潜在买家；如果经销商知道出售这些作品会有更大的困难，那么他们最初投资这些艺术家的可能性会更低。[3]

因此，追续权对艺术家整体上没有好处。因为有投资头脑的收藏家将不太可能购买年轻"未知"的作品，并倾向于购买不含追续权的艺术品。由于谨慎的收藏家将考虑未来必须支付版税的可能性，他在首次销售时往往出价较低。而艺术家处于较差的议价地位，他将被迫在首次销售时接受较低的价

---

1 Alexander Bussey, The incompatibility of droit de suite with common law theories of copyright, Media and Entertainment Law Journal, Spring, 2013.

2 Monroe E. Price, Government policy and economic security for artists: the case of the droit de suite, Yale Law Journal, June, 1968.

3 Michelle Janevicius, Droit de suite and conflicting priorities: the unlikely case for visual artists' resale royalty rights in the United States, Technology & Intellectual Property Law, Spring, 2015.

格。[1] 低下的售价，反而会影响年轻艺术家的成长。因此，旨在保护年轻艺术家的追续权制度，实际上阻碍了年轻艺术家的艺术创作。

经销商向年轻艺术家施加压力，要求他们在合同中放弃转售提取版税权利的可能性也加大了。允许艺术家弃权，将把追续权变成一个无用的讨价还价的筹码。经销商或收藏家不太可能在转售中损失大量利润，因此，追续权带来的损失会转由年轻的视觉艺术家承担。

由于追续权而不购买艺术品的收藏家将减少需求，但艺术品供应不会减少，这就可能导致艺术品价格下跌。此外，收藏家可能会要求初级市场降低价格，以补偿二级市场中潜在的版税，这些都将对初级市场中的艺术家产生有害影响。[2]

（七）信息不公开

二级艺术品市场是艺术品转售的市场，主要通过拍卖行和私人经销商进行。为了保护购买者的隐私，二级市场披露的经济信息有限，其中包括佣金、预付款、保险费、第三方担保以及仓储和运输费。[3]

在这种情况下，设置追续权可能导致买卖双方恶意串通，隐瞒艺术品价值的自然增长，从而导致无任何版税进入艺术家的口袋。现代社会，收藏家和卖家正转向私人销售，而不通过公开拍卖来买卖作品。如果买家和卖家有意识地转向私人交易以避免公开，可能会迫使艺术界更加保密，更多的交易

1　Jay B. Johnson, Copyright: droit de suite: an artist is entitled to royalties even after he's sold his soul to the devil, Oklahoma Law Review, Fall, 1992.

2　Michelle Janevicius, Droit de suite and conflicting priorities: the unlikely case for visual artists' resale royalty rights in the United States, Technology & Intellectual Property Law, Spring, 2015.

3　Michelle Janevicius, Droit de suite and conflicting priorities: the unlikely case for visual artists' resale royalty rights in the United States, Technology & Intellectual Property Law, Spring, 2015.

在私下进行。[1] 这种缺乏透明度的交易将使会计和管理非常困难，导致追续权无法得到实现。

如果更多的销售是私下进行的，那么在一个已经没有管制的艺术品市场中，保密交易的数量可能会增加，并可能影响市场的品味。这可能会对更多想利用拍卖来提升自己的新兴艺术家产生负面影响。[2]

四、我国的做法

（一）应当与世界保持一致的步伐

追续权可能会影响本国的二级艺术品市场，如果设置追续权费用，将把二级市场留给其他没有追续权的国家。因为追续权费用增加了交易成本，所以卖方在选择销售地点时会考虑这一点，尤其对于中国这样新兴的艺术品市场，将会导致艺术品向能带来更高价值的国家和地区流动而不是选择中国，这将会影响中国艺术品市场的成长。

当英国首次规定追续权时，有很多人反对，他们普遍认为这将影响英国本土市场和国际市场。英国在实施追续权制度后，并没有记录到任何明显的英国商人离开英国的变化。二级艺术品市场的位置也取决于许多其他因素，如公众品味、艺术品市场的结构、税收、专家以及使委托人感兴趣的能力。事实上，英国艺术品市场规模增长的速度比其他市场更快。[3] 一项实证研究表

---

1 M. Elizabeth Petty, Rauschenberg, Royalties and artists' rights: potential droit de suite legislation in the United States, William & Mary Bill of Rights Journal, March, 2014.

2 M. Elizabeth Petty, Rauschenberg, Royalties and artists' rights: potential droit de suite legislation in the United States, William & Mary Bill of Rights Journal, March, 2014.

3 Michelle Janevicius, Droit de suite and conflicting priorities: the unlikely case for visual artists' resale royalty rights in the United States, Technology & Intellectual Property Law, Spring, 2015.

明，追续权对英国拍卖销售没有显著影响：关于实施追续权制度对英国艺术品市场影响的最坏预测尚未实现，没有看到受英国追续权影响的艺术品价格增幅有所下降，也没有发现艺术品销售从英国向其他不适用追续权的国家和地区转移的证据。[1] 但是，没有在英国发生的艺术品市场的转移，不等于不会在中国发生。

各个艺术品市场尽其最大努力将销售转移到不征收版税的司法管辖区。理性的卖家和买家在面对追续权征收的高成本时，自然会寻求逃避支付和最大化利润的方法。艺术品经销商只要将艺术作品转让给瑞士或日本等非版税国家，就可以避免追续权的麻烦。1988年，在欧盟《追续权指令》颁布之前，三幅约瑟夫·博伊斯的画作在伦敦一家拍卖行以46.2万英镑的价格出售。买卖双方都是德国公民，他们决定不在本国进行交易的决定性因素是规避德国的追续权。[2]

因此，中国应该与世界上的其他国家保持一致。因为艺术品市场是一个全球市场，在不同国家存在不同追续权规定的情况下，贸然规定追续权，会导致艺术品市场向没有追续权的其他国家转移，影响我国正在成长的艺术品市场的发展。只有在世界上主要的国家普遍规定了追续权的情况下，我国规定追续权才不会过度干扰和影响中国的艺术品市场。

（二）与现有的著作权制度和物权制度相协调

追续权与著作权法和物权法的相关理念有一定的差别，首次销售理论、物权理论都天然排斥追续权。笔者认为，在理论上应当将追续权制度与我国的著作权制度和物权制度协调起来。

----

1 Alexander Bussey, The incompatibility of droit de suite with common law theories of copyright, Media and Entertainment Law Journal, Spring, 2013.

2 Mara Grumbo, Accepting droit de suite as an equal and fair measure under intellectual property law and contemplation of its implementation in the United States post passage of the EU directive, Hastings Communications and Entertainment Law Journal, Winter, 2008.

追续权设计之初，被认为是一种源自著作权人格理论的精神权利，所以被认为是不可剥夺的。但考虑到权利设计所产生的经济利益，将追续权视为一种经济权利更为合理。追续权的存在是因为艺术家创造了一件艺术品，因此死亡是剥夺这一权利的原因。[1]

笔者认为，目前关于追续权的权利定位是存在争议的，因此，在我国著作权法理论上还需要为追续权设置一个地位，将追续权纳入我国的著作权权利体系。如果无法从理论上将追续权纳入著作权权利体系，则追续权的设立将受到干扰和影响。

追续权与首次销售原则相矛盾。首次销售原则是指作品复制件一经售出，作者对某一创作作品的某一特定副本的权利即被消灭。该原则旨在防止版权保护妨碍财产权，特别是财产的自由可转让性。许多作品的创作者都没有获得转售提取版税，因为这样的权利设置会限制作品的自由可转让性，必须促进最有效地使用财产。[2]

许多人之所以被艺术高风险职业所吸引，是因为最终可能获得巨大的名誉回报或重大的非金钱回报。换言之，这些艺术家愿意从事艺术创作，他们只是恰好选择了一个有风险的职业。例如，"艺术家的平均工作时间要比其他人少得多，收入增长要比其他行业快得多，而且他们离开职业的人数要比其他职业的工人少"。因此，有人认为，既然法律不保护进入不稳定职业的其他人，为什么艺术家就应该单独受到保护？[3]

为什么视觉艺术家应该得到法律保护，而音乐家、作家和发明家，他们可能同样处于不利地位，却没有得到法律保护？即使在视觉艺术家中，转

---

1 Jay B. Johnson, Copyright: droit de suite: an artist is entitled to royalties even after he's sold his soul to the devil, Oklahoma Law Review, Fall, 1992.

2 Alexander Bussey, The incompatibility of droit de suite with common law theories of copyright, Media and Entertainment Law Journal, Spring, 2013.

3 Mara Grumbo, Accepting droit de suite as an equal and fair measure under intellectual property law and contemplation of its implementation in the United States post passage of the EU directive, Hastings Communications and Entertainment Law Journal, Winter, 2008.

售提取版税的应用也不均衡，因为视频艺术家和表演艺术家通常靠劳务费过活，他们的作品不能出售，他们根本不会从转售提取版税中获益。如果传统艺术家、视频艺术家和表演艺术家都没有受到额外的版权保护，那么视觉艺术家为何受到追续权保护？这是否构成版权保护上的歧视待遇？[1] 如果针对不同的艺术家设置追续权，那么版权法必须对艺术家的类型进行细化，这无疑会引发更严重的社会问题。

目前也有许多作品并不适合采用追续权保护。例如，巨型作品就不适宜采用追续权保护。巨大雕塑的创作运动是"当前艺术场景的显著特征之一"。[2] 艺术家创作规模巨大的作品的趋势明显，可能会故意通过创作对画廊的正常客户来说太大或太贵的作品来拒绝追续权问题。

商业艺术也不适宜采用追续权保护。由于商业艺术本质上拥有直接的收入，实际上主要也是为了这个目的而产生的，商业艺术家不太可能发现自己处于"饥饿"艺术家的位置。因此，权利不应延伸至商业艺术。[3] 应当对适用追续权的艺术作品种类加以明确，这种分类在设置追续权制度之前必须加以明确。

（三）使用其他制度替代

笔者认为，在能够使用其他制度保护艺术家利益的情况下，应当将这些制度用尽，不应贸然使用具有较强效力的追续权制度。

画廊展示艺术家的作品，画廊越多，作品的价值越高，艺术家的声誉也越高。此外，画廊的收购和展览可以"立即验证"艺术家的作品。年轻艺术家的声誉提升，通常能转化为经济上的成功，从长远来看，这可能超过艺术

1　Alexander Bussey, The incompatibility of droit de suite with common law theories of copyright, Media and Entertainment Law Journal, Spring, 2013.

2　Monroe E. Price, Government policy and economic security for artists: the case of the droit de suite, Yale Law Journal, June, 1968.

3　Jay B. Johnson, Copyright: droit de suite: an artist is entitled to royalties even after he's sold his soul to the devil, Oklahoma Law Review, Fall, 1992.

家获得的任何转售提取版税。此外，出版、委托和展览都有助于"培养"艺术家的职业生涯。美国艺术博物馆馆长协会已表示反对任何拟议的追续权法律，表示担心转售提取版税会阻碍新艺术家的市场。相反，它认为，现有的既支持有名的艺术家又支持新兴艺术家的制度，对单个艺术家的作用要大得多，而且不必担心压制市场。[1]

这些艺术品市场的参与者不断地寻找年轻、原始的人才，他们希望看到自己的投资增长。画廊可以补偿艺术家展出其作品的费用，如果画廊的目标是支持和鼓励年轻艺术家在重要的空间进行展览，那么这种模式似乎比追续权更有效。[2]

如果没有收藏家、博物馆和经销商这些艺术参与者投资年轻的新兴艺术家，艺术品市场将受到损害，从而降低任何形式的转售提取版税的收益。因此，应该鼓励收藏家购买艺术品，而不是威胁收取转售提取版税。通过与收藏家、经销商和画廊合作，年轻的艺术家可以增加他们作品的价值。最终，所有这些团体都会受益。追续权不会为转售作品的收藏家和经销商带来意外之财，实际上可能会阻碍利益相关者通过购买艺术品获得收益。

笔者认为，对于追续权问题，我国应当吸收和借鉴国外的经验和教训，结合本国艺术品市场发展的需要，尽可能与国外立法规定同步；同时将追续权在理论上与我国的著作权制度和物权制度相结合；能够使用其他制度帮助年轻艺术家发展成名就尽可能采取其他制度，而将比较硬性的追续权制度作为一种备选方案；在世界各国都采用了追续权制度，同时我国艺术品市场能够抵抗追续权设置带来的冲击的情况下，采用追续权制度才是一个比较理想的选择。

---

1 M. Elizabeth Petty, Rauschenberg, Royalties and artists' rights: potential droit de suite legislation in the United States, William & Mary Bill of Rights Journal, March, 2014.

2 M. Elizabeth Petty, Rauschenberg, Royalties and artists' rights: potential droit de suite legislation in the United States, William & Mary Bill of Rights Journal, March, 2014.

第四章

版权滥用制度

美国版权滥用理论，是在专利权滥用理论基础上生发而来的，与专利权滥用有着共同的发展脉络，体现着美国法院在知识产权滥用与反托拉斯审查之间，反复考察、辨析的谨慎态度。

从历史上看，美国法院较难同意认定被告存在版权滥用。然而，后来的一些判例以及学者的著作都认为，认可版权滥用有更大的好处。发展到计算机软件时代，学者们通常认为，有些计算机软件版权（如微软操作系统）会拥有更大的市场力量，对其适用反不正当竞争法认定版权滥用可能更为适宜。

笔者试图归纳总结美国版权滥用的演变进程，期望从中引发出值得我国知识产权滥用理论发展借鉴的经验。

一、美国版权滥用相关案例

1948年，美国联邦地区法院在Minnesota案中，第一次支持将版权滥用作为衡平抗辩的手段。同样也是在1948年，明尼苏达州联邦地区法院审理了M. Witmark & Sons v. Jensen案。该案涉及一家电影公司不公平地将音乐版权与其电影捆绑，从而形成一个许可协议。该案的被告（剧院经营者）认为，这一许可协议妨碍他们单独与音乐作品的版权人进行谈判。法院认为这一许可协议是违反公共利益的，同时也违反了反托拉斯法。但法院同时也认为，在认定是否构成版权滥用时，没有必要首先认定是否违反了反托拉斯法。[1]

长期以来，美国法院将版权滥用理论视为版权侵权诉讼中被告的合法诉讼抗辩理由，[2] 美国法院通过判例大大强化了版权滥用理论，丰富了版权滥用的类型。以下三个案例比较典型，被告成功地提出版权滥用诉求，且获得了法院的支持。

1.版权人主张版权，但这不是版权人的原作

在QAD，Inc. v. ALN Associates，Inc.案中，QAD公司持有并发行一种软件程序，它可以执行会计和制造功能。QAD公司起诉ALN公司，认为ALN公司开发了类似程序，侵犯了QAD公司的版权。ALN公司提出抗辩，认为QAD公司使用了来自Hewlett Packard的版权材料开发其程序。法院在支持ALN公司观点的同时，更进一步将版权滥用的法律适用，解释为对于宪法第一修正案的价值的支持："版权保护必须按照版权授权背后的公共目的加以认识……版权不能被用于不正当地限制其他人的表达自由。"

2.版权持有人使用许可协议禁止被许可人使用竞争者的产品

在In Re Napster案中，Marilyn Patel法官支持了Napster提出的进行调查的主张，即调查美国五家主要唱片公司是否以制订不合理许可协议的形式滥用了它们的版权，并且在开发在线音乐文件共享的支付服务方面达成共谋。

这五家主要唱片公司与Napster签订的所有协议，都禁止Napster与任何个人或公司签订其他协议。Patel法官指出了唱片公司违反反不正当竞争法的可能性："这些投资带有这样的痕迹，即这些公司都试图允许被告使用它们的版权，并且扩大市场力量去占领数字音乐发行市场。"[3] 因此，这种禁止被

1　80 F. Supp. 843 (D. Minn. 1948).

2　Video Pipeline v. Buena Vista Home Entm't., 342 F. 3d 191 (3d Cir. 2003); In Re Napster, Inc., 191 F. Supp. 1087 (N. D. Cal. 2002); Assessment Technologies v. Wiredata, 350 F. 3d 640 (7th Cir. 2003).

3　191 F. Supp. 1087 (N. D. Cal. 2002).

许可人自由的行为，构成版权滥用。

3.版权持有人依据版权法要求对计算机硬件设备提供类似专利的保护

在Alcatel USA，Inc. v. DGI Technologies，Inc.案中，Alcatel公司生产并销售电话交换机，为此交换机的运行而使用一种软件。DGI公司也生产一种计算机卡片，它可以扩大电话交换机的呼叫处理能力。DGI公司使用反向工程生产出与Alcatel公司类似的卡片，在共同市场上开展竞争。Alcatel公司因此起诉DGI公司侵犯其版权。在经过三周的审理之后，陪审团提交了一个综合性结论，认为Alcatel公司违反了反不正当竞争法并且干扰妨碍了DGI公司的客户，从事了不正当竞争。该结论也认为，DGI公司侵犯了Alcatel公司的版权，同时构成了不正当竞争。

在上诉审判中，法院判决DGI公司没有侵犯Alcatel公司的版权，Alcatel公司要求对其硬件提供类似专利的保护，滥用了其软件版权。美国联邦上诉法院引用了第四巡回法院在Lasercomb案中的公共政策观点，认为Alcatel公司的许可协议具有反竞争性，因为这一许可协议试图将DGI公司排斥于市场之外。

此外，波斯纳法官在Assessment Technologies of Wisconsin，LLC v. WIREdata，Inc.案中，还提出了一种新型的版权滥用行为，即诉讼程序滥用的问题。在该案中，Assessment Technologies of Wisconsin，LLC（AT）公司持有一项计算机程序的著作权，它允许"市政当局的税务部门在各种查询之中使用该软件"。市政职员可以使用该软件搜集财产税信息，并且将原始数据输入文件档案中。当威斯康星州市政部门担心侵犯AT公司的版权而拒绝向WIREdata公司提供数据时，WIREdata公司起诉了这些市政部门。同时，AT公司也起诉WIREdata公司侵犯版权。[1] 波斯纳法官在该案中认为："版权人使用侵权之诉，以获得财产保护。版权人希望击败对手获得决定性胜利，而这个对手欠缺资源或法律有效抗辩手段时，这就构成程序滥用。""一个作者使用版权诉讼威胁被告，阻碍被告行使版权法上的合法权

---

[1] 350 F. 3d 640 (7th Cir. 2003).

利，这就属于版权滥用。"[1]

二、版权滥用与反托拉斯法

在1948年美国联邦最高法院审理的United States v. Paramount Pictures，Inc.案中，涉及七家电影制片商是否共谋限制或垄断电影的发行和放映问题。在该案中，美国联邦最高法院宣告"买片花"的行业惯例行为违法。这一违法行为是要求剧院所有人在被许可放映一部电影时，必须放映附带的电影。美国联邦最高法院"含蓄地认可了版权滥用抗辩，并且暗示在考虑权利人是否滥用其版权时，应进行反托拉斯法分析"。[2] 该案显示美国联邦最高法院在支持版权滥用抗辩的同时，逐渐考虑到对被告的行为适用反托拉斯法的审查。

在Broadcast Music, Inc. v. Columbia Broadcasting System, Inc.案中，美国联邦最高法院审查了Broadcast Music, Inc. 的收费问题，认为该公司违反反托拉斯法，使用一揽子许可协议要求像Columbia公司这样的公司为表演和广播一些音乐作品而支付浮动费用。换句话说，如果Columbia公司想从该公司购买一些音乐，它通常被要求购买比它想买或需要的音乐更多的东西。美国联邦最高法院将该案发回美国联邦上诉法院重审，"判断一揽子许可协议是否符合反托拉斯法的'合理规则'测试，这一测试要求证明被许可人是否受到损害"。有些学者因此认为，这一判决支持了版权滥用理论，美国联邦最高法院将版权滥用的判决建基于反托拉斯法分析之上。

United States v. Loew's, Inc.案最早将美国反托拉斯法适用于版权领域。在该案中，美国政府认为，六家1948年之前的老电影的主要发行商，不合法地销售电影——它们销售或许可给电视台播放时，附加了必须接受电影

---

1 350 F. 3d 640 (7th Cir. 2003). at 647.

2 Miskimon, supra note 40, at 1683.

包捆绑计划或接受一个或更多不需要的或低劣的电影的条件。法院对市场力量进行了评测，认为被告的行为损害了《美国谢尔曼法》第1条所限定的商业贸易。[1] 可以看出，美国法院逐渐在肯定版权滥用的同时，对版权人的滥用行为适用反托拉斯法进行审查。

按照《美国谢尔曼法》第1条的规定，一般使用"实质"标准或"合理规则"来审查商业行为。"实质"标准主要适用于投标串通和价格固定等情况，这些行为几乎总是有害于竞争。唯一的问题是，如何确定被告事实上是否符合这一标准。"合理规则"则要求全面的事实分析，以确定被告行为事实上或可能对竞争的影响。在历史上，美国法院较难同意被告关于版权滥用的观点，并且仅在反托拉斯法基础上狭义解释这一理论。

学者通说认为，专利滥用这种衡平抗辩或"不净之手"的引入，引起了其与反托拉斯法的矛盾。反托拉斯法用于对专利权人进行一种附加的审查，反托拉斯政策和专利法之间充满了争斗与矛盾。专利滥用与反托拉斯法有许多重要的不同点。反托拉斯法要求有反竞争行为，要求存在市场控制地位；滥用专利权则不要求有主要的市场控制者。此外，反托拉斯法要求证明给原告造成损害及损害程度，这可以导致金钱或重组等处罚；而在专利滥用理论中，被告不需要证明其受到滥用行为的损害，仅仅需要证明原告扩张其权利，大于其授权范围。

有学者认为，专利滥用比版权滥用更普遍，因为专利滥用会占有更大的市场力量，因此更多地适用反托拉斯法。然而，另有一些学者认为，有些软件程序版权会占有更大的市场力量。这些争议被带进了版权滥用及其以后的案例和研究中。

在Lasercomb America，Inc. v. Reynolds案之前的判例中，法院致力于研究专利滥用理论是否能够适用于版权问题。有些法院认为可以，但这些法院在判决版权滥用理论是否要求证明反托拉斯行为问题，以及是否要求证明版权持有人的行为超过授权范围，或者两者都要求时，是不清楚的。

----

1 371 U.S. 38 (1962).

发展到Lasercomb America, Inc. v. Reynolds案，该案可以说是版权滥用理论发展中的里程碑式的判例。[1] 在该案中，Lasercomb公司和Holiday Steel公司是两家人造钢刀（用于切削纸张和纸板的工具）模具产品的生产者，他们之间存在竞争关系。Lasercomb公司开发了一种软件程序，称之为"Interact"，用于控制钢刀模具的制造过程，同时将这一程序的未上市销售版本授权许可给Holiday Steel公司，许可Holiday Steel公司使用其计算机软件99年，但是在合同中禁止被许可人"编写、开发、生产或销售计算机辅助模式软件"。Reynolds是Holiday Steel公司的一名计算机程序员。Reynolds研究了这一软件程序，制作出该程序的未经授权许可的复制件。利用这些复制件，Holiday Steel公司生产并销售自己的软件程序，几乎是"Interact"的完全复制品。因此，Lasercomb公司以侵犯版权、违约、侵犯商业秘密、货源的虚假标示、不公平竞争和欺诈等理由起诉。地区法院对Holiday Steel公司发出禁令，判决其支付给Lasercomb公司因版权和欺诈损害的实际赔偿金和惩罚性赔偿金。[2]

在上诉到第四巡回法院时，Holiday Steel公司和Reynolds承认复制了"Interact"，但反诉Lasercomb公司存在版权滥用。Holiday Steel公司和Reynolds声称，Lasercomb公司通过许可使用合同，在99年内阻止它们制作钢刀模具软件，这构成版权滥用。法院支持这一诉讼理由，认为："这一许可协议实质上试图抑制被许可人独立实现Interact所表达的思想……Lasercomb公司试图以违反版权法中的公共政策的方式使用其版权。"[3] 法院认为："在英格兰专利法和版权法的基础上，我们宪法制定者引入这两个智力成果的类型，以及在我们国家通过各种法律法令和司法实践发展专利法和版权法，这些都说服我们认为，这两种知识产权保护基础上，有着相同的公

1　911 F. 2d 970 (4th Cir. 1990).

2　656 F. Supp. 612 (M.D.N.C. 1987).

3　911 F. 2d 970, 973 (4th Cir. 1990).

共政策。"[1] 同时法院也认为，这两种知识产权都是以向发明人和作者授予专有权的方式，鼓励人类知识和艺术的积累，但"都没有将保护扩及于专利或版权所不保护的财产"。

第四巡回法院还在该案中，单独进行了反托拉斯法分析。法院拒绝如下观点：只有Lasercomb公司的行为违反反托拉斯法并且直接侵害被告时，版权滥用才可以适用。第四巡回法院认为："从Lasercomb公司使用其版权的行为中产生了滥用行为，它试图控制版权领域之外的竞争，即损害了计算机辅助模式制造业领域的竞争，而不论这一合同是否违反反托拉斯法。"[2] "问题不在于版权是否被用于违反反托拉斯法（即不必考虑许可协议是否是'合理'的），而在于版权是否被用于违反版权授权所内含的公共政策方式。"[3] 该案判决的结果导致了版权滥用新标准的产生，并且允许下级法院不必证明对被告的损害，就可以作出版权滥用的判决；而证明对被告造成损害，在反托拉斯法分析和判决中恰恰是必需的。因此，Lasercomb案所给出的启示在于，法院不必适用反托拉斯法的测试和评判标准，直接认定被告的作为违反了版权授权的基本原则，就可以认定构成版权滥用。

Lasercomb案之后有32个案例，可以用于检测法院如何认定版权滥用，以及法院是否将其判决建基于反托拉斯法分析之上。总体来看，美国法院越来越倾向使用纯粹的版权滥用理论来审理案件。

在Practice Management Information Corp. v. the American Medical Association案中，Practice Management起诉认为American Medical Association（AMA）的《医师最新医疗程序术语》一书没有版权，或AMA滥用了其版权。第九巡回法院只进行了较少的讨论，就采用了Lasercomb案的观点，认为AMA滥用了版权，因为它以"政府机构许诺不使用竞争者的产品

---

1 911 F. 2d 976 (4th Cir. 1990).

2 Lasercomb, 911 F. 2d. at 977.

3 911 F. 2d 978 (4th Cir. 1990).

作为许可条件"。[1]

　　在DSC Communications Corp. v. DGI Technologies（DSC I）案中，由于DGI公司使用DSC公司的软件开发一种具有竞争性的电话交换器（微处理器），DSC公司起诉DGI公司版权侵权。在许可协议中，DSC公司许可使用其操作软件，以"只能使用来自DSC公司生产的电话交换器"为条件。第五巡回法院明确采用了Lasercomb案中关于版权滥用的理论。第五巡回法院认为，DSC公司尝试使用其版权，在非专利微处理卡片上获取类似专利垄断的权利。[2] 在诉讼期间，Alcatel USA, Inc.收购了DSC公司，该案第二次提交第五巡回法院时，就是Alcatel USA, Inc. v. DGI Technologies（DSC II）案。第五巡回法院部分推翻了地区法院关于DGI公司侵权的判决，认为DSC公司滥用其版权，因此其版权是不可强制执行的。[3]

　　在Video Pipeline, Inc. v. Disney公司案中，第三巡回法院也采用了来自Lasercomb案的版权滥用理论。在该案中，Video Pipeline公司在其网页上显示Disney公司的电影预告片，但Video Pipeline公司只是为Disney公司的电影制作预告片。Video Pipeline公司起诉认为，它没有侵犯Disney公司的版权；Disney公司则认为构成版权侵权。由于Disney公司许可使用其电影预告片，附带一种限制条件，即"该网站必须不贬损或批评娱乐业或Disney公司的电影"。Video Pipeline公司认为，Disney公司使用版权法以压制批评，构成版权滥用。第三巡回法院并不认为这一许可协议"严重妨碍了创造性表达，严重地影响了增加创造性行为的公共利益"。[4]

　　因此，在版权滥用的案例中，被告必须证明原告超越版权范围不法地扩张其专有权，或者违反了版权法上的公共政策。在上述案例中，Lasercomb案、Practice Management案以及DSC II案属于前一种情况；Video Pipeline

1　121 F. 3d 516 (9th Cir. 1997). at 521.

2　81 F. 3d 597, 600-01 (5th Cir. 1996). at 601.

3　166 F. 3d 772 (5th Cir. 1999). at 777.

4　342 F. 3d 191 (3d Cir. 2003).

案则属于后一种情况，即一个许可协议是否违反了版权法的公共政策的公正合法使用。

在Lasercomb案之后，也有一些案例显示，美国法院拒绝版权滥用理论，认为被告必须首先构成侵权，原告也必须证明一些反竞争性行为的存在，这主要基于如下原因。

（1）虽然版权人可能滥用他的版权，但是被告若存在"不干净的手"的问题，则会丧失提出版权滥用的权利。

例如在Atari Games Corp. v. Nintendo of America，Inc.案中，任天堂（Nintendo）公司生产计算机游戏，在试图破解任天堂公司游戏代码的努力失败后，计算机游戏制造商Atari公司从任天堂公司获得许可，并且被要求一年内为任天堂公司生产五种游戏。Atari公司最终以向美国版权局要求判决给予游戏代码为要挟，虚假地声称它将提起诉讼等方式，获得了其所需要的任天堂游戏代码。任天堂公司提起侵权诉讼，而Atari公司则声称版权滥用。尽管法院认为任天堂公司的许可协议可能构成版权滥用，但法院也没有同意滥用抗辩，因为Atari公司不法地获得了任天堂公司的游戏代码。法院认为版权滥用是一个衡平理论，任何一方寻求这一抗辩时，都应当带着一双"干净的手"。[1]

（2）积极保护一方的版权，与版权滥用或扩张授权范围无关。

在Janel Russell Designs v. Mendelson & Associates案中，Janel Russell是一名母婴珠宝外观设计者，她积极地要求保护自己的版权，起诉其竞争对手Mendelson & Associates，认为对于其心形垂饰设计构成版权侵权。尽管美国版权局已经授予Janel Russell一种类似垂饰以版权，但没有授予其心形垂饰设计以版权。被告则提出版权滥用抗辩，认为Janel Russell试图在心形垂饰方面扩大其版权，并且妨碍类似垂饰的制造商的制造行为。法院认为，尽管美国版权局没有向心形垂饰授予版权，但Janel Russell依然有

---

1 975 F. 2d 832 (Fed. Cir. 1992).

权保护其原始版权；她没有像Lasercomb案和其他案例那样扩展她的版权。[1]

（3）版权持有人拒绝许可，不构成版权滥用的证据。

在一系列美国地区法院审理的关于中立服务组织反托拉斯诉讼的案件中，美国法院认为，Xerox拒绝许可中立服务组织使用其版权产品，并不构成版权滥用或反竞争行为。法院判决称，"我们认为，如果版权是合法获得的，版权持有人单方面拒绝出售或许可其版权表达，并不构成反托拉斯法或版权滥用中的违法行为。版权持有人可以行使其权利，排除他人使用其版权表达，即使这在一个或多个相关市场上排除激烈竞争。在判断单方拒绝许可版权是否合法的问题上，版权持有人的意图和所谓排除行为，都没有任何关系"。[2]

而在United States v. Microsoft案中，法院的观点则出现了截然相反的变化。从该案中可以看到，美国法院更多地对微软公司的行为适用了反托拉斯方式加以分析和审查。因为在该案中，微软公司作为版权人同时也占据着市场优势地位。

在该案中，原告起诉微软公司将浏览器与它的操作系统捆绑在一起，试图以此作为保护和扩大微软公司在PC操作系统市场上的垄断力量的一种手段，因此构成排斥性交易安排。

美国地区法院认为，"绝对市场份额和有效市场进入的实际障碍的存在，都导致了微软公司获得了垄断力量的结论"。地区法院认为，微软公司使用反竞争性方法维持其垄断地位，构成对《美国谢尔曼法》第2条的违反。[3]地区法院法官认为，最好的解决方法是要求微软公司分成两家公司，一家经营Windows操作系统，另一家开发并且销售应用软件。

微软公司上诉称，限制原装设备制造商修改Windows系统是有效的，因

1　114 F. Supp. 2d 856 (D. Minn. 2000).

2　114 F. Supp. 2d 1070 (D. Kan. 2000); 85 F. Supp. 2d 1130 (D. Kan. 2000); 989 F. Supp. 1131 (D. Kan. 1997); 964 F. Supp. 1469 (D. Kan. 1997); 910 F. Supp. 1537 (D. Kan. 1995).

3　87 F. Supp. 2d 30 (D.D.C. 2000).

为按照版权法，它享有保护其软件完整的权利，并且可以限制被许可人安装运行修改的版本。然而，法院认为，微软公司没有提出任何证明，能够说明对于原装设备制造商的限制来自版权法对版权人的授权。

美国联邦巡回上诉法院适用反垄断法的合理规则理论，分析了捆绑协议，肯定了地区法院的观点，认为微软公司违反了《美国谢尔曼法》第2条的规定，使用反竞争性方法维持其在PC操作系统市场上的垄断地位，但推翻了地区法院的另一项判决，即微软公司违反了《美国谢尔曼法》第2条的规定，试图垄断互联网浏览器市场。[1]

三、版权滥用理论之总结

版权滥用，是一个衡平理论。美国法院认为，如果版权持有人滥用其在版权法下享有的独占特权，法院则会拒绝给予版权人版权侵权救济。版权滥用和专利滥用一样，当滥用行为正在持续时，法院通常确认存在版权滥用，并且会使一项版权不具备可强制执行性。

在Lasercomb案之前的判例中，法院致力于研究专利滥用理论是否能够适用于版权问题。但是，在版权滥用理论是否要求证明反托拉斯行为问题上，法院的观点是模糊的。从Lasercomb案起，法院走得更远，即基于版权的公共利益政策而判断版权滥用是否存在；同时，将反托拉斯法审查作为版权滥用判断的一个环节加以考虑。在版权滥用的案例中，被告必须证明原告超越版权范围不法地扩张其专有权，或者违反了版权法上的公共政策，以此进行抗辩。

在Lasercomb案之后，有些学者考虑到，这一判例可能引起没有受到损害的侵权人任意提出版权滥用的抗辩，恶意违约，从而引起市场不稳定。为了避免这种情况的发生，有些学者认为，版权滥用抗辩应当基于传统的反托拉斯法的审查标准，应当由原告证明损害的存在。然而，更多的学者支持法

---

1 253 F. 3d 34 (D.C. Cir. 2001).

院的观点，认为应当依据版权法内含的公共政策原则来审查版权滥用理论。例如，Ilan Charnelle认为："版权滥用来源于衡平原则，而不是来源于反托拉斯法原则，因此应当保持与反托拉斯法分析的距离"。[1] 总之，美国学界倾向于狭义解释这一滥用理论，认为对于版权滥用行为进行反托拉斯法审查，非常不经济。[2]

总体来看，版权滥用这种衡平抗辩或"不净之手"理论被引入版权法，引起了与反托拉斯法的矛盾。版权滥用与反托拉斯法有许多重要的不同点。反托拉斯法要求有反竞争行为，要求存在市场控制地位。版权滥用则不要求有主要的市场控制者，而仅要求证明版权人是否恶意扩张其权利范围。此外，反托拉斯法要求证明给原告造成损害及损害程度，这是判断是否给予金钱或重组等处罚的依据；而在版权滥用理论中，被告不需要证明其受到滥用行为的损害，仅仅需要证明原告扩张其权利，大于其权利保护范围。只有在版权人的确存在垄断行为的情况下，例如微软一案，才运用反托拉斯法审查，将滥用理论上升为反托拉斯法分析。

---

1 Ilan Charnelle, The justification and scope of the copyright misuse doctrine and its independence of the antitrust laws, 9 UCLA ENT. L. REV. 167 (2002). at 198.

2 Mark A. Lemley, Comment, The economic irrationality of the patent misuse doctrine, 78 Calif. L. Rev. 1599 (1990).

第五章

特殊类型著作权客体研究

一、字型设计著作权研究

（一）字型设计相关概念的界定

涉及字型设计的概念很多，笔者先将涉及字型设计的一些基本概念加以明确，这些概念主要有字形、字型设计、字体、铅字、字库等。

按照《现代汉语词典》的解释，字形是指字的形体，如标准字形。在中文汉字中，每一个字均有固定的形状和搭配关系，这种历史延续下来的通常单字写法，称之为字形或固有字形。字体是指同一种文字的各种不同形体，如汉字手写的楷书、行书、草书，印刷的宋体、黑体；有时也可以指书法的派别，如欧体、颜体。因此，字体是指在汉字固有字形基础上变形，从而形成不同风格的形体，这种不同的风格称为字体。铅字是指用铅、锑、锡合金铸成的印刷或打字用的活字。《现代汉语词典》将字库解释为存放铅字字模或新铸铅字的库房，也可指计算机系统中储存标准字形的专用软件。本章中所称的字库或计算机字库，是特指一种能够打印各种不同字体的计算机软件。

在美国存在Typeface和Font两个概念，通常Typeface在技术上是指一系列字母、数字或者其他象征符号，其外形与使用于符号系统中反复出现的设计元素相关，目的在于结合一种本质上的实用功能，是进行文本排版的符号或其他可识别性的符号。[1] Font是指"其中包含Typeface，用于实现印刷技术的物体，而不论该物体是由何种媒介组成的或具有何种形式"[2]。这两个概念在铅字时代有比较明显的区别，Typeface是Typeface设计师的艺术创造，而Font则是在印刷过程中，为了能够再现Typeface而制造的工业品。因此，在铅字时代，Font一词通常与中文的铅字概念相对应，在铅字中包含着字型设计Typeface；而Typeface一词大体上可以与中文的字体概念相对应，但其更强调一种设计以及这种设计的结果，因此与中文的字体在含义上还有一定的区别。本章使用"字型设计"一词，以对应Typeface，指称一种文字、字母、符号、数字的设计及其设计结果。应当看到，在计算机时代，印刷已无需铅字，因此，Typeface与Font的含义逐渐相互接近，都可以用来指代字型设计者设计出来的各种打印或印刷符号，Font有时也可以用于指代打字工具，即包含特定设计的各种字型程序软件，及软件中的每一个字（也是一个特定程序）。[3]

（二）美国字型设计的功能性与版权保护

《美国版权法》第202.1条承认的作品形式之一，是"图案、图形和雕塑"。"图案、图形和雕塑"包括：二维和三维的图形和实用艺术品；照片、打印图画；地图、地球仪、图表、表格、模型和技术绘图（包括建筑设计图）。然而，这类作品只在其艺术性能够与其功能性相分离的情况下，才受到版权保护。"二维和三维的美术、雕塑和实用艺术作品，这些作品应当包括工艺品，只要这些工艺品是从其形式方面被加以认可，而非从其机械或功能方面被加以认可。实用物品的设计应当被认为属于图画、图形或雕塑作品，只要这一设计中包含的图画、图形或雕塑特征，可以与该物品的功能方

---

1 U.S. Copyright Office, 53 Fed. Reg. 38110 (Sept. 18, 1988), quoting H.R. Rep. No.1476, 94th Cong., 2d Sess. 55 (1976).

2 H.R. 1790, 102d Cong. § 1001 (b) (4) (1991).

3 Jacqueline D. Lipton, To © or not to ©? Copyright and innovation in the digital typeface industry, University of California, Davis [Vol. 43, 2009]. P143-192.

面相分离而加以识别，并且可以独立于该物品的功能方面而存在。"[1]

美国版权立法的历史表明，实用物品的艺术性因素如果可以"物理性地分离"出来，或者作为艺术品"概念性地分离"出来，则这些部分是可以获得版权保护的。美国版权法之所以将带有功能性的二维或三维美术、雕塑和实用艺术作品，从版权保护客体中排除出去，体现了美国国会希望限制厂商垄断具有单纯功能性的设计的目的。如果功能性与其艺术性无法分离，通过版权保护将使得功能性受到更长时间的保护，这不利于保护社会公共利益。因此，需要防止厂商将实用性的作品通过版权获得更长时间的保护。[2]

这一立法主要从Mazer案和Eltra案两个判例发展而来。在Mazer案中，[3]涉案的艺术作品是一个小雕像，其作为台灯的一个底座，可以从作为实用品的台灯中独立出来。因此，法院认为这一雕塑可以构成独立的"艺术作品"，其可以受到版权保护。在Mazer案之后，美国版权局修改了其关于艺术作品的定义：如果该实用物品的固有功能是它的实用性，该物品的独特的和有吸引力的外形，也不属于艺术作品。然而，如果具有功能性的物品带有雕塑、雕刻或绘画等艺术性的表现特征，这些特征可以分离出来进行识别，并且可以作为艺术品而独立存在，则这些艺术特征可以获得版权登记。[4] 在1976年美国众议院版权法修订报告中，引用了上述规定，并且将其列入美国版权法中[5]，使"艺术作品"的界定趋于完整。

美国版权法中的分离理论，要求先确定一个二维或三维物品是否构成实用物品；如果构成实用物品，再判断其中包含的艺术性是否能够与其功能性物理上分离或观念上分离；如果不具有分离性，则其中包含的艺术性无法受

----

1 Section 101 of the 1976 Copyright Act.

2 Eltra Corporation v. Barbara A. Ringer, 579 F. 2d 294, 198 U.S.P.Q. 321, 1978-81 Copr. L. Dec.

3 Stein v. Mazer (4th Cir. 1953) 204 F. 2d 472, 473, Aff'd Mazer v. Stein (1954) 347 U.S. 201, 202-203, 74 S.Ct. 460, 98 L.Ed. 630.

4 Copyright Regulation § 202.10(c), 37 C.F.R. § 202.1(e) (2009).

5 17 U.S.C. (1970 Ed.) § 5(g).

到版权保护。

如果构成实用物品，则美国法院适用连续两步分析法去确定，是否能够适用版权保护。第一步是确定某一物品是否为"实用物品"，如果是，第二步是分析该实用物品的艺术特征是否能够与其功能性特征相分离。如果艺术特征能够与其功能性特征相分离，则该作品的艺术特征部分能够受到版权保护。

物理性分离比较容易理解，关键问题在于如何判断和理解"概念上"分离。在Kieselstein-Cord v. Accessories by Pearl, Inc.案中，美国法院首次致力于使用概念分离理论。Newman法官认为，设计的特征"概念上分离"于体现该设计的实用物品的功能性特征，该实用物品必须在观察者的心中引起一个概念，这一概念与该实用物品的实用性功能所引起的概念不同。Newman的测试方法受到了大多数学者的批评，认为这种测试方法带有高度的主观性，难于适用。

在如何判断概念性分离时，美国学界发展出不同的理论。Robert Denicola教授的测试方法是要求功能性因素不能影响实用物品的艺术因素。如果设计因素反映了将艺术特征与功能性因素合并起来，则不能说作品的艺术特征与其功能性因素概念性地分离。相反，如果设计因素反映了设计者独立于功能性的影响而进行了艺术判断，则存在概念性分离。

按照Nimmer教授的观点，"即使实用物品没有功能性使用因素，依然可以单纯由于其艺术因素而进行销售时，概念性分离存在"。Nimmer教授的"可销售性"测试方法，可能仅有利于"流行的或传统的"艺术，这一测试方法的缺点是法院、学者甚至Nimmer教授本人都意识到的。另一个较重要的观点是Goldstein教授所主张的，"如果实用物品习惯上被视为一个艺术作品，并且在其中实用物品欠缺艺术性因素同样有用，则概念性分离存在"。学界所形成的这些概念性分离的理论，均影响着法院的判决。

使用著作权分离理论来分析铅字的可版权性，可以看出，铅字是一种只适宜申请外观设计保护的客体，其具有非常强烈的功能性，它是一种工业设计品。即使铅字上结合有字型设计，这种字型设计也无法与铅字进行物理性分离。即使铅字不作为打印工具，其也无法作为一件艺术品供人欣赏。因此，铅字是一种纯粹的只能申请工业品外观设计保护的客体。在印刷机时代，铅字并不是一件艺术品，没有人将铅字作为艺术品去看待、欣赏。铅字如果欠缺了字型设计部分，则仅仅是一个个铅块，丧失了实用性和功能性。

那么，铅字中包含的Typeface是否能够受到版权保护呢？在《美国版权法》第202.1（e）条列举了五种不属于版权保护的客体，其中第五款规定："Typeface as typeface"，即字型设计本身是不属于版权保护的客体。

关于字型设计的典型判例是Eltra一案，该案上诉人是一家排版设备的制造厂商。他为一种字母和印刷符号申请版权登记，这些符号通常被称为"字型设计"（Typeface）。美国版权局认为这一字型设计，不论单一或其组合体，都并不包含可以独立被认定为艺术作品的因素。

在美国联邦上诉法院的审理过程中，Donald Russell法官认为：字型设计不能作为艺术作品独立存在，并且因此不适宜作为艺术作品受到版权保护。美国版权局明确规定，如果某一物品的唯一固有的功能是其实用性，则其独特的和有吸引力的外表不适宜作为版权保护客体。按照美国版权法规定，包含在字母设计中的以及包含在其他印刷符号（这些印刷符号被结合于与排版印刷装置相关的设备）中的字型设计，不适宜受到版权保护。因此，字型设计从来也不构成《美国版权法》第17条、第5（g）条的保护客体。

美国之所以长期以来通过立法和判例将字型设计排除于版权保护之外，是因为美国的字型设计主要是指"一系列字母、数字或者其他象征符号"，这些符号都是组成单词、词组、句子、段落的基本元素。一个字母无论设计得如何巧妙、美观，都无法改变其通过反复循环使用而组成单词、词组、句子、段落、文本的主要目的和功能，这些字型设计具有天然的功能性。作为一个二维物品，字型设计无法与其功能性相分离，如果不具有分离性，则英文字型设计的艺术性就无法受到版权保护。

英文字母、数字和其他印刷符号具有明显的功能性，如果这些设计不去作为印刷工具使用，其艺术性无法单纯独立存在。没有人单纯地欣赏一个字母，将单一的字母、数字作为一件艺术品看待。这是美国立法和法院的基本看法。正如有的学者指出，"我们保护整个建筑物时，并不会保护每一块砖。字母非常具有功能性，这种搭建整个建筑物的功能性，使字母不能被给予版权保护"。[1] 当然，在美国也有一些学者持不同观点，认为英文的字母、数字和其他印刷符号设计也同样应当受到版权保护。[2]

那么，汉字字型设计本身是否能够受到版权保护？在分离理论的指导下，如何理解汉字字型设计的可版权性？

（三）汉字字型设计的功能性与版权保护

中文使用的是汉字，而英文等语言大多使用的是拼音文字，是以字母为基本单位，通过反复循环使用而组合成单词、句子和段落。因此英文中的字母，无论其如何艺术化处理，都只是组合成单词的基本元素。没有人将单一的字母作为艺术品看待，对单一的字母加以欣赏。单纯字母的设计通常只具有排版打印工具的功能性作用，而不具有艺术品的欣赏性。

中文的单一汉字则与英文字母不同。单一的汉字，通常可以作为一件艺术品加以欣赏。汉字又可以分为艺术字与美术字。艺术字是艺术家、书法家单独创造出来的艺术品，可以供人欣赏。单一的汉字艺术品，诸如一笔虎、一笔龙，可以构成一件艺术作品，能够受到版权保护。美术字与艺术字有所不同，美术字中的单字虽然也是一种艺术创造，但美术字更强调字与字之间的整齐划一，强调字与字之间风格的统一性。有些艺术字恰恰无法作为美术字，因为美术字要考虑单字组合之后是否便于阅读，是否具有阅读上的流畅性。有些艺术字单独地看会比较有特色，但作为美术字进行排版，并不利于阅读，这种艺术字就不适宜作为美术字。虽然美术字更多地体现出字与字之间的协调统一，但是单个美术汉字依然可以作为一件

1　Dan Burk, Expression, abstraction: copyright's golden braid, 55 Syracuse L. Rev. 593, 615 (2005).

2　Jacqueline D. Lipton, To © or not to ©? Copyright and innovation in the digital typeface industry, University of California, Davis [Vol. 43, 2009]. P143-192.

艺术作品来看待，人们在进行单个美术汉字的研究和创造过程中，也付出了艰辛的创造性的智力劳动。

单个美术汉字的艺术性与单纯字母的艺术性有很大的区别。中文汉字的字型设计与英文字母的字型设计不同，英文字母的字型设计并不被视为一个艺术作品，也没有人去欣赏单个的字母，其艺术性与功能性无法分离。因此，英文字母的字型设计是一个实用物品；相反，中文汉字的字型设计的功能性要弱于艺术性，其艺术性可以独立于功能性而存在，单个汉字完全可以作为一个艺术作品来看待。单个中文汉字不作为排版工具，依然可以作为一个艺术作品独立存在；而英文字母不作为排版工具，并不能作为一个艺术作品独立存在。这正是两者的本质差异。因此，单个中文汉字的字型设计是一个艺术性高于或强于功能性的艺术作品。例如，一个书法家写的单字就是一个艺术作品，这样的单字如果达到全套字库的规模，就会形成字型设计。字型设计公司也常常发掘独特的艺术字体，并将其扩展、修饰而达到全套字库的规模。对于中文汉字来说，其功能性与艺术性在"概念上"相分离，是一个能够受到版权保护的客体，并不会受到功能性问题的干扰。

应当看到，一方面中文美术字是艺术创作的作品，是一种艺术作品；另一方面中文美术字又是一种字体。字体是在中文已有字形的基础上进行一定的变形，而形成的一种具有美感的字型。例如，宋体、楷体、黑体、隶体等，都是对中文已有字形的笔画进行变形而获得的具有美感的字型。字体是有限的，不论字体如何变化，都仅限于对中文已有字形进行一定程度的变形，这种变形的空间是有限的。例如，目前出现的一些新字型，如弹簧体、妞妞体、竹叶体、静蕾体等，都是对汉字固有字形进行一定程度的变形而获得的结果。问题在于，这些经过特殊变形之后的字体，依然是有限的。人们可以使用马克笔来写笔画，形成带有特殊笔画风格的字型，也可能会使用竹叶、刷子等作为书写工具，形成另一种特殊笔画风格的字型。静蕾体与普通人所写的字体并无过大的差异，只是由于徐静蕾的名人效应，使静蕾体成为具有市场价值的字型设计。如果徐静蕾可以创造一种字体，那么任何有一定书法功力的大学生也可能创造自己的字体，而此字体与彼字体之间的差异并不会过大。同时，书写工具的选择是一种有限的选择，由此而形成的各种字体同样也会存在有限性。有人使用竹叶、马克笔作为书写工具，也有人使用马兰叶、书法笔作为书写工具，但书写工具的选择毕竟具有有限性。如果让人垄断带有有限性的字体，对具有有限性的字体授予版权，就会损害社会公共利益。因此，字体作为一种书法风格，不应当受到版权保护。

字体作为一个艺术汉字或美术汉字中所体现的艺术风格，如同一件作品中所体现的思想一样，固然不能受到版权保护。但是，这并不能作为否认字型设计及其成果受到版权保护的理由。任何字体都需要通过最终的艺术作品体现出来，因此可以从两个方面来分析中文单字。从设计思想和过程来看，中文单字是一种字体，字体不能受到版权保护；从最终作品成果来看，这种字型设计是一种艺术作品，体现字体的最终创作成果。作为艺术作品来说，单个汉字不同于英文字母，它是一种能够与其功能性相分离的艺术创造成果，即使单个美术汉字也同样如此。在英文字型设计中，去除了字型设计本身的功能性，其艺术性无法独立存在，因此，英文字型设计无法获得版权保护。在汉字字型设计中则有所不同，汉字字型设计去除其功能性，不作为打印或印刷工具时，单一的字型设计依然可以保有其艺术性，能够作为艺术作品而存在。因此，字型设计的艺术性是与其功能性"概念上"相分离的，其艺术性方面可以获得版权保护。单个美术汉字的功能性与其艺术性相分离，是可以受到版权保护的。因此，严格来说，字体不能够受到版权保护，能够受到版权保护的只能是最终形成的中文单字作品，包括单个中文艺术字与中文美术字。

下面通过对一些学者的异议观点进行分析，可以对汉字字型设计是否能够受到版权保护，得出更为清晰、明确的结论。

1.汉字字型设计的功能性高于其艺术性

有学者认为，字型设计并不是一个艺术品，艺术品更多地强调独特性，没有任何两个字是完全相同的，而字型设计的目的是排版印刷，为了阅读流畅、排版美观，会要求字型统一，具有强烈的功能性，因此汉字字型设计的功能性高于其艺术性。

笔者认为，尽管汉字字型设计为了排版印刷和阅读流畅的需要，减弱了字型独特性的强度，但每一个单字都是具有独特性的创作之物。例如，现在普遍使用的宋体字，就是从具有独特性的瘦金体演化而来的。每一个瘦金体单字，都是一个艺术创作的成果。虽然为了排版印刷和阅读流畅的需要而减弱了字型独特性，但独特性并未消失，而是被加以固定并且统一化。从这个意义上说，字型设计依然是一种艺术创作之物。在现代社会中，为了创造独特的美术字，字型设计公司通常会选取非常有特点的字体，以该字体风格创制每一个单字，字体固然一致，但每一个单字都是一个独立的艺术创作成果，因此，为了进行汉字字型设计而减弱了字体独特性的同时，恰恰保持了字体的风格，并且将这种风格加以突出处理，这使得汉字字型设计，包括汉字美术字，具有明显的艺术因素。

2.汉字字型设计的艺术性与功能性并不能"概念上"分离

有学者认为，汉字字型设计是排版打印工具，只能用于排版打印，不能用于欣赏，也没有人将打印出来的字悬挂起来加以欣赏，因此其艺术性与功能性并不能"概念上"分离。

笔者认为，著作权保护的条件，并不要求一定要达到可以悬挂起来欣赏的程度。只要是人们通过智力创作劳动获得的艺术性智力创作成果，都是可以获得著作权保护的。汉字字型设计兼具排版打印工具与艺术创作成果两种属性，离开其功能性，其艺术性依然可以单独存在，但这种艺术性无需达到像艺术字创作那样的高度。固然没有人去单独欣赏排版打印的字型设计，但这也无法否认单字中的艺术创作和艺术因素。

3.美术字字型设计是排版打印的必然手段

有学者认为，字型设计的独特性不强烈。例如，如果是一个书法家来书写"风风火火"，这四个字中的每个字都可能是不同的，带有强烈的独特性，可以获得版权保护；但如果用计算机打印出来"风风火火"四个字，两个"风"字或"火"字是完全相同的。因此，字型设计的艺术因素要低于其功能性。

笔者认为，本章所讨论的是单一汉字是否能够获得版权保护，如果就单个"风"字或"火"字来说，其字型设计完全是独特的。只是在排版印刷之时，将这种艺术品赋予了排版印刷目的，使其具有了功能性。重复地使用美术字字型设计，是排版打印的必然手段，即使打印出5000个不同汉字的文本，这种文本也不可能构成有独特性的艺术作品，同时也没有人将这5000个不同汉字组成的文本作为艺术作品加以欣赏。因此，这里就出现了一个悖论，如果单一的汉字字型设计具有艺术性，可以受到版权保护，为什么5000个不同汉字所组成的文本不能作为艺术作品受到版权保护？笔者认为，字型设计者的创作目的并不是5000个不同汉字组成的文本，而仅仅限于单个汉字。字型设计者无法考虑哪些汉字会在哪些文本中搭配组合出现，他能够做到的是尽可能地使每一个汉字具有统一的风格或字体，尽可能地使这些单字所组成的文本易于阅读、清晰明确。单字的组合并不是字型设计者的创作成果，因此，讨论"风风火火"这一组合文本是否能够受到版权保护没有任何意义。

4.中文单字获得版权保护会使字型设计者垄断字体

有学者认为，如果给予汉字字型设计以版权保护，会妨碍他人创造和使用相似的字型作为排版印刷工具，会使社会公共选取和创作的范围变窄，不利于保护社会公共利益。因此，中文单字获得版权保护会使字型设计者垄断字体。

笔者认为，字体固然具有有限性，如果有5000人书写8000余字的字库，也会创设5000个完整的字型设计。这些字型设计的字体之间也必然存在相似性问题。但是5000人书写5000个字，是否形成5000个书法作品呢？如果从艺术创造的角度来说，不能否认这5000个字可以构成5000个书法作品，尽管许多字体之间是相似的。字体之间的相似，不能成为限制字型设计作品获得著作权保护的理由。例如，两位书法家所写的隶书作品，虽然都使用了隶书这种字体，但都可以获得著作权保护。如果两位书法家使用特定的字体，形成了两种不同的美术字的字型设计，也都可以获得著作权保护。

同时，著作权保护的是一个人的智力创作成果，只要是其独创的，就可以受到保护。他人创作出来一个智力成果，与前人的智力创作成果相似，只要具有独创性，就可以受到著作权保护。字型设计也同样如此。并不是说一个人或公司创作了一种字型设计，其他人就不能创作相似的字型设计。如果他人使用与徐静蕾相近似的字体创作出全套的字库，也可以形成自己的字型设计，获得著作权保护。相似的字型设计，在汉字字型设计中恰恰是比较常见的现象。只要各字型设计公司是独立创作出的字型，就可以获得著作权保护。两个字型设计者创作出来的字型完全相同，只要构成独创行为，其字型设计成果就可以获得著作权保护，这也是著作权保护的价值所在。

5.字体变化的有限性天然地使其不应受到著作权保护

有学者认为，字型设计的创作空间过于狭小，对于一个固定的字形，其每一个笔画只能在一定程度上发生变化，这有别于诗歌、小说的创作，其可以就同一个题材演化出成千上万个不同形式的作品，例如，关于失恋的流行歌曲就非常多。字型设计的创作空间过于狭小，只能在有限的空间范围内腾挪变化，如果让一个人或一个公司享有著作权保护，其他人或公司很难再创作出更好的字型设计。字体变化的有限性天然地使其不应受到著作权保护。

笔者认为，字型设计的创作空间确实过于狭小，但著作权保护的条件并不以创作空间是否狭小为基础。创作空间狭小，并不能否认创作者的创作成果的独特性。创作空间狭小，恰恰可以使人的智力创作能力得到更大的发挥，以不同的笔画、使用不同的效果获得创作成果。例如，汇编作品的形成，汇编手段也非常单一，但只要表现出汇编的智力创作，达到汇编的智力成果，就可以获得汇编作品的著作权保护。地图的创作空间同样非常狭小，但只要付出智力创作，地图也可以获得著作权保护。

通过对上述异议的分析，笔者认为，汉字字型设计具有艺术性与功能性两个属性，在汉字字型设计中又包含着各种字体，字体固然无法受到版权保护，但作为最终的艺术创作成果，汉字字型设计的艺术性能够与其功能性相分离。以分离理论为基础，笔者认为，汉字字型设计的艺术性是独立存在的，该字型设计不作为排版打印工具，依然能够作为一件艺术品而存在，可以与汉字字型设计的功能性"概念上"相分离。

综上所述，汉字字型设计可以获得著作权保护，其作为排版印刷的功能性不是影响其受到著作权保护的障碍。作为汉字字型设计的单字艺术设计越独特，其艺术性越强烈，越可以说明艺术性与其功能性能够相分离，越有可能受到著作权法的保护。

二、地图独创性研究

地图的独创性，是地图著作权得以产生的前提条件。作为一种作品形式，地图需要由其制作者付出智力劳动而制作完成，同时产生著作权，并受到著作权法的保护。同时，地图作为一种特殊类型的作品，对其独创性的要求又具有特殊性。从地图的制作过程中，我们可以分析出地图独创性的所在，从而为判断地图著作权侵权行为奠定基础。

（一）地图的科学性与独创性

地图的制作，是一个从数据测量到制图综合并最终产生地图作品的过程。地图目的是进行地图创作时必须首先要考虑的问题。军事地图、农业地图、矿藏地图、城市地图、行政地图等不同的地图目的，最终会导致产生不同的地图作品。

此外，比例尺的确定，也是非常关键的问题。不同比例尺条件下所产生的地图作品是不相同的，因为在不同比例尺的条件下，创作人员对于相关地理要素会发生取舍问题；不同比例尺条件也要求创作人员对于同一地理要素进行制作时，产生不同的表现形式。因此，同一地图比例尺条件下，基于同一地图目的所产生的地图作品判断是否构成侵权行为才具有意义。

地图作品的制作过程，常常表现为大量工作存在统一化、规范化的要求。"制图综合"主要包括三个阶段，即选择、分级、简化。从大量复杂的实际地理数据测量中，如何选择信息，如何进行分级并简化，最终用一定的符号组织起来，形成地图作品，都具有一定的规律性，不能人为地违反。对于地形地貌的描述，在一般情况下，正确的做法是唯一的。地图制作的规范性，导致地图作品是一种科学作品，其中能够人为进行随意创造发挥的余地，较之其他类型的作品，显得比较少。大量制图符号，其颜色和形状也应遵循国家的统一规范，这一点也体现出地图作品的科学性和规范化的特征。

地图作品具有科学性，但同时也应当看到，地图作品是科学性、技术性和艺术性相结合的作品。地图作品具有科学性的一面；但在每一个地图制作阶段，又都有创作者的艺术创造和主观因素在内。

第一，在选择地理素材上，主要依据地图目的、比例尺大小来进行选择。同时，在此基础上，创作者还要考虑对于读图噪声的屏蔽问题，同一水平和条件的地理素材并不可能全部选取，否则会造成读者的读图效率下降。当然，有的地图目的下，会更多地考虑传输信息的完善性。例如制作技术性地图或军事地图时，就会侧重于信息含量的提高，而不会更多地考虑读图噪声的屏蔽问题。但是，如果制作的是应用性地图，则读图噪声的屏蔽、地图的可读性，就是非常重要的衡量参数。此外，以同一比例进行选取时，又会造成地区与地区之间的差别，这就导致有时不能严格以比例进行选取（例如，农村水井和牧场水井分布不均匀，如果都以同一标准，则农村地区水井符号过多，而牧场地区几乎没有，此时就需要打破这种严格比例标准）。因此，制作地图有必要根据不同区域的特性，确定选取指标。在制图综合之前，先要进行一定的分析实验工作，编制出制图综合指标图（包括类型区别、密度分区、选取标准与选取程度指标等内容），作为制图综合的参考和依据。[1] 因此，如何灵活掌握这种制图手段，就体现了创作者的独创性。

第二，在地图概括方面，制图综合中应加强客观性，避免主观性。对于一般的江河水系，其原则是"删去次要弯曲，夸大特征点"。因此，进行地图概括时，正确的做法常常是唯一的，完全建基于制图之前的实地测量和

---

1 国际地图制图协会，《基础地图学（第一卷）》，陆漱芬、王近仁译，测绘出版社1991年版，第24页。

数理统计分析之上。一般来说，同一比例尺的地图，地形类型在地图上构成的图形，应当表现出实质的相同性，其中留给创作人员自由发挥的余地并不多。正是由于这一特点，基于不同地理测量而产生的地图概括不应当是相同的，如果两幅地图在图形概括上相同，则说明它们所依据的地理测量数据是相同的。因此，就出现了地理测量数据的持有人对于地理测量数据享有何种类型权利的问题。依据我国的法律规定，这种地理测量数据可以属于"商业秘密"的范畴，并采用《反不正当竞争法》加以保护。

第三，在地图符号方面，地图符号存在规范化、习惯化、通用性的倾向。地图上的符号种类很多，归纳起来大致有：点状符号（如沙地）、线状符号（如河流）、面状符号（如沼泽）、个体符号（如旅游景点）、文字符号等。点、线、面状符号以及文字符号都是通用化的符号，较有特点的是个体符号。个体符号又分为几何符号和象形符号两种，有些个体符号经过反复使用，已经规范化或已成为习惯符号而固定化，国家也对于一些个体符号图式进行了规范。在这种情况下，可以看到地图符号的选择和使用也具有一定的科学性。但是，在未被规范化的一些情况下，地图创作者还是有产生独创性的条件的。例如，地图创作者可以选择一些富有特性的、能够具有单独意义并与其他符号截然分开的符号，来标注某地理要素，这种创造性，就是地图作品独创性的所在。

第四，在地图美术性方面，由于地图作品的科学性强烈，地图美术创作是能够反映地图制作者艺术性的主要方面，也是地图独创性的主要表现形式。通用的艺术手段大体包括：地貌的彩色晕渲，用卫星相片对照，符号的形象化，生动的图表形式，浮雕式的图面和图名，美术图案式的花边或衬边等。同一个地图符号，不论个体符号还是文字符号，都存在一些可用的变量，如大小、纹理、亮度、色调、色彩、方向、译法等的差别；同一个地形表现，也存在着一些直观变量，如色彩和色调、大小和方向、大小和形状、纹理和色调等的诸多变化。这些都体现出地图制作者为了追求地图的美术性而付出的努力。此外，地图目的越通俗、商业化和群众化，对于地图的美术性要求越强烈，地图制作者的独创性表现得越突出。

由此可见，地图作品虽然具有强烈的科学性和规范性，但并不排除在地图的制作过程中，可以附加一些地图制作者的主观化行为，这些方面就是地图作品独创性的表现。

（二）地图侵权的判断

如果两幅地图作品，其中一幅地图作品较另一幅地图作品只是有一定的美术设计，或有所省略，或在个别地图符号上进行了变化，是否构成著作权侵权呢？我国国家版权局版权管理司所作出的解释（1998年8月14日权司〔1998〕41号文）《关于地图著作权纠纷的答复》是：包括地图在内的科学作品享有著作权须具备的要件就是作品必须具备独创性。对于独创性的多少与高低，法律没有程度上的要求。因此，即使在已有地图上增加很少的个人独创，也可视为具有自己的独创性。但是，通过复印、影印、放大或者缩小等复制手段复制已有地图，则无任何独创性可言。以复制手段将他人地图出版发行的，属于盗版行为。被告自己的创作部分虽然建立在侵犯他人著作权的基础上，但是仍应受著作权法保护。对于这种建立在侵犯他人著作权之上的作品，通常称为有权利瑕疵的作品，其著作权往往不能主动行使，因为一旦公开利用，必然侵犯他人著作权。但是，当第三人侵犯有权利瑕疵作品的著作权时，其著作权人同样具有对抗之能力（被动行使著作权的能力）。这一解释回答了对地图作品的独创性如何加以认识的问题。

笔者认为，国家版权局的这一解释有失妥当。如果将他人独创的地图作品进行一定的增删，在美术设计上有所改变，或在个别地图符号上进行些许变化，就可以成为有独创性的地图作品，这无疑会鼓励侵权行为人进行侵权活动。正规地图出版机构担心的是，大量改头换面的地图作品充斥市场，许多地图印刷粗糙，图中旅社、商店、公司、酒馆的名称都用粗黑体四号字印刷，而一些主要的机构和设施则很不起眼，甚至连一些重要的行政机关、新闻媒体也无处可寻。市场上出现的盗版地图多为非法分子盗印，制作成本低、质量低劣，以很低的折扣发行，给正规地图出版社带来了极大的经济损失。[1] 对于这种地图作品应当加以控制和制约。按照国家版权局的解释，虽然这种粗制滥造的地图被定为有权利瑕疵的作品，其著作权无法独立行使，必须考虑到著作权人的权利才可以行使；但是这依然无法有效阻止此类侵权行为的出现。长此以往，必将给正规地图出版社的利益造成严重损害。这种带有部分"独创性"的地图作品一旦出现，其"作者"是不会按照国家版权局的解释，考虑著作权人的利益而不去制作、复制、发行这种地图的；也不会将使用这种地图所获得的利益，与著作权人共享。一旦这种地图作品大量出现于市场，真正的著作权人很难逐一查清并一一追究其侵权责任，这必将会进一步放任"有权利瑕疵作品"的出现，损害正规地图出版社的合法利益。

在地图作品之上进行修改、增补、删改、重新装饰等行为，在性质上应当属于侵犯了地图著作权人的修改权。通过上述行为而产生的作品构成地图作品的演绎作品，对于地图作品的制成品来说，其大体相当于美术作品，对于这种地图作品进行修改、增补、删改或重新装饰，甚至包括从中截取某一片段的行为，都会保留原地图作品的原貌。这种制作行为，无疑侵犯了著作权人的修改权、复制权、发行权、改编权等诸多权利。在我国著作权法中，"合理使用"和"法定许可"制度都没有规定对于他人的地图作品进行重新演绎，属于对作者著作权的限制。相反，对于作者已发表的作品进行演绎的行为，必须事先得到著作权人的许可，并向著作权人支付报酬，才可以进一步进行演绎。因此，从这一点来看，在他人的地图作品之上，进行修改、增补、删改、截取、重新装饰等行为，必须事先获得地图著作权人的许可，并向地图著作权人支付报酬，才可以进行。这样有助于从根本上限制假冒伪劣地图作品的出现，从而有利于保护地图作品著作权人的利益。毋庸置疑，未经许可而以他人的地图作品为基础制作的地图作品，都应当属于"有权利瑕疵的作品"。应当强调的是，这种作品的出现本身就是违法的，这种作品的复制和发行行为同样是违法行为。

综上所述，为了更好地保护地图著作权人的利益，必须认清相似地图的

---

1 徐红燕，"粗制滥造损人利己 盗版地图令人忧"，载《法制日报》，2001年。

独创性，分析地图制作过程中地图制作人员的创作贡献，这样即使相似地图也可能构成各自享有独立著作权的作品。同时，还应当加强对于地图制作的基石——地理测绘数据的保护，以"商业秘密"加以保护更为妥当。最后，对于恶意侵权行为不应当放任，应当从源头着手，限制这种恶意侵权行为的出现，从而更好地保护地图著作权人的合法权益。

下篇

著作权权利理论：
分 论

第六章
互联网环境下的衍生作品与合理使用研究

一、合理使用理论研究

合理使用是"除版权所有人之外的其他人享有的一种特权，可以在未经版权所有人同意的情况下以合理的方式使用受版权保护的材料"。使用人是否享有合理使用的特权，取决于使用作品的性质；最重要的考虑是，这些作品的发行是否"会服务于信息自由传播的公众利益"。因此，合理使用的特权经常延伸到科学、法律、医学、历史和传记等领域的作品。

美国最早采用合理使用规则的判例是Folsom v. Marsh案。在该案中，被告复制了原告作品中的华盛顿的书信，占被告作品的1/3，因此被诉构成侵权。该判例认为，使用版权材料的数量、价值和使用的程度都有可能损害了原作的销售或减弱了其收益能力或构成对原作的替代，这些要件在合理使用判断时都应当加以考虑。在该案中，Story法官强调，对版权人是否造成实质性的损害，是判断是否构成合理使用的试金石。Story法官提出了几种违法使用的情况：损害销售、减少收益、代替原作等。[1] 同时，Story法官也说，

----

1 Christina Bohannan, Copyright harm, foreseeability and fair use, Washington University Law Review, 2007.

区分版权作品的合法使用与非法使用，近乎法律上的"玄学"，"这种区别是，至少可能是，非常微妙和细微的，有时几乎是非常容易消失的"[1]。

最终这一合理使用理论被写入1976年《美国版权法》中。《美国版权法》第107条规定：

> 出于批评、评论、新闻报道、教学（包括为了课堂使用的多件复制品）、学术或研究的目的而合理使用受版权保护的，包括制作复制品或录音制品或以该条规定的其他方式使用作品的，都不被视为侵犯版权的行为。在某一特定案件当中决定对一项作品的使用是否属于合理使用时，应当考虑的要件包括：
>
> （1）该使用的性质和目的，包括该使用究竟是出于商业目的还是非营利性的教育目的。
>
> （2）受版权保护作品的性质。
>
> （3）从整体上看使用部分在受版权保护作品中的比重和地位。
>
> （4）该使用对受版权保护作品潜在市场或价值的影响。

因此，"合理使用"是为批评、评论、新闻报道、教学、学术和研究目的而对版权作品的使用，为了批评、评论、新闻报道、在教室中使用多份复制品、学术活动或研究等的使用，都不构成侵权。1976年，美国国会通过了"非营利教育机构对于图书和期刊的课堂复制指南"，扩大了版权法的合理使用的规定，这一指南被许多教育和出版机构所支持。同年，美国国会还颁布了"音乐的教育使用指南"，国家音乐教育和音乐出版机构都适用合理使用原则。[2]

一般而言，如果对他人的作品进行任何修改或者置之于新的语境，需要确保尊重作品的完整性，同时不能损害作品的声誉或荣誉。"合理使用规则并不是一个被简化了的测试规则，而应当是一个对不同的案例加以个案分析

---

1 Christina Bohannan, Copyright harm, foreseeability and fair use, Washington University Law Review, 2007.

2 Kenneth L. Liske, Guidelines for fair use of electronic music in music education, Update Applications of Research in Music Education, 1999, 18:21-25.

的规则。"[1] 法院注意到，在制定这一法条时，美国国会拒绝创制假设的合理使用种类，甚至不愿采取列举式的规定，而是倾向于由法院进行合理使用的普通法衡量。因此，这四个要件中的任何一个都不足以用来决定性地判断合理使用，在判断时要避免僵化地适用法条，对所有的要件共同加以权衡。[2] 法院还认为，《美国版权法》第107条的四个要件只是最小的范畴，其他事实因素也是应当加以考虑的。

在美国，认定是否属于合理使用通常是逐个案件地加以分析，因此《美国版权法》第107条的适用是司法解释的对象，并且其适用并不总是清晰的。合理使用规则是一个公平规则，对每一个案件都必须基于其事实因素加以考虑，法院也必须平衡各方当事人的利益。

法院希望通过合理使用的这四个要件，不扩大也不缩小合理使用的适用领域。法院也认为这一理论是可塑的，要避免不考虑其他要件而僵化地适用这些要件。法院通常认为，在判定合理使用时，不应孤立地看待这四个要件而应当在版权目的的指引下共同加以权衡。[3]

美国法院在个案判断时，对于四个要件中的每一个要件，都基于不同的案件情况适时地加以相对权衡。1985年，美国联邦最高法院在一份判决中宣称，"四个要件中的最后一个要件对于认定合理使用是最重要的"。但在这一判决之前，无论是学者还是法官都认为，四个要件中的第一个要件是最重要的。

Leval法官将第一个要件称为合理使用的灵魂。对于为了批评和评论而进

1　Campbell v. Acuff-Rose Music, Inc.

2　Christopher Reid, Fair game: the application of fair use doctrine to Machinima, Media and Entertainment Law Journal, Spring, 2009.

3　Jason M. Nolan, The role of transformative use: revisiting the Fourth Circuit's fair use opinions in Bouchat v. Baltimore Ravens, Virginia Journal of Law and Technology, Winter, 2011.

行非商业性的使用，许多判例倾向于允许合理使用。[1] 同时，美国联邦最高法院尽量避免在判断合理使用时，滥用商业性要件。

对于第二个要件，要分为两个方面加以考虑：公开的作品或未公开的作品；事实性的作品或创造性的作品。一般规则是，未公开的作品的合理使用范围较公开作品狭窄，"如果发现了原作是未公开的作品时，其未公开的情况不应当成为认定合理使用的障碍"。创造性作品的合理使用范围较事实性作品狭窄，创造性的变形使用通常会被认为构成合理使用。[2]

在第三个要件下，法院将审查使用的数量，并且在使用目的的指引下判断这种使用是否过度。因此，针对不同的情况，可以接受的使用数量也会非常不同。此外，使用的定量与定性分析也是要加以考虑的。更大的或更有质量的使用显示了这种使用是替代而不是变形使用。[3] 要考虑"新的作品是否仅仅替代了原作的创造部分，或者增加了一些新的部分，或有更多的目的或不同的特点，或者用不同的新的表达、含义或信息改变原作"。它要求判断新的作品是否"不仅仅是使用单纯的材料进行了简单的复制或重新包装，而是通过新的信息、新的美术判断、新的观点和理解而进行的变形"。[4] "变形"使用是一个比较难于把握的问题，因为合理使用事实上是一个通过事实加以认定的问题，一旦发现变形特点就认定合理使用，也是不正确的。变形使用，是一个判断合理使用的有效工具，但也要与其他三个要件一起加以考虑。当使用是一种高度变形的情况时，通常会被认定为合理使用。

----

1 Sony Corp. v. Universal Studios, Inc., 464 U.S. 417, 451 (1984); Castle Rock Entertainment, Inc. v. Carol Publishing Group, Inc., 150 F. 3d 132 (2d Cir. 1998) (Seinfeld Trivia book is not sufficiently transformative to be a fair use); Marcus v. Rowley, 695 F. 2d 1171, 1175 (9th Cir. 1983); Original Appalachian Artworks, Inc. v. Topps Chewing Gum, Inc., 642 F. Supp. 1031, 1034 (N.D. Ga. 1986)(Garbage Pail Kids).

2 Christopher Reid, Fair game: the application of fair use doctrine to Machinima, Media and Entertainment Law Journal, Spring, 2009.

3 Christopher Reid, Fair game: the application of fair use doctrine to Machinima, Media and Entertainment Law Journal, Spring, 2009.

4 Christopher Reid, Fair game: the application of fair use doctrine to Machinima, Media and Entertainment Law Journal, Spring, 2009.

下级法院通常遵循美国联邦最高法院的格言："第四个要件是显然的最重要的要件。"为了否定合理使用抗辩，必须证明使用人的使用已经变得非常普遍，而且对于版权作品的潜在市场造成实质影响。因此，如果使用原作比例非常高，威胁了原作的潜在市场利益，则不会被认为构成合理使用。这一判断不仅要求评价使用人对于市场造成的危害，而且还要评价对于潜在市场的实质性影响。[1] 目前许多判例中，不要求原告证明损害事实，而代之以要求被告证明欠缺市场利益的损害。

美国版权法早期仅仅存在着狭窄意义上的版权保护，只禁止那些对原作的完全复制行为。因此，导致或可能导致版权人丧失作品市场的情况下，这种行为被认为构成侵权；这是一种对于版权人可预见的市场的损害。但是，当被告使用版权人的作品，以致版权人轻微地损失其销售量时，是否构成合理使用的问题就产生了。当发生上述这种情况的损害时，版权法要衡量版权人和使用人的权利，以及从版权法鼓励创作的目的出发，去判断是否要使用人承担责任。这导致了特定使用是使版权人实际上遭受损害还是仅仅对其潜在的利益带来影响，两者之间的界限存在模糊性。

在数字时代，合理使用是否还能够平衡版权系统？技术发展带来了新的变化，因为我们的日常互动和活动迅速转移到以数字形式通过社交网络和多媒体形式进行，许多传统的合理使用观点正在逐渐变得过时。

互联网时代是否会彻底消除合理使用？数字化时代的许多做法，引出了在网络空间中合理使用的适用问题。在新技术环境下，是否还要考虑个人利益与公共利益的平衡，是否应当采用更为先进的合理使用理念？[2] 在互联网时代，使用者的数量和范围都扩大了，应当扩大合理使用适用范围还是缩小合

---

1 Christopher Reid, Fair game: the application of fair use doctrine to Machinima, Media and Entertainment Law Journal, Spring, 2009.

2 Dan Thu, Thi Phan, Will fair use function on the internet? Columbia Law Review, 1998, 98(1):169-216.

理使用适用范围?[1]

互联网时代的媒体,消费与创作合一,创作自由散布在整个互联网上,从来没有像现在这样容易而多产多样。在进行创作时,使用网上已有作品非常普遍。[2] 现在的网络作品的创作者,并不需要版权法激励,他们的目的是获得全世界亿万人的欣赏。受众与创作者的界限是模糊的,目前已经形成了受众与创作者合一的文化特征。互联网上充满着视频、动画、混搭、同步剪辑,最喜爱的电视节目和电影片段,从业余到专业的音乐表演。随着越来越多的人支持艺术混搭和重用,片面强调著作权保护就会扼杀创造性,创新将受到极大的干扰。[3] 目前的创作者希望在信息饱和的网络时代,更多地利用合理使用规则。因此,在互联网环境中产生的这种文化现象是否要求重新配置版权法,使之规范更广泛的合理使用制度?[4] 这同时又产生了另一个问题,即网络使用是否属于公共利益?[5] 如何评估在数字时代的合理使用制度?

由于数字再创作有更多的应用形式,导致网络时代的合理使用更为复杂。对于确定是否属于合理使用,传统环境下的司法程序中逐个案件认定的做法就显得过于复杂和笨拙。在印刷环境下的版权规定,似乎越来越不适用于电子互联网环境。在制定版权法时,美国国会也没有预测到互联网及其对合理使用的影响。1994年,美国的信息基础设施工作机构(IITF)建立了知识产权工作组,讨论合理使用问题,结论是他们认为以前的合理使用规则没有提供充分的

---

1 Cynthia M. Ciminoa, Fair use in the digital age: are we playing fair? Tulane Journal of Technology and Intellectual Property, Spring, 2002.

2 Steve Collins, Digital fair-prosumption and the fair use defence, Journal of Consumer Culture, 2010, 10(1):37-55.

3 M. Cornblatt, Censorship as criticism: performance art and fair use in virtual territory, Journal of Visual Culture, 2011.

4 Steve Collins, Digital fair-prosumption and the fair use defence, Journal of Consumer Culture, 2010, 10(1):37-55.

5 Steve Collins, Digital fair-prosumption and the fair use defence, Journal of Consumer Culture, 2010, 10(1):37-55.

数字传输版权作品的公众访问机会。[1]

在互联网时代和多媒体时代，教育的合理使用也是一个问题。例如数字图像、远程教育、教育多媒体中需要更多的合理使用，这都需要规则加以明确界定。

美国国会认为，"在此并没有倾向要冻结这一理论，特别是在日益发展的技术变化的时期；法院必须享有自由，在个别案例中对于特定的情况自由地适用这一理论"。因为人们的日常互动和活动通过社交网络和多用户领域迅速转移到数字形式，许多传统的关于空间、地点和位置的观点正在逐渐变得过时。数字化的网络使得数字环境应当成为合理使用适用环境。为了创作目的，应当扩张合理使用规则的适用范围。

如何评估在数字时代的合理使用？*New York Times*旗下科技博客Bits Blog的总监Tim Wu说，现在是一个简单地认定合理使用的时代，如果作品对于原作的价值有所增加，使其完全不同于原作，就是合理使用。由于数字再创作有更多的应用形式，导致合理使用更为复杂。目前，美国法院通常认为，在线合理使用分析有两个额外因素：（1）法院必须判断涉及访问便利原则下的合法的公共政策考虑；（2）判断这一政策的权重。

版权的改革应当最大化公共利益。有一种担心在于，过于自由化的合理使用是否会使知识产权成为一个空壳。在新技术环境下，是否还要考虑个人利益与公共利益的平衡，是否应当采用更为先进的合理使用理念？创新优先于一切还是版权高于一切？

---

1 Kenneth L. Liske, Guidelines for fair use of electronic music in music education, Update Applications of Research in Music Education, 1999, 18:21-25.

二、衍生作品提出的问题

（一）衍生文学作品问题

虽然同人创作的衍生作品，如同人故事、业余电影和同人艺术已经存在了几十年，但互联网使它们比以往任何时候都更普遍、更引人注目、更复杂。互联网为潜在的粉丝创作者提供了一个现成的观众群体，这些观众不只在他们的国家区域内，而是遍布世界各地。因此，更多的粉丝被激励创作这类作品，因为技术不仅提供了传播的手段，也提供了创作的工具。

互联网上的同人作品是科技和艺术稳步发展的结果，从粉丝小说开始，发展到粉丝制作的电影和视频、音乐、图形艺术，以及电子游戏和虚拟世界。业余创作者现在可以用一台普通计算机做同样的事情，而在此之前，只有用花费数千美元的专业设备才能做到，并且是企业的专属领域，这导致媒体领域粉丝制作的作品激增。随着粉丝制作的作品变得越来越复杂，媒体公司感受到了威胁，这不可避免地使媒体公司与粉丝之间发生了冲突。[1]

基于流行文化创作的粉丝衍生作品在21世纪的文化中越来越重要，事实上可能代表了流行民俗文化在被商业大众传媒文化产品淹没一个世纪之后的重生。互联网促成了学者Lawrence Lessig所说的"阅读/书写文化"。在这种文化中，普通互联网用户被激励成为文化的主动创造者，而不仅仅是被动的消费者。然而，如果这一令人兴奋的趋势要继续下去，20世纪的版权法必须适应21世纪的创作可能性。媒体公司过度的版权主张对充满活力的新艺术形式，如同人小说、粉丝制作的视频和虚拟世界造成了相当大的寒蝉效应。为了让这些创作行为不受干扰而蓬勃发展，法律必须作出一定的改变。

随着数字通信媒体和网络技术的诞生和发展，众包已经迅速发展起来，众包作品通常被定义为众多贡献者集体创作的艺术作品。维基百科也许是世界上最成功的众包作品。众包被定义为"通过向一大群人征集智慧来获取所

---

1 Patrick McKay, Culture of the future: adapting copyright law to accommodate fan-made derivative works in the twenty-first century, Regent University Law Review, 2011-2012.

需的服务、想法或内容的过程，特别是从一个在线社区，而不是从传统作者那里获取"。尽管众包在互联网时代并不新鲜，但交互式 Web 2.0 技术使规模空前的众包项目成为可能。早期的数字众包更多的是追求科学性或功能性，而不是艺术创造性。例如，维基百科从技术上讲并不是一部文学作品，而是对人类感兴趣的各个领域的知识的贡献。[1] 维基百科是众包通过合理利用集体智慧而产生显著成果的典范。

有创意的众包自远古以来就已经发生了，尽管这个过程是无意发生的，没有一个实体或个人有意挖掘群众的创造力。众包变革活动可能会产生普通创作活动不太可能产生的特定类型的创造性产出，能够促进艺术的进步。毕竟，通过获取成百上千个人的知识、文化经验和观点，众包拥有独特的能力来利用集体智慧。[2]

互联网提供了论坛，作者可以在这里轻松地发布内容，并让其他读者访问他们的作品，因此，同人小说社区迅速增长。由流行电视节目、小说和电影组成的粉丝网站迅速发展起来，其中大多数都为粉丝提供了论坛，让他们根据素材发布自己的原创故事。在这些网站和在线论坛发展了大量的追随者之后，专门用于这些粉丝所写作品的数据库也形成了。FanFiction.net 就是这样一个数据库，它允许用户建立个人资料，然后将资料发布到网上，供全球互联网用户阅读。如今，它拥有超过200万的用户，数以千计的故事，并且不仅提供同人小说书籍，而且还提供卡通、视频游戏、动漫和戏剧。与之前出版的同人小说作品相比，这些故事（很多都是完全成熟的小说）免费发布在网上，作者除了与其他书迷分享他们的故事之外没有任何好处，也不是为了营利，只是为了让粉丝们开心。[3]

----

1 John Tehranian, Derivative works 2.0: reconsidering transformative use in the age of crowdsourced creation, Northwestern University Law Review, Winter, 2015.

2 John Tehranian, Derivative works 2.0: reconsidering transformative use in the age of crowdsourced creation, Northwestern University Law Review, Winter, 2015.

3 Michelle Chatelain, Harry Potter and the prisoner of copyright law: fan fiction, derivative works, and the fair use doctrine, Tulane Journal of Technology and Intellectual Property, Fall, 2012.

粉丝网站上发表的作品涵盖了各种主题，但一些更为流行的同人小说可以追溯到它们在20世纪的前身。这些故事往往反映了原始的情节，从一个次要人物的角度填补了原始材料的叙事空白，从原始材料中构建了一个全新的故事。另外一些人专注于原著经典中的另一种现实，还有一些人的作品则作为原始材料的前传或续集。随着这些数据库越来越受欢迎，粉丝们也接触到了其他流行的文学世界，跨界的同人小说得以发展，将两个或多个独立作品中的人物和故事情节交织在一起，形成一个同人作品。

虽然同人小说的主要目的是为某个特定系列的粉丝提供额外的娱乐，但许多原著作者觉得这些新故事侵犯了他们的财产权。作者们的反应各不相同，一些人承认同人小说的价值，另一些人则强烈反对盗用他们的角色或创作的作品。事实上，有些作者甚至频繁地向同人小说数据库的管理员发出勒令停止函，要求这些网站停止提供任何可能侵犯版权的内容。[1]

版权法曾经促进了新的文化生产形式，但现在却成为障碍，因为其没能适应一种新文化，而这种新文化恰恰是建立在版权所禁止的东西之上的，在这种文化中诞生的新一代业余创作者不需要版权来"激励"他们创作创造性的作品。他们这么做纯粹是为了创造一些能被世界上成千上万的人看到和欣赏的东西。[2]

（二）衍生音乐问题

在Bridgeport Music, Inc.诉Dimension Films案中，美国联邦上诉法院裁定，任何未经授权的录音样本，无论多么小，都构成侵犯版权。这种绝对立场不仅忽视了合理使用原则的存在，也没有考虑到混音行为中的私人利益

---

1 Michelle Chatelain, Harry Potter and the prisoner of copyright law: fan fiction, de-rivative works, and the fair use doctrine, Tulane Journal of Technology and Intel-lectual Property, Fall, 2012.

2 Patrick McKay, Culture of the future: adapting copyright law to accommodate fan-made derivative works in the twenty-first century, Regent University Law Review, 2011-2012.

及其带来的社会利益。

　　唱片公司迫使艺术家在他们的创作实践中非常保守，以至于即使存在合法的合理使用的争论，唱片公司通常也认为构成侵权。威廉·帕特里（William Patry），版权法的主要著作之一的作者，解释了当前法律存在的问题导致产生的后果：唱片公司不愿推出专辑，除非每一张唱片都被证明是正确许可的。音乐的生产者必须证明所有样品都已获得许可，例如，hip-hop专辑使用了数百个（有时是数千个）以前的音乐，但由于许可的原因，不可能允许使用这么多以前的音乐。[1]

　　技术正在允许人们以前所未有的方式改编作品，数字技术工具和网络创造力空前发展。把《哈利·波特》电影中我们最喜欢的片段重新混音，当混音被众包时，人们就能从开发新作品的创造性互动中获益。最后，这些努力的结果提供了一个重要的好处，即产生新的艺术作品和表达。[2]

　　受欢迎作品的粉丝们面临的问题是，版权法目前在操作上过于模糊和灵活多变，对创造性混音行为所能带来的重要社会利益关注不够，无法对混音者的行为合法性提供必要的指导。在许多情况下，创造性的混音对社会的好处可以超过对版权所有者的伤害。因此，版权法应该更清楚地反映这种变化。

　　混音和采样不仅仅是住在宿舍里摆弄唱机的大学生们的消遣。相反，这些行为促成了一种有凝聚力的组织，其通过共享的文化将音乐和人们联系起来。它们是丰富的、有参考价值的方法，长期以来，这些方法一直在推动各种形式的内容创新。唐纳德·巴塞尔姆就强调了混搭、并置和挪用的力量。他写道，天才的终极工具是橡胶和水泥，然而法律却把橡胶和水泥这类工具从音乐家和其他艺术家手中夺走，而橡胶和水泥正是使艺术仿作和创造性内

---

1 John Tehranian, Derivative works 2.0: reconsidering transformative use in the age of crowdsourced creation, Northwestern University Law Review, Winter, 2015.

2 John Tehranian, Derivative works 2.0: reconsidering transformative use in the age of crowdsourced creation, Northwestern University Law Review, Winter, 2015.

容的重新利用及重建成为可能的东西。[1]

以"野兽男孩"（Beastie Boys）的*Paul's Boutique*为例，这张专辑发行于1989年，被认为是有史以来最具影响力和创新的hip-hop专辑之一。它展示了100多个音乐片段，其中一些是未经授权的。正如这张专辑的制作人迈克·辛普森所解释的那样，"我们所做的就是从不同来源的样本中制作整首歌曲"。辛普森指出，如今清理所有必需的样本是"不可想象的"。

Public Enemy在1988年创作了*Don't Believe The Hype*，从版权法上讲，这部作品是无法制作的。这首歌建立在至少7种不同的已有录音的基础上，其中包括詹姆斯·布朗的作品，在整个音轨中都是将他的歌曲作为取样的。但是，这首歌给予说唱乐迷和嘻哈乐迷非常大的鼓励，*Don't Believe The Hype*已经至少被66首其他歌曲模仿过。

混搭和众包是相互关联但又截然不同的概念。直到最近几年，众包混音才开始在网络文化中占据重要地位。关于"混音"，最好的描述是一种"拼贴"的形式，使用文本、音频、视频，或它们的一些组合。正如Lawrence Lessig教授指出的那样，新的数字技术使任何人都可以利用现有的文本、音乐或视频以这种创造性的形式来分享新的内容。由此产生的新的作品，既可以作为复杂的评论，也可以作为纯粹的娱乐，还可以作为简单纯粹的自我表现。

尽管"混音"一词近年来已大量用于数字文化语境，但音乐混音早于这项技术很多年，其涉及将不同音乐元素结合在一起创作新作品。说唱音乐就是这样一种音乐形式的明显例子，不同的层次或来源经常以一种拼贴的方式堆积在一起。例如，"野兽男孩"将至少17个已有作品的样本混在一首3分钟时长的歌曲《嘿，女士们》（*Hey Ladies*）的歌词和音乐中。变革性作品进一步促进了艺术和版权目标，即使是出于商业目的的创作，这些作品也非常需要合理使用原则来保证其合法性。

------

1 John Tehranian, Derivative works 2.0: reconsidering transformative use in the age of crowdsourced creation, Northwestern University Law Review, Winter, 2015.

作者不可避免地"站在巨人的肩膀上"，依靠他人的作品来达到他们的创造性产出。如今的版权法是否有能力以一种有意义的方式适当地保护这些利益？在理想的情况下，版权法应该能够有效地平衡版权所有者的权利和其他人的利益，可能寻求以一种有表现力的方式使用受版权保护的作品。如果法律不能创造出这样的平衡，那它最终可能会阻碍更多的艺术创新。

内容所有者拥有的绝对控制权越大，就会有越少的受欢迎的内容可供创造性地使用。不允许受限制地获取和使用受保护的作品，首先可能会对创新的激励产生负面影响。许多人一开始用流行文化的原材料进行创造性的创作，最终他们以这项工作谋生。目前的法律没有充分认识到混音的好处，因此，激励措施的平衡过于偏向版权所有者。

（三）清洁电影问题

某天，犹他州的一家小录像带店从顾客的录像带中剪下凯特·温斯莱特在《泰坦尼克号》中的裸体镜头。从那时起，提供剪辑过的DVD电影的企业数量急剧增加。电影导演谴责这种做法侵犯了他们的精神权利，以维护他们电影的艺术完整性。因此，电影剪辑行业的做法特别涉及可能侵犯电影制片厂制作衍生作品的独家权利。[1]

清洁电影公司（CleanFlicks）目前在科罗拉多州联邦地区法院提起诉讼，希望能对当前的清洁电影编辑行为是否侵犯电影公司和导演的精神权利或版权，提供明确的答案。这些问题的答案所涉及的是编辑电影产业的未来生存能力。[2]

1975年10月，美国广播公司（ABC）播出了一部90分钟的特别节目，其

---

1 Aaron Clark, Not all edits are created equal: the edited movie industry's impact on moral rights and derivative works doctrine, Santa Clara Computer and High Technology Law Journal, November, 2005.

2 Aaron Clark, Not all edits are created equal: the edited movie industry's impact on moral rights and derivative works doctrine, Santa Clara Computer and High Technology Law Journal, November, 2005.

中包括三集30分钟的BBC喜剧系列《飞行马戏团》（*Monty Python's Fly-ing Circus*）。但是，ABC对原始内容进行了大量剪辑，将90分钟的原始节目整整剪掉了24分钟。这种编辑的目的显然是为广告腾出时间，同时删除冒犯性或淫秽的内容。由巨蟒剧团（Monty Python）的作家和演员组成的原告在观看后，对节目的间断和ABC对原始节目的"残害"感到震惊。随后，他们迅速提起诉讼，要求ABC在一个月后播出第二季特别节目。

剪辑过的电影产业起源于犹他州北部，那里的人口主要是摩门教徒。一般认为，摩门教徒在娱乐的选择上保持较高的道德标准。正因为如此，他们的标准越来越要求避开好莱坞的大众娱乐产品，尤其是电影。1998年，学院奖获奖电影《泰坦尼克号》的大受欢迎，促使犹他州的两家公司想出了更有创意的方法——让摩门教顾客在观看受欢迎电影的同时，仍能体现摩门教的信仰。于是，美国犹他州福克的一家剧院决定放映剪辑版的《泰坦尼克号》，删除了电影中女主角的裸体镜头，以及女主角和男主角发生性关系的镜头。当剪辑版电影在录像带上发布后，一方面，派拉蒙影业迅速采取行动阻止这种做法，但它只能以撤下影片并迫使其高管签署一项协议，不再播放经过剪辑的电影来说服电影院。另一方面，音像店驳回了派拉蒙影业要求他们停止这种做法的信，理由是如果顾客拥有电影，他们就有权利对它做任何他们想做的事情。派拉蒙影业未进一步追究此事。[1]

此后，人们对剪辑电影的兴趣迅速超出了《泰坦尼克号》的范围，提供给客户剪辑录像带的公司也越来越多。事实上，随着技术的进步，包括DVD的普及，原始的拼接录像带的方法已经被更省事、更高效的替代方法所取代。目前，电影编辑在技术上分为两种方式：数字编辑和播放器控制过滤。[2]

---

1 Aaron Clark, Not all edits are created equal: the edited movie industry's impact on moral rights and derivative works doctrine, Santa Clara Computer and High Technology Law Journal, November, 2005.

2 Aaron Clark, Not all edits are created equal: the edited movie industry's impact on moral rights and derivative works doctrine, Santa Clara Computer and High Technology Law Journal, November, 2005.

　　第一种形式的编辑技术是数字编辑。电影编辑购买一份电影的拷贝，将其传输到计算机的硬盘驱动器上，然后创建一份编辑过的原版母版。会员只需支付一定费用，就可以租借自己选择的剪辑过的电影。任何时候，公司都小心地保持购买的原版电影与剪辑过的拷贝之间的比例为1∶1。例如，CleanFlicks公司承诺：我们删除所有亵渎和其他冒犯性语言，包括虚荣或不敬地提及神。我们还删除了裸体、性场景和极端或血腥的暴力画面。我们的目的是编辑电影，使其符合PG级别。编辑通常通过减少亵渎的声音或削减不愉快的场景来完成。对一些场景来说，清洁电影不是完全剪掉一个场景，而是模糊了屏幕上的一些图像。[1]

　　第二种形式的编辑技术是播放器控制过滤。总部位于盐湖城的ClearPlay公司是这种编辑技术最著名的开发者和供应商。通过ClearPlay或类似的软件将DVD加载到计算机或定制的DVD播放器上，安装一个针对特定电影的"过滤器"，也可以从ClearPlay的网站下载。当电影开始播放时，软件根据客户的偏好程度，将电影中令人反感的部分调整为无声或跳过。用户可按个人标准购买和下载电影"过滤器"，或按月支付订阅费。[2]

　　ClearPlay公司的员工会对已经发布在DVD上的电影进行评论，并为不同DVD上出现的令人不快的片段创建时间数据。随后，员工将定时数据设置导航指令，以识别何时跳过或静音含有冒犯内容的DVD部分。因此，过滤软件的功能就像一个精确计时的"预先编程的遥控器"。

　　由Trilogy Studios公司开发的另一种技术是MovieMask。MovieMask软件的功能与ClearPlay非常相似，因为它同样不会对原始DVD进行任何物理改变，用户只需要下载"遮罩"，并且该软件提供各种菜单选项。

1　Aaron Clark, Not all edits are created equal: the edited movie industry's impact on moral rights and derivative works doctrine, Santa Clara Computer and High Technology Law Journal, November, 2005.

2　Aaron Clark, Not all edits are created equal: the edited movie industry's impact on moral rights and derivative works doctrine, Santa Clara Computer and High Technology Law Journal, November, 2005.

MovieMask软件的与众不同之处在于，它不仅可以移除电影中不需要的内容，而且可以将图像和声音叠加在原始材料上。例如，MovieMask软件对于《泰坦尼克号》中的裸体镜头，不仅仅可以删除，还可以给人物穿上紧身衣，遮住裸露的部分，但保持整个场景的完整。不过，有趣的是，MovieMask软件在2004年9月悄悄退出市场，原因是公司隐晦地称其涉及"许可问题"。[1]

（四）新技术与流行文化

基于一个或多个已有作品，通过翻译、音乐编排、剧本化、小说化、电影版本、录音、艺术复制、删节、浓缩或任何其他可以对作品进行重制、转换或改编的形式形成的作品，由编辑修改、注释、解释或其他修改组成的作品，是"衍生作品"。例如，《哈利·波特》不仅仅是一系列书，它还是一个电影系列，一个可以赚钱的玩具、音乐唱片、视频和棋类游戏、移动应用、万圣节服装、品牌服装、珠宝、家居装饰、时尚配饰、厨具系列，甚至还是一个床上用品系列。这是现代版权法的一个独有的特点，即衍生权利原则，其使得《哈利·波特》的作者J.K.罗琳和其授权方华纳兄弟公司拥有控制这些的独家权利。衍生权无疑是权利持有人的福音。电影公司能够为一部电影投资数亿美元，因为如果成功，它将刺激续集、衍生电视剧、玩具和服装系列的创作。[2]

2009年，自称"创意技术专家"的凯西·皮启动了一个名为"星球大战：未剪辑"的项目。他的目标是将他对创意众包技术的热情与他对《星球大战》系列电影的热情结合起来。这个项目的构思相对简单：将第一部《星球大战4：新希望》分解成473个15秒的视频片段。然后，他在自己的网站上公开呼吁业余电影人选择一个片段，并拍摄他们自己的版本。这些片段被提

---

1 Aaron Clark, Not all edits are created equal: the edited movie industry's impact on moral rights and derivative works doctrine, Santa Clara Computer and High Technology Law Journal, November, 2005.

2 John Tehranian, Derivative works 2.0: reconsidering transformative use in the age of crowdsourced creation, Northwestern University Law Review, Winter, 2015.

交给他和他的团队，他们将这些片段剪辑成一个完整的原版电影。

　　凯西·皮最终将选出的角色整理成一部完整的电影，他将其命名为《星球大战：未剪辑》。他的电影获得了媒体的高度关注，并最终获得了艾美奖。这个奖项确立了一个创造性的众包项目可以凭借其本身获得故事片大奖的地位，尽管凯西·皮当初并不打算将其用于商业发行。随后，凯西·皮在2013年4月的翠贝卡电影节上为《星球大战Ⅴ：帝国反击战》启动了一个类似的项目。

　　《星球大战：未剪辑》这样的创造性众包提供了完全不同的社会效益。功能性众包通常旨在增加人类的知识储备，而创造性众包则是将群体思维应用于艺术语境，以增加人类表达的储备。功能性和创造性的众包使人们能够跨越遥远的距离相互交流，并利用新技术创造出比个人贡献更大的新奇事物。然而，创造性众包的内在价值更多地与自我表达有关，而不是探索新的科学或新技术的功能能力。创造性众包为个人参与表达流行文化提供了新的机会。不过，创造性众包的参与者可能会遇到一些版权问题。

　　流行文化的重新混合，使观众体验到无数不同的艺术视角。《星球大战：未剪辑》之所以是一个有用的案例，原因之一是争议的版权所有者最初是卢卡斯影业，该公司在被卖给迪士尼之前，就粉丝衍生作品与粉丝发展了一种复杂的关系。这个案例是流行艺术和娱乐领域最有创意的众包案例之一。卢卡斯影业被卖给了迪士尼，保留了严格控制其属性的商业化，但它也鼓励影迷参与非商业使用其作品的表达活动。卢卡斯影业把自己受版权保护的材料提供给影迷用于非商业目的，同时保留将其财产许可用于经授权的商业目的的权利。

　　版权法首先应该保护原创电影不受未经授权的复制，从而激励人们创作这些电影。《星球大战》和《星球大战：未剪辑》本质上都是创造性的，都借鉴了流行文化的结构。对原电影的保护有助于卢卡斯影业和迪士尼公司将原电影正版化和商业化，而对凯西·皮的保护将鼓励影迷群体的艺术创新。

　　当初凯西·皮开始拍摄《星球大战：未剪辑》时，可能认为他是在进行非商业的合理使用，对于联系卢卡斯影业讨论这件事犹豫不决，这是可以理

解的。许多其他的创作者因为担心引起版权侵权责任，可能一开始就不会参
与这种混搭活动。

像《星球大战：未剪辑》这样的大规模消费者众包作品可能具有巨大
的商业潜力，它与个人视频混搭和更多小规模影迷作品不同。而最终《星球
大战：未剪辑》获得媒体和艾美奖的认可表明了其强大的商业潜力。即使
凯西·皮最初没有打算将作品商业化，但当他意识到自己手上有潜在的有价
值的商业利益时，如果他决定将作品用于商业发行，或利用他的网站做营利
广告，或对访问他网站上的作品收取费用，那么谁也无法阻止迪士尼根据版
权法追究他的责任，要求支付与他所获得的利润相关的版税。许多创造性的
活动，一开始只是纯粹的表达追求，最终却被商业化，所以这不是一个小问
题。在过去，版权法没有直接处理这类问题——最初可能被视为通过合理使
用获得的作品，后来可能会发展到与版权所有者产生商业竞争。[1]

在混搭作品是众包的情况下，许多人聚集在一起创作出具有变革性的作
品，可能不清楚谁是最合适的作者或所有者。这种混乱也会使在实践中的作
品登记变得困难，特别是当多个参与者在众包重组中寻求维护版权的时候。
在《星球大战：未剪辑》中，大规模的众包改造工作被有效地组织起来，并
最终由一个核心"作者"创建。在这个场景中，作者的身份相对清晰，尽管
有多个电影制作人的贡献。然而，我们知道，仍然会有很多变革性作品不被
注册，以及侵权诉讼可能判定的损害与版权所有者实际遭受的损害不相称。

《星球大战：未剪辑》这样具有表现力的混搭会很有效。即使凯西·皮
将他的作品商业化，也不太可能侵犯任何迪士尼想要开发的现实市场。事实
上，这可能有助于迪士尼公司在第一部《星球大战》电影发行新续集的计划
中，通过在新电影之前制造一些故事情节而产生轰动效应。

像《第二人生》这样的虚拟世界游戏实际上就是一个众包项目。来自
世界各地的个人贡献了这些虚拟世界的角色和环境。人们创建虚拟角色并参

----

1 Deidré A. Keller, Recognizing the derivative works right as a moral right: a case
comparison and proposal, Case Western Reserve Law Review, Winter, 2012.

与这些虚拟社区来实现表达性和创造性的目标，而不是科学性或功能性的目标。虚拟世界包括艺术发展（设计虚拟环境的元素）和社会互动（参与者之间的交流）。他们宣扬的价值观与维基百科、NASA和SETI项目截然不同，旨在培养自我表达、创造力和个人自主性。[1] 技术允许视频游戏爱好者创建"补丁"，改变游戏，然后把这些补丁广泛发布在互联网上。[2]

　　谷歌新闻聚合网站也引发了新闻机构的紧张。默多克指责谷歌利用谷歌新闻偷窃其内容，计算机上的平面艺术软件和更大内存容量允许的照片被改变。谷歌新闻聚合网站是否受到合理使用的保护，目前没有案例让法院可以作出判断。尽管一些新闻行业领导者认为，谷歌未经许可显示新闻内容，以营利为目的，允许个人不必去文章的原始来源查看新闻。但谷歌认为其服务可以让人们更高效地访问更广泛的新闻，具有公共利益。谷歌副总裁玛丽莎·米勒说，"谷歌新闻改变了人们的新闻阅读习惯，通常你需要选择一个源，然后选择你感兴趣的故事，但有了这项服务，你就可以选择自己感兴趣的故事，然后选择新闻来源"[3]。

　　在Nichols案中，被告实质上是基于原告的表演进行了一种竞争性的表演，的确实质性地减少了对于原告表演的需求。从经济的角度来看，基于他人表演而进行的表演，可能会与原作品构成直接竞争。基于Nichols表演的电影是一个竞争性作品，而不是替代性作品。[4] 一个衍生作品，如芭蕾、哑剧或即兴表演，则可能会侵权，即使任何东西都没有以有形的形式固定下来。

　　数字技术极大地简化了从现有的电影和数字录制的表演中创造衍生产品

---

1 John Tehranian, Derivative works 2.0: reconsidering transformative use in the age of crowdsourced creation, Northwestern University Law Review, Winter, 2015.

2 Paul Goldstein, Derivative rights and derivative works in copyright, Journal of the Copyright Society of the U.S.A., February, 1983.

3 Rowan F. Reynolds, Google news and public policy's influence on fair use in online infringement controversies, Journal of Civil Rights & Economic Development, Summer, 2011.

4 Glynn S. Lunney Jr., Copyright, derivative works, and the economics of complements, Vanderbilt Journal of Entertainment and Technology Law, Summer, 2010.

的过程。现有的电影可以被扫描并转换成数字格式，从而允许重要的但难以察觉的改变。数字视频中基于被分配的数字编码序列的图像的最小组成部分称为像素。对计算机来说，电影图像是一组数字，软件的编写方式使程序员可以完全自由地改变图像中任何像素的外观和位置。通过对像素的处理来改变图像，得到了一个无缝的新图像，远优于通过改变模拟信号的波状数据而得到的新图像。[1] 数字技术将对电影行业的权利产生巨大的影响，版权电影的数字化操作和修改，会导致衍生作品。

通过使用现有的视频游戏的图形和角色，有时还有它的声音和音乐，一个业余计算机操作者可以以相对低的成本创造出一个看起来相当高质量的电脑动画电影。通过合并现有的受版权保护的作品，计算机操作者也正在创造衍生作品，由此可能侵犯版权。虽然一些计算机操作者可能受到合理使用原则的保护，但对责任的恐惧可能会导致他们完全放弃自己的工作。[2]

在19世纪，流行文化更具参与性和民主性，因为几乎每个人都可以参与到文化生产中来。然而，随着20世纪的到来，大众媒体技术开始改变这种业余文化的传统，抑制了业余"民间"文化的大众市场。文化生产开始被一系列大型媒体集团所主导，这些媒体集团通过一种类似于汽车或家具制造的工业化过程大量生产文化作品。只有企业才能获得制作文化作品所必需的工具和资源，而这些工具和资源对于普通人来说实在是太贵了。

新民俗文化与大众传媒文化产生了重大的冲突，因为它无法适应现行的版权制度，不属于现代媒体帝国的传统商业模式。这些帝国是建立在版权所赋予的自上而下的控制之上，而不是建立在自下而上的创造力之上。版权学者威廉·帕特里指出："版权所有人对互联网的极端反应，是基于互联网在打破版

---

1 Christina Bohannan, Taming the derivative works right: a modest proposal for reducing overbreadth and vagueness in copyright, Vanderbilt Journal of Entertainment and Technology Law, Summer, 2010.

2 Christina J. Hayes, Changing the rules of the game: how video game publishers are embracing user-generated derivative works, Harvard Journal of Law & Technology, Spring, 2008.

权行业长期青睐的垂直垄断商业模式方面所发挥的作用。"帕特里还说："版权产业认为版权的整体是单向的，公众是被动的参与者，他们的作用只是付钱给版权所有者，或者停止使用受版权保护的作品。"

文化从一种自下而上的业余民俗文化传统转变为一种自上而下的、专业化的系统，在文化"生产者"和"消费者"之间曾经有着严格划分。[1] 20世纪初，文化生产和传播技术的变化几乎抹去了业余文化的属性，21世纪初的技术变化则扭转了这种趋势。在过去的20年里，个人计算机和互联网的出现，让普通人再次获得文化生产工具，从而复兴了业余的草根们的创造力。正如詹金斯所说，"公众基层创造力再度出现"，普通互联网用户现在可以轻松地分享各种各样的内容。[2]

粉丝创造的"后续"创作是指基于书籍、电影和电视节目等流行文化现象的创作。新形式的巨大的创造力，已经通过互联网被启用，网络实践的现状与法律相去甚远，法律迟早要适应不断变化的文化规范。当前的版权法不适合应对业余爱好者在受欢迎的版权作品基础上的后续创作的挑战，而这很可能成为21世纪美国文化中越来越重要的一部分。因此，迫切需要制定专门处理这种形式的文化创作的新法律，这些法律至少必须包括对业余创作的有力保护。

随着用户生成的业余内容的突然激增，新的民间文化与传统大众媒体之间的冲突不可避免。当业余文化开始将大众文化的元素融入自己的作品中时，冲突就出现了。互联网促使成千上万的网站和在线社区的发展，热心的粉丝基于大众媒体创建和分享各种各样的创意作品，从"粉丝小说"到玩家制作电影、音乐视频，甚至玩家虚拟世界和视频游戏。互联网的业余文化是

---

1 Patrick McKay, Culture of the future: adapting copyright law to accommodate fan-made derivative works in the twenty-first century, Regent University Law Review, 2011-2012.

2 Patrick McKay, Culture of the future: adapting copyright law to accommodate fan-made derivative works in the twenty-first century, Regent University Law Review, 2011-2012.

建立在协作基础上的，旨在让处于边缘的人们（那些以前被称为"消费者"的人）自己成为创造者，利用他们的创造力来推动创新和文化生产，使文化的垂直垄断成为不可能。[1]

在现行版权法下，所有这些形式的创作都被认为是原创作品的"衍生作品"。因此，它们都可能潜在地侵犯版权。版权法对这种有价值的新文化创作形式施加了相当大的寒意，如果想让这种充满活力的新文化表达形式蓬勃发展，就必须减轻这种寒意。

由于流行文化作品的混搭对社会有益，立法者应该提供更明确的指导方针来保护混搭活动。保护衍生作品可以促进新作品的迅速传播，因此对衍生作品进行保护是正确的。[2]消费者的创造力打破了商业大众媒体自上而下、集中控制的商业模式；版权正在扼杀基于流行文化作品的"后续"创作。这就是两种文化冲突的根源，因为它们遵循完全相反的哲学。虽然业余粉丝文化一直都存在，但互联网第一次让大众可以接触到这种文化。因此，传统的大众媒体公司试图压制这种业余文化，以防止它与自己的产品竞争，同时又试图控制和利用它来推销自己的产品，并利用版权作为他们控制的手段。

目前，媒体业对粉丝制作的媒体的反应在很大程度上是混乱和不一致的，因为媒体公司很难接受网络粉丝的现实。数字服务提供商使我们能够创造衍生作品的新形式——实质上基于一个或多个已有作品的作品。但是，我们能以一种无忧无虑和创造性的精神，重新混搭音乐、电影和电视节目而不用担心侵犯版权的责任吗？没有明确的原则来确定任何一个混搭是否会侵犯一个或多个版权。因此，版权所有者可以很容易地、似是而非地威胁提起侵权诉讼，并潜在地使许多创造性活动减少。

如果版权法免除了严格意义上的非商业性使用的责任，互联网用户将有

1　Patrick McKay, Culture of the future: adapting copyright law to accommodate fan-made derivative works in the twenty-first century, Regent University Law Review, 2011-2012.

2　Paul Goldstein, Derivative rights and derivative works in copyright, Journal of the Copyright Society of the U.S.A., February, 1983.

更大的回旋余地从事有创造性的作品创作。因此，应当给予衍生作品的创作者更大的空间来创作和使用这些作品，而不用让他们担心侵权责任，或至少不用担心严重的惩罚，现在是时候重新审视衍生品的概念了。合理使用抗辩的模糊概念扼杀了言论自由，衍生作品的扩张性概念也压制了表达活动。[1]

限制衍生作品，限制下游创造，也欠缺宪法基础，从根本上讲就是限制自由言论。哈佛大学法学院伯克曼互联网与社会中心的温迪·萨尔茨说："这将触发第一修正案的审查。"但是由于《美国数字千年版权法》（DMCA）的"通知—删除"规则是由服务提供商私人管理的，有很高的出错风险，而且他们也没有接受宪法的审查。对所有涉嫌侵犯版权的网络言论进行预先限制，这引起了人们对互联网上言论自由的极大关注，这涉及DMCA的通知—删除规则的影响。[2]

缺乏法律经验的粉丝们没有机会接触到大量经验丰富的律师，而且他们往往完全不知道合理使用的原则，也不知道他们具有提交反通知和要求恢复内容的能力。因此，当粉丝制作的视频从YouTube上被撤下时，在绝大多数情况下，上传者只是同意撤下视频，而不是冒着可能带来毁灭性后果的版权诉讼的风险试图与之抗争。

版权所有者可以自由地使用"通知—删除"规则和自动化系统来识别潜在的侵权内容，但对侵权作品的实际判断必须由人来作出。因此，美国国会应该明确禁止在DMCA程序之外，以版权为由使用私有的版权执行自动化系统，因为这实际上是在阻止人们访问在线作品。如果版权所有者希望将内容从YouTube这样的网站上撤下，法律应该要求由一个受过合理使用原则训练的人对每个具体作品进行单独评估，并且应该发布正式的《DMCA撤下通知》。虽然这可能会给版权所有者带来额外的负担，但当版权所有者希望通

---

1 John Tehranian, Derivative works 2.0: reconsidering transformative use in the age of crowdsourced creation, Northwestern University Law Review, Winter, 2015.

2 Patrick McKay, Culture of the future: adapting copyright law to accommodate fan-made derivative works in the twenty-first century, Regent University Law Review, 2011-2012.

过指控用户违反法律来阻止在线表达时，这种指控必须由人而不是计算机来作出。[1] 想要使粉丝制作的衍生作品在法律框架下得到真正的保护，包括防止被滥用"通知—删除"规则和自动过滤，法律必须对滥用DMCA将侵权作品从互联网上移除的行为予以重视。

我们生活在一个文化大变革的时代，这是由革命性的新技术带来的，这些新技术正以比以往任何时候都快的速度改变着我们的社会。最重要的是，它促成了文化的发展，这些新技术的出现是参与式文化的"用户生成媒体"的结果。

混搭、挪用主义艺术、戏仿和讽刺等变革性活动，通过批评照亮我们的价值观、评估我们的社会制度、评论当前事件和我们的文化，推动了艺术的进步。流行作品的混搭使消费者能够体验新技术，并学会使用这些技术来表达自己，它们也是全球使用者之间的一种交流形式。对版权持有人准备衍生作品的专有权的过度保护，可能会削弱我们的创意市场。

三、衍生作品与合理使用

（一）实质相似的判断

合理使用的第一个要件被称为"合理使用的灵魂"，它"询问"一件新作品是否仅仅是"取代了原始作品的对象"，还是只是添加了一些足够新的东西。这个要件的核心是判断一件新作品是否具有"变革性"（transformative）。这个词是由Pierre Leval法官在1990年创造的，主要关注在后作品对在先作品的附加价值，以及它如何作为"原材料"，通过"在创造新信息、新美学、新见解和新理解中转化"来丰富社会。美国联邦最高法院观察到"合理使用原则是建立在作者公开其作品供公众消费时默许

---

1 Patrick McKay, Culture of the future: adapting copyright law to accommodate fan-made derivative works in the twenty-first century, Regent University Law Review, 2011-2012.

'合理和习惯使用'基础上的"。因此，超出"合理和习惯使用"一般不被视为受保护的合理使用。

由于独创性是享有著作权的必要条件，因此它应该是评价衍生作品是否符合合理使用的必要因素。因此，除了这四个法定要件外，法院还应该评估原告和被告作品的原创性水平，以在保护版权所有者和公众对原创作品的需要之间取得平衡。

衍生作品是对于已有作品的形式的改变，或者以同样的方式更改、转变或改编已有作品。在衍生作品的创作过程中，作者总会添加原创性表达，这种原创性表达是否应当受到保护？如果复制和创作衍生作品，危害到著作权对作者提供的经济激励和作者识别关系，则不应当受到保护。[1] 如果衍生作品与原有作品并不完全相同，那么关键是看存在的区别，以区分衍生作品的创作者的智力投入程度。[2] 衍生作品是否类似于原有作品，是否实质近似，必须个案确定。

1870年，美国国会通过增加版权所有者对受版权保护的作品进行改编和翻译的权利，首次承认了衍生作品。1909年《美国版权法》继续扩大了赋予版权所有人的权利，承认对非戏剧作品进行改编的权利，并增加了编排或改编音乐作品的权利，还授予版权所有者"制作任何其他版本"的文学作品的权利。1909年《美国版权法》明确规定，如果该作品是文学作品，版权所有者不仅拥有"印刷、重印、出版、复制和提供受版权保护作品"的专有权，而且还拥有将受版权保护的作品翻译成其他语言或方言，或制作该作品的任何其他版本的权利；如果它不是戏剧作品，就加以戏剧化；如果是戏剧作品，还可将其转换为小说或其他非戏剧作品；如果是音乐作品，版权所有者

1　Christina Bohannan, Taming the derivative works right: a modest proposal for reducing overbreadth and vagueness in copyright, Vanderbilt Journal of Entertainment and Technology Law, Summer, 2010.

2　Christina Bohannan, Taming the derivative works right: a modest proposal for reducing overbreadth and vagueness in copyright, Vanderbilt Journal of Entertainment and Technology Law, Summer, 2010.

可加以编排或改编。[1]

在1909年《美国版权法》之后，法院继续扩大基于已有作品的可以构成侵权的作品类型。1976年《美国版权法》规定了衍生作品权。在过去版权法中衍生作品定义的基础上，美国国会扩大了衍生作品的权利，并更好地定义了它们的创作。衍生作品权利的不同之处在于，它不仅适用于删节、翻译和其他形式的受版权保护的作品，而且适用于在性质、目的或信息上不同的衍生作品。1976年《美国版权法》第106（2）条明确规定，版权所有人拥有"在受版权保护的作品基础上准备衍生作品"的独家权利，并授权他人进行这种准备。该法案将"衍生作品"定义为以一个或多个在先存在的作品为基础的作品，如翻译、音乐编排、戏剧化、小说化、电影版本、录音、艺术复制、删节、浓缩或任何其他可以重制、转换或改编作品的形式。由编辑修改、注释、解释或其他修改组成的作品，整体上代表了原作者的原创作品，是"衍生作品"。[2]

1909年《美国版权法》只授予文学作品作者创作衍生作品的专有权，1976年《美国版权法》则将这一宽泛定义的权利扩展到所有作品的作者。因此，制作衍生作品的专有权适用于以技术为导向的作品，如计算机软件。然而，将衍生作品的垄断权延伸到技术作品的作者身上，会带来一个难以平衡的问题。由于技术进步要求发明者使用现有技术作为创新的"垫脚石"，因此在技术环境中，版权必须谨慎地平衡通过授予作者对其作品的专有权来鼓励创造性产出的需要和对新技术开发的需要，必须考虑到抑制创新过程的可能。[3]

近年来，变形度已成为一个判断合理使用的显著要件。要将有价值的变

1　Amy B. Cohen, When does a work infringe the derivative works right of a copyright owner? Cardozo Arts and Entertainment Law Journal, 1999.

2　Amy B. Cohen, When does a work infringe the derivative works right of a copyright owner? Cardozo Arts and Entertainment Law Journal, 1999.

3　Michael Wurzer, Infringement of the exclusive right to prepare derivative works: reducing uncertainty, Minnesota Law Review, June, 1989.

形从侵权的变形中区分开来。[1] 除了赋予版权所有人将受版权保护的作品转换为多种媒介形式的专有权外，衍生作品的定义还赋予版权所有人对"其作品重制、转换或改编的任何其他形式"的专有权。可以说，这是该定义中最麻烦的部分。这种"无所不包"的语言，非常广泛，足以适用于许多其他类型的作品，包括讽刺作品、滑稽模仿作品等。[2]

除了授予版权所有者控制衍生作品创作的权利外，《美国版权法》还规定，衍生作品有资格获得独立的版权保护。但是，非法使用已有资料的衍生作品的任何部分将不受版权保护。如果在先存在的作品遍布整个新作品，并且没有在先存在的作品授权，那么整个新作品就没有资格受到版权保护。

要理解衍生作品权的侵权行为，还需要理解衍生作品权与授予版权所有者的主要权利——控制版权作品复制的权利之间的关系。如果作品与受版权保护的作品实质上相似，就构成复制侵权。也就是说，认定构成衍生作品侵权，新作品必须表现出与在先受版权保护的作品实质性相似。

1.相关的判例

（1）戏仿。

1994年，美国联邦最高法院在Campbell v. Acuff-Rose Music, Inc.案中作出了第一个判决，关于戏仿是否以及在多大程度上可以要求合理使用抗辩。法院表示，根据《美国版权法》第107条第一个要件分析，调查的"中心目的"是确定该使用是否取代了原始作品，或是否"相反，添加了一些新的东西，具有进一步的目的或不同的性质，以新的表达、意义或信息改变最初的作品"；换句话说，它提出的问题是，这项新作品是否具有"变革性"，以及在多大程度上具有"变革性"。然而，法院并没有通过评估戏仿的质量来决定是否适用合理使用。相反，法院裁定这个衍生作品是一种拙劣的模

---

1 Thomas F. Cotter, Transformative use and cognizable harm, Vanderbilt Journal of Entertainment and Technology Law, Summer, 2010.

2 Christina Bohannan, Taming the derivative works right: a modest proposal for reducing overbreadth and vagueness in copyright, Vanderbilt Journal of Entertainment and Technology Law, Summer, 2010.

仿，因为这首歌意在嘲笑原作，而最终的作品是具有变革性的。法院建议，如果衍生作品可以被归类为戏仿，那么可以根据其目的和变革性找到合理的使用。此外，下级法院不应仅以商业目的为基础来否定合理使用。然而，评论家们担心，Campbell案在合理使用分析中对变革性的强调，将影响版权所有者控制衍生作品的权利范围。[1]

Campbell案没有打开寻找合理使用的闸门，因为变革性不允许只是简单地对在先作品作某些改变而寻找合理使用。对"合理使用"的原创性要求较高，如果衍生作品不能通过"合理使用"分析，它就不是衍生作品。然而，变革性所要求的原创标准是否一定要高于衍生作品所要求的标准，这是值得怀疑的。司法定义一直不精确。例如，在索尼公司诉环球影城案中，Blackburn法官在其异议中写道，变革性使用是指这种使用"在第一作者的作品之外，为公众带来一些额外的利益"。在美国地球物理联合会诉德士古公司案中，Judge Level将变革性使用定义为"产生了与原来不同的新目的或结果"的使用。"将一篇文章复印到纸上并不会带来变革，但复印到塑料纸上却可能带来变革。"在这种情况下，对原创性的要求低于衍生作品的要求。[2]

在Campbell v. Acuff-Rose Music，Inc.案中，美国联邦最高法院认为，戏仿像一个评论或批评，可以适用合理使用规则。Campbell案确实明确了一件事：戏仿是基于合理的感知，而不是实际的感知。法院强调法官不应该成为艺术价值的仲裁者。因此，Campbell案不允许法官仅根据他们认为恶搞的内容来决定模仿的问题，也不允许法官将这种主观调查交由陪审团来进行。陪审团的成员和法官一样，根据个人的品位和感情对作品作出判断。他们也可能会用这些判断作为框架，来判断一部作品是否为戏仿。因此，最终

----

1 Jerry I-H Hsiao, Wei-Ling Wang, Originality as sine qua non for derivative works: the basis for copyright protection & avoiding infringement liability, Albany Law Journal of Science and Technology, 2014.

2 Jerry I-H Hsiao, Wei-Ling Wang, Originality as sine qua non for derivative works: the basis for copyright protection & avoiding infringement liability, Albany Law Journal of Science and Technology, 2014.

的决策者，无论是法官还是陪审团，都是基于合理的感知，而不是个人的感知来决定。

　　一个重要的问题仍然存在：法院如何判定一部作品何时可以合理地被视为戏仿？在评估Live Crew的说唱版模仿Roy Orbison和William Dees的摇滚民谣*Oh Pretty Woman*的作品是否达到了这个门槛时，法院分析了被告的作品是如何嘲笑和评论原作的。请注意，它并不是在评论戏仿的高雅，而是在评论戏仿的内容。法院表示："Live Crew的歌曲合理地在某种程度上被认为是对原文的评论或批评，正是引用和嘲笑的结合，使作者从其他类型的评论和批评中选择了拙劣的模仿。"在这种分析中，法院决定了可以合理感知的东西；它既没有提到法院应该从谁的角度来评估一部作品是否可以被合理地视为戏仿，也没有暗示"感知者"可能具有什么特征。

　　艾丽斯·兰德尔十二岁时第一次阅读《飘》就被其魅力所打动。但后来，她发现自己为书中的黑人角色所困扰。几年前兰德尔开始着手写一本书，并认为该书是对《飘》的回应。这本取名为《风逝》的书以日记的形式讲述了希娜拉的故事。兰德尔从这一黑人角色的角度重新讲述了米切尔的《飘》的故事。为了做到这一点，她在一定程度上借鉴了以前的作品。希娜拉是黑人女奴迈咪与她的白人主人所生，与斯嘉丽系同父异母姐妹，曾是雷特·巴特勒的情人。书中叙述了希娜拉在塔塔庄园度过的青年时代，与德特的结婚和离婚，在欧洲各地旅游以及阿瑟死后从德特手中继承了塔塔庄园的经历。

　　兰德尔的出版商休顿·米弗林公司于2001年6月出版该书，并极力宣扬它是"对《飘》一书有力的反驳，是文学创新领域鼓舞人心的开拓性举措。虽然米切尔的《飘》所描述的内战前美国南部景象是如此深刻地烙印在读者想象当中，故事中的精彩情节却是《飘》一书所错过的"。兰德尔与休顿·米弗林公司都未获得在该书中使用《飘》一书的许可。得知休顿·米弗林公司计划于2001年出版《风逝》，米切尔资产信托人Suntrust银行向法院起诉休顿·米弗林公司著作权侵权、商标权侵权及构成佐治亚州法规定的欺骗性商业行为。除此之外，米切尔资产信托人还向法院请求1000万美元的损害赔偿金，并请求颁发禁令责令休顿·米弗林公司停止出版该书或停止发行赠阅本。

美国地区法院法官Charles Pannell批准了米切尔资产信托人提出的预先禁令。他认为《风逝》一书的创作目的并不是模仿《飘》，而是"为了给原作创造一个续集，并提供兰德尔夫人对战前南部社会评论之机会"。地方法院认为《风逝》并不是得到合理使用的戏仿，而是一部续集，因为第一部作品具有高度的原创性、创造性和想象力。第十一巡回法院撤销了禁令，但要求在该书的封面上加注"未经授权的戏仿作品"标识，[1] 理由是兰德尔的作品是对《飘》的拙劣模仿。法庭对"戏仿"的推理与戏仿的一般意义相矛盾，特别是当兰德尔的作品在严格意义上不是戏仿时。

美国联邦最高法院感觉到有必要允许作品在合理使用的情况下使用，但是它没有侵犯在先作品的原创性，而是强调了兰德尔的意图。兰德尔的作品通过了作为衍生作品的原创性测试，因为她对南方的描绘与原著不同。除了模仿或复制之前的作品之外，她还基于美国内战时期的南方概念创作了自己的版本。她的作品满足了在Campbell案中提出的要求，即用新的表达方式、意义或信息修改第一部作品。通过采用Campbell案的推理，第十一巡回法院意识到保护兰德尔作品的必要性，于是通过扩展"戏仿"的含义，将兰德尔的作品归类为戏仿。[2]

（2）变革性使用。

美国国会通过将衍生作品宽泛地定义为"基于"已存在作品的任何作品，将界定这一平衡的重任交给了法院。自1976年《美国版权法》通过以来，法院对判断衍生作品的专有权有两种不同的应用。一种是判断这一被指

---

1 Glynn S. Lunney Jr., Copyright, derivative works, and the economics of complements, Vanderbilt Journal of Entertainment and Technology Law, Summer,2010. Suntrust Bank v. Houghton Mifflin Co., 136 F. Supp. 2d 1357, 1376 (N.D. Ga. 2001).

2 Jerry I-H Hsiao, Wei-Ling Wang, Originality as sine qua non for derivative works: the basis for copyright protection & avoiding infringement liability, Albany Law Journal of Science and Technology, 2014.

控侵权的衍生作品产生的经济影响；另一种是传统的实质相似性测试。

值得注意的是，法院已经发现，即使在后作品中使用了与在先作品相同而不仅仅是相似的复制品，作品目的的转变也符合合理使用的资格。在Kelly v. Arriba Soft案中，第九巡回法院发现Arriba搜索引擎对Kelly商业照片缩略图的使用具有足够的变革性，可以被认定为合理使用。美国联邦最高法院在"Kelly照片的完整性损失最小"与通过改善网上信息获取而创造的公共利益之间进行了平衡。五年后，第九巡回法院再次在网络缩略图的竞争利益之间进行了平衡。在完美10案中，当搜索引擎显示完美10有版权的图片缩略图时，经营成人娱乐订阅网站的原告起诉谷歌侵权。法院援引Kelly案中的话说，谷歌对缩略图的使用是"非常具有变革性的"，因为搜索引擎不仅提供了社会效益，而且这种使用是对原始作品的一种全新的使用。[1]

为了判断所谓的衍生作品的合理使用，法院在审理中基本上应用了相同的因素：首先看增值性或原创性，然后权衡产生的差异。尽管法院在描述其分析时使用了不同的术语，但这两项调查的核心都是对两部著作进行差异比较。相比之下，在确定某件在后作品是否对在先作品造成侵权时，法院传统上只看在后作品和在先作品之间的"实质相似"。[2]

法院认为，被告的使用并没有为原告的作品增加任何新的见解，而是将其呈现在一个新的技术或功能背景下的情况下，变革性地使用了原告的作品。例如，法院认为，在图像搜索结果中直接将图形作品作为缩略图复制是一种合理的使用，尽管搜索引擎对该图形作品的复制本身并没有给相关作品增加新的视角。在图书馆全文检索和数字化大学课程包方面也是如此，虽然材料本身没有被改造，但是它们被用于的新用途而被法院认为是合理使用，

---

1 Kate Klonick, Comparing apples to applejacks: cognitive science concepts of similarity judgment and derivative works, Journal of the Copyright Society of the U.S.A., Spring, 2013.

2 Kate Klonick, Comparing apples to applejacks: cognitive science concepts of similarity judgment and derivative works, Journal of the Copyright Society of the U.S.A., Spring, 2013.

构成功能上的改造。

法院认为，要想使衍生作品获得版权保护，必须展示出其独创性。正如在L. Batlin & Son, Inc.诉斯奈德案中，第二巡回法院声明，这一独创性必须"不仅仅是'微不足道的'变化"或复制。[1] 在Batlin案中，被告斯奈德设计了一个山姆大叔银行塑料复制品，该复制品是基于一个在美国销售了几十年的类似的玩具银行，其设计属于公共领域。另一家玩具银行制造商Batlin公司提起诉讼，质疑斯奈德版权的有效性。法院裁定斯奈德的设计不构成版权衍生作品，因为它"微乎其微的变化"——改变银行的大小，随身衣包里的形状图——"没有可察觉的变化"。

四年后，第二巡回法院在达勒姆工业公司 v. Tomy公司案中再次运用了这一原则。Tomy公司是一家迪士尼玩具的许可商，其起诉另一家迪士尼玩具的许可商达勒姆工业公司侵犯了它的迪士尼卡通形象的版权。虽然承认使用了Tomy公司的玩具作为模型，但法院认为Tomy公司的玩具"没有独立的创作，没有与已有作品相区别的变体，也没有任何可辨认的作者自己的贡献"。这一审判基于保护基础版权所有者权利的政策，不允许一个"几乎相同"衍生作品版权的所有者垄断所有随后的衍生作品。在达勒姆案之后的几年里，其他巡回法院在裁定中均采用了这一标准。[2]

在Feist案中，法院认识到"最低程度"创作的需要，并确定了创建具有版权保护汇编的三个核心要素：一是收集和汇编；二是选择、协调、编排；三是通过特定的选择、协调、编排创作原创作品。

在Feist案之前20年，第九巡回法院在罗斯贺卡案中建立了一个"总体概念和感觉"的标准，以此确定一个汇编作品是否为原创作品。在罗斯贺卡案

---

1 Kate Klonick, Comparing apples to applejacks: cognitive science concepts of similarity judgment and derivative works, Journal of the Copyright Society of the U.S.A., Spring, 2013.

2 Kate Klonick, Comparing apples to applejacks: cognitive science concepts of similarity judgment and derivative works, Journal of the Copyright Society of the U.S.A., Spring, 2013.

中，巡回法院承认，尽管潜在的文本和短语用于贺卡是公共领域的一部分，但从整体看，罗斯创造了一个"有形的表达"，将这些短语与原始艺术相结合，这样有权受到版权保护。因此，在确定作品的原创性时，法院考虑了罗斯作品的"整体概念和感觉"与公共领域要素之间的相似性。即使在Feist案之后，这个标准仍然在第九巡回法院中被应用。[1]

尽管Feist案再次强调了创新的必要性，但它仍然处于一个较低的门槛状态，并没有要求其贡献达到"创新"或"令人惊讶"。通过使用原创性要件，法院可以对版权作品和衍生作品作出更公平的评价，而不会对版权人造成不必要的偏袒。

在判定某物是否为出于侵权目的的衍生作品时，法院更多地关注判断在后作品和基础作品之间的相似程度。在复制权侵权案件中也使用的"实质相似"这一概念，在衍生作品案中尤其难以适用，因为衍生作品从定义上讲，涉及对原作品的一定程度上的复制。由于这种固有的困难，法院开发了各种测试方法来确定一个衍生作品是否侵犯了基础版权。最完善的是"定性—定量"方法，它为侵权行为设定了最低限度。质的要素是在后作品中是否有在先作品被复制的内容，而量的要素是在后作品复制的在先作品的总量。法院还关注了罗斯贺卡案中确立的更全面的测试方法，该测试方法称，当两种作品的"整体概念和感觉"相同时，版权就受到侵犯。[2]

在应用这些测试方法时，法院力求寻找一个能够维持独立版权的新作品具有足够的差异性，同时寻找认定构成侵权的足够的相似性。在Castle Rock案中，第二巡回法院发现一本基于《宋飞正传》的智力问答书是侵权的衍生作品，因为它大量抄袭了该剧的"创造性表达"。矛盾的是，虽然Castle

---

1 Kate Klonick, Comparing apples to applejacks: cognitive science concepts of similarity judgment and derivative works, Journal of the Copyright Society of the U.S.A., Spring, 2013.

2 Kate Klonick, Comparing apples to applejacks: cognitive science concepts of similarity judgment and derivative works, Journal of the Copyright Society of the U.S.A., Spring, 2013.

Rock案中的这一作品增加了足够的原创性，改变了从电视剧到印刷物的呈现方式，使之成为一种衍生作品而不是复制品，但法院仍然认为这两件作品基本相似。《双峰》案的情况也是如此，法院同样认为，讲述电视剧《双峰》情节细节的书足以构成"删节"，并将其认定为侵权衍生作品。几年后，南区法院裁定，一本基于《哈利·波特》系列的百科全书条目的"词典"书不构成衍生作品。一名《哈利·波特》系列的粉丝，曾试图出版一本名为《哈利·波特辞典》的书，这本书基本上是一本类似百科全书的参考书，完全基于《哈利·波特》系列。法院认为，该词典与底层的《哈利·波特》系列完全不同，因为它不仅"以另一种媒介重新塑造了材料"，而且赋予其"受版权保护的材料另一种用途"。然而，尽管有这一差别，法院仍然认为《哈利·波特》系列的复制权遭到了侵犯。[1] 法院认为《哈利·波特辞典》"复制了足够数量的《哈利·波特》系列，足以证明该词典和J.K.罗琳的小说有实质性的相似之处"，并支持华纳兄弟公司侵犯版权的主张。

有些法院要求衍生作品必须与在先作品"实质性相似"，才可以判定其侵犯了版权所有人的权利。"实质性相似"的要求不符合版权法的目的，因为它过于模糊，并且给版权所有人提供了不可预测的保护范围，特别是在涉及计算机软件的案件中。因此，法院需要重新评估实质相似检验法在判定衍生作品侵权时的使用。[2]

（3）计算机软件。

法院关注这些作品是否"基本相似"，如普通观察者发现涉嫌侵权作品中含有"非法"或"非法"数量的已存在作品的表达，则作品"基本相似"。传统上，陪审团是站在"普通观察者"的立场上进行审查的，通过比较两件作品，并主观判断这两件作品是否基本相似。对于图书、音乐和其他

1　Kate Klonick, Comparing apples to applejacks: cognitive science concepts of similarity judgment and derivative works, Journal of the Copyright Society of the U.S.A., Spring, 2013.

2　Michael Wurzer, Infringement of the exclusive right to prepare derivative works: reducing uncertainty, Minnesota Law Review, June, 1989.

传统版权作品，这种方法很有效；但是对于计算机软件，由于软件的技术性质，普通观察者无法进行这样的比较。而且由于衍生的计算机程序可能使用与原始程序不同的计算机语言，加剧了这个问题。因为实质相似性测试是一种定性和定量的测试，可由专家指出被"复制"的部分是不重要的还是程序的关键部分，所以专家证词通常有助于陪审团先确定是否具有实质相似性，然后陪审团从普通观察者的角度研究这些证据，以确定该作品是否构成侵权。[1]

　　Q-Co Industries v. Hoffman案提供了一个应用实质相似性测试来决定涉及计算机软件的衍生作品案件困难的例子。在Q-Co案中，原告编写了一个计算机程序，把雅达利电脑变成了电视和戏剧作品的提词器。在设计程序时，被告的软件将原告受版权保护的30个字符的源代码加入"解锁"程序中。原告认为这30个字符对程序的运行至关重要，因此构成了一种定性的"实质相似性"。法院驳回了这一论点，并发现因为两个程序服务不同的功能，相似性是无关紧要的。

　　被告利用原告的程序制作了一个在IBM专业计算机上运行的竞争性程序。因为这些程序是针对不同的硬件编写的，所以它们很不相同。Q-Co案中，法院承认衍生作品在本质上是不相似的，并且发现即使存在这些不同，被告的程序仍然可能是侵权的衍生作品。法院指出，由于衍生作品包含"整体上代表原创作品的修改"，因此被指控侵权的作品可能在许多方面与已有作品不同。[2]

　　实质相似性测试所产生的不确定性降低了作者的积极性，抑制了创新。对于文学作品的作者，其享有专有权，这个问题可以很好地解决，但是对计算机软件的作者来说，不能依赖这种判断。实质相似性测试法应用于衍生作品的专有权，导致对计算机软件保护的不一致和不确定。这种不一致的原因有三方面。首先，从定义上讲，计算机软件衍生作品是不相似的，而且其通

---

1 Michael Wurzer, Infringement of the exclusive right to prepare derivative works: reducing uncertainty, Minnesota Law Review, June, 1989.

2 Michael Wurzer, Infringement of the exclusive right to prepare derivative works: reducing uncertainty, Minnesota Law Review, June, 1989.

常在形式上也不同于原始作品。其次，使问题复杂化的因素是，侵权作品必须在思想层面和表达方式上与原作基本相似。最后，当上述难题与计算机软件的高度技术性相结合时，要一致地应用实质相似性测试也变得非常困难。[1]

由于版权作品的"概念"和"表达"必须具有"实质性相似"这一规则，实质相似性测试变得更加复杂。一般来说，对表达的垄断为作者提供了创作原创作品的动力，同时也允许其他人以这种思想来创作新的作品，而不会有侵权的危险。因此，界定思想和表达需要作出艰难的政策判断，即在对作者的激励和允许社会在其作品基础上发展的需要之间取得平衡。衍生作品就其性质而言与原始作品不同，因此，使用"实质性相似"作为侵犯衍生作品专有权利的检验基础会造成不确定性。实质相似性测试所要求的从思想上判断表达方法的相似性，增加了这种不确定性，特别是在复杂的计算机程序中。[2]

实质相似性测试所产生的不确定性是软件开发商在决定是否对软件进行投资时必须考虑的一种风险形式。这种风险使程序员不敢使用现有的作品，从而减少了项目的潜在创作，并增加了开发成本，减少了可获得版权保护的项目的数量。[3] 著作权法中的实质相似性检验方法在应用于涉及计算机软件的衍生作品案件时，会产生模糊性和不确定性。这种不确定性使得在可版权保护的软件上投资有风险，因此降低了投资水平。

总之，目前大多数法院所采用的实质性相似标准的模糊性使结果变得不确定和不可预测。实质相似性测试应用于衍生作品的内在不确定性也改变了投资决策的成本。这种不可预测性使得对受版权保护的软件的投资风险更大，价值更低。软件开发人员会拒绝一些项目，因为他们无法预测潜在收益

---

1 Michael Wurzer, Infringement of the exclusive right to prepare derivative works: reducing uncertainty, Minnesota Law Review, June, 1989.

2 Michael Wurzer, Infringement of the exclusive right to prepare derivative works: reducing uncertainty, Minnesota Law Review, June, 1989.

3 Michael Wurzer, Infringement of the exclusive right to prepare derivative works: reducing uncertainty, Minnesota Law Review, June, 1989.

是否会超过开发成本。这样的结果与版权法旨在促进可受版权保护作品的创作的目标完全冲突。[1]

（4）重塑和改造。

瓷砖系列案例，也反映了法院在判断相似性问题上的摇摆。在第一起"瓷砖艺术品"案件——C.M. Paula Co. v. Logan案中，被告使用了一种程序，将印在卡片和被告购买的其他物品上的原告艺术品转移到陶瓷牌匾上。法院认为，被告出售的每一块贴有Paula公司图案的陶瓷牌匾都需要购买和使用原告销售的单个艺术品，这一点很重要。换句话说，被告使用和出售其作品的每一份拷贝，Paula公司都会得到补偿。[2] 法院驳回了原告的主张，即被告的陶瓷牌匾是改编品。法院认为"法律没有禁止被告采取行动创建使用原告的版权艺术陶瓷块"[3]。最后，法院依据首次销售原则保护被告不受侵权指控。法院指出，一旦版权所有人同意出售其作品的复制品，就无权限制他人继续使用其作品。因此，有利于作者版权垄断的政策要让位给反对限制贸易的政策。

在Mirage Editions v. Albuquerque A.R.T. Co.案中，A艺术家设计艺术作品并注册该艺术作品的版权。然后，A授权P使用该艺术作品出版笔记卡。笔记卡由P发布，并分发到零售商店。T买了几百张卡片，然后把每张卡片小心地粘在一块瓷砖上，把这些瓷砖作为"瓷砖艺术"卖出去，购买者可以用它来装饰墙壁、柜台甚至地板。A起诉T侵犯版权。第九巡回法院发现被告购买了受版权保护的艺术品书籍，将其印刷版剪下来，粘在瓷砖上，然后在公开市场上出售，由此产生了侵权的衍生作品。

在裁决中，法院认为制作过程"重塑或转换"了底层图像，满足衍生作

1　Michael Wurzer, Infringement of the exclusive right to prepare derivative works: reducing uncertainty, Minnesota Law Review, June, 1989.

2　Amy B. Cohen, When does a work infringe the derivative works right of a copyright owner? Cardozo Arts and Entertainment Law Journal, 1999.

3　Amy B. Cohen, When does a work infringe the derivative works right of a copyright owner? Cardozo Arts and Entertainment Law Journal, 1999.

品的定义。法院还驳回了被告的主张，即首次销售原则保护其对包含在已合法获得书籍中的艺术印刷品的进一步销售。法院的理由是，首次销售原则并没有赋予个人财产所有人准备衍生作品的权利，而只是赋予其转让实物本身的权利。"仅仅是将书出售给被告而没有将版权所有人准备衍生作品的专有权进行具体转让，并不将该权利转让给被告。"[1]

在Mirage Editions v. Albuquerque A.R.T. Co.案中，第九巡回法院认为一个事实情况与Paula案中法院的陈述非常相似。被告购买了含有版权的艺术印刷品的书籍，并将其剪下，粘在瓷砖上，然后出售瓷砖。原告是被告所使用版画的版权所有人和许可人，并声称被告通过创作瓷砖艺术，侵犯了版权所有人的衍生作品权利。在该案中，第九巡回法院裁定瓷砖艺术的创作者侵犯了艺术家在其受版权保护的艺术作品基础上准备衍生作品的独家权利。第九巡回法院在Munoz v. AlbuquerqueA.R.T. Co.案和Greenwich Work-shop v. Timber creation案中都遵循了这一判决。

在Munoz v. Albuquerque A.R.T. Co.案中，同一被告拿了载有原告版权作品的个人笔记卡，并将这些卡片裱在瓷砖上。被告随后提出瓷砖艺术品不是衍生作品，因此受到首次销售原则的保护。被告声称，瓷砖艺术品只是一种展示艺术品的手段，与将艺术品放在框中没有区别。法院不同意：将印刷品或油画放置在框架内，并用玻璃覆盖，并不会重塑或改变艺术品。一般认为，这只是一种显示的方法。此外，如果主人选择移除版画或绘画并以不同的方式展示，这是一件相对简单的事情。这些瓷砖还具有其他用途，如家具或墙饰。法院由此得出结论，瓷砖艺术品是侵权的衍生作品，并裁定原告胜诉。[2]

在Greenwich Workshop v. Timber creation案中，缩小比例的水彩画复制品被放在一本书中出版，原告拥有该书的版权。被告从书中剪下这些复

---

1 Amy B. Cohen, When does a work infringe the derivative works right of a copy-right owner? Cardozo Arts and Entertainment Law Journal, 1999.

2 Amy B. Cohen, When does a work infringe the derivative works right of a copy-right owner? Cardozo Arts and Entertainment Law Journal, 1999.

制品，然后将它们调换到画布上，铺上花布，装裱起来，作为单独的图片出售。原告声称，被告这样做已经创造了未经授权的衍生作品，因此侵犯了其版权。被告辩称，其行为不过是"另一种展示方式"而不是衍生作品的创作。被告进一步声称，要想成为衍生作品，必须创造出某种"本质上不同"的东西。法院同意原告的观点，即被告创作了衍生作品，因而侵犯了其版权。法院的理由是，被告"明显地"对书进行了"重塑"和"改造"，方法是将书页移走，把它们变成艺术品挂在墙上，而这种行为并不等同于简单地为展示目的将艺术品装裱起来。被告的行为包括：先永久性地从书中删除艺术复制品，然后将它们改编成挂在墙上的作品。这些案例表明，通过对衍生作品权利的宽泛定义，法院如何能为版权所有者提供广泛的保护，并限制首次销售原则的影响。[1]

将近十年后，在Lee v. A.R.T. Co.案中，第七巡回法院判决瓷砖艺术创作者胜诉。认为瓷砖艺术不是一个侵权衍生作品，被告有权制造和销售瓷砖艺术。在Lee诉A.R.T.公司一案中，法院认为将受版权保护的图像安装到瓷砖上并没有充分地"重新塑造"或"转换"基础作品来创造衍生作品。通过将制作程序与制作过程进行比较，法院暗示这样的修改"对于支持独立版权来说太微不足道了"，因此不足以构成衍生作品。[2]

地方法院认为，这两种工艺都包括分别对原始图像进行修剪，使其适合瓷砖或框架的适当大小，用某种黏合剂或夹子将图像固定在瓷砖或垫子上，并分别用透明覆盖物、环氧树脂和玻璃覆盖艺术品。[3]"产品的最终展示方式和'使用'并不能决定作品是否为衍生作品。"地方法院表示，"对法院来说，唯一相关的问题是ART公司在瓷砖制作过程中是否将Lee的原创作品转

----

1 Amy B. Cohen, When does a work infringe the derivative works right of a copyright owner? Cardozo Arts and Entertainment Law Journal, 1999.

2 Kate Klonick, Comparing apples to applejacks: cognitive science concepts of similarity judgment and derivative works, Journal of the Copyright Society of the U.S.A., Spring, 2013.

3 Amy B. Cohen, When does a work infringe the derivative works right of a copyright owner? Cardozo Arts and Entertainment Law Journal, 1999.

变、改造或重制为一件全新的、不同的原创作品"。地区法院的结论是，除非被告的作品本身具有足够的独创性，可以获得版权，否则它不可能是衍生作品，因此不可能侵犯原告的衍生作品专有权。[1]

把卡片放在瓷砖上这种平凡的行为属于没有创意火花的作品。因此，瓷砖并不是一件全新的、不同的原创作品，而是放置在不同背景上的一件完全相同的作品。把Lee的作品粘在单独的表面上并没有显示出任何的创造力，不需要智力或创造力，因此它不符合"衍生作品"的定义。[2]

具有讽刺意味的是，由于被告没有创造力，他们在承担责任方面得到的保护反而更多。由于被告并没有侵犯到地区法院所分析的衍生作品的权利，那么他们就能够依靠首次销售原则来使自己免除责任。A.R.T. 公司没有对这些卡片进行任何更改、修改、复制、转换或修改，而是使用不同的显示方法重新出售640个相同的卡片。根据版权法，这种转售是允许的。

在Mirage Editions案中，法院发现，当一家公司购买受版权保护的艺术品印刷品，将其剪下，粘在瓷砖上，然后在公开市场上出售时，就构成了侵权衍生作品的创作。法院推理的核心是它发现瓷砖的创作是通过将其放置在瓷砖上而"改变"了有争议的艺术，因此它是一件衍生作品。相比之下，Lee v. A.R.T. Co.案的法院拒绝考虑将艺术品粘在瓷砖上是一种转变。相反，它研究了原始图案和粘在瓷砖上的图案之间的归因差异，发现了"没有区别的区别"。相比之下，Lee v. A.R.T. Co.案的法院为了找到侵权的衍生作品，加入了对"独创性"要件的需求。[3]

在国家地理学会诉分类地理公司案中，马萨诸塞州地方法院裁定，被告将其买来的杂志中的文章剪下，将类似主题的文章编辑并装订成册，然后

---

1 Amy B. Cohen, When does a work infringe the derivative works right of a copyright owner? Cardozo Arts and Entertainment Law Journal, 1999.

2 Amy B. Cohen, When does a work infringe the derivative works right of a copyright owner? Cardozo Arts and Entertainment Law Journal, 1999.

3 Kate Klonick, Comparing apples to applejacks: cognitive science concepts of similarity judgment and derivative works, Journal of the Copyright Society of the U.S.A., Spring, 2013.

将其出售给公众，从而侵犯了原告的版权。尽管被告没有复制任何原告的作品，只是从刚刚出售、被告合法获得的杂志中进行剪裁，法院认为被告侵犯了原告的编译、调整或安排其受版权保护的权利。法院驳回了这样的建议，即作为合法获得的原告杂志的二手拷贝的所有者，根据首次销售原则，被告有权创作和销售这些改编作品。[1]

综上所述，这些案例说明了法院在运用实质相似性测试来认定侵权时的困难。在承认对衍生作品权利的侵犯时，法院必须寻找在后作品和在先作品之间的差异，此外高度复制还会与首次销售原则产生联系，从而在后作品可能不被认定为衍生作品而适用首次销售原则，从而免责。[2]

2.实质性相似的判断方法

版权所有人的一项专有权就是根据自己的作品创作演绎作品的权利——根据原作创作或改编新作品的权利。一般而言，如果对他人的作品进行任何修改或者将其置之于新的语境，需要确保尊重作品的完整性，同时不能损害作品的声誉或荣誉。[3]

为了证明侵权，原告必须证明有效版权的存在和被告的复制。由于很少有直接的复制证据，因此原告可以通过展示这两部作品的使用权和"实质性相似"来证明是复制。[4] 衍生作品不仅要求独创性，还要求与在先作品的实质性差异。

法院一贯认为创造性不同于原创性。"要构成一件'原创作品'，必须通过一个'创造性'的门槛：在美国，它必须体现'一定数量的智力劳

---

1 Amy B. Cohen, When does a work infringe the derivative works right of a copyright owner? Cardozo Arts and Entertainment Law Journal, 1999.

2 Kate Klonick, Comparing apples to applejacks: cognitive science concepts of similarity judgment and derivative works, Journal of the Copyright Society of the U.S.A., Spring, 2013.

3 Glynn S. Lunney Jr., Copyright, derivative works, and the economics of complements, Vanderbilt Journal of Entertainment and Technology Law, Summer, 2010.

4 Paul Goldstein, Derivative rights and derivative works in copyright, Journal of the Copyright Society of the U.S.A., February, 1983.

动'。"[1]

区分原创性、创造性和新颖性这三个不同的概念是很重要的。如果作品是作者独立创作的，那么它就是原创的。如果一件作品包含了一定数量的智力劳动，那么它就是创造性的。如果一件作品在某些相关方面与现有作品有所不同，那么它就是新颖的。一件作品要获得版权，它必须是原创的和有创意的，但不必是新颖的。巡回法官埃施巴赫在巴尔的摩金莺队诉美国职业棒球大联盟球员案中澄清："虽然独立创作和智力劳动的要求都是针对作者的，但法院经常用'原创性'一词来指称这两个概念，从而造成混淆。为了清楚起见，我们将用'原创性'表示独立创作，用'创造性'表示智力劳动。"[2]

一件作品若要具有版权，它必须源于某些最低限度的创造性和原创性。创造性作为原创性的一个重要组成部分而存在，因为一个可获得版权的作品不仅必须是"创造的"，在被创造出来的意义上，它还必须具备最低限度的"创造性"。"创造性"被定义为"具有创造性，富有想象力的……展示想象力和智力"。事实上，在原创性和创造性之间可能存在一种"互惠关系"。

随着独立创作水平的提高，版权法所提供的保护水平也相应提高。根据版权法，完全具有创造性的"第一代"作品有权得到最大的保护，"第二代"衍生作品受到较少的保护，缺乏创造力的作品根本不受版权保护。总之，版权法对具有高度原创性和表现力的作品的保护力度更大。[3]

为了获得版权保护，对于一件衍生作品必须通过与在先作品"不同的变

---

1 Steven S. Boyd, Deriving originality in derivative works: considering the quantum of originality needed to attain copyright protection in a derivative work, Santa Clara Law Review, 2000.

2 Steven S. Boyd, Deriving originality in derivative works: considering the quantum of originality needed to attain copyright protection in a derivative work, Santa Clara Law Review, 2000.

3 Steven S. Boyd, Deriving originality in derivative works: considering the quantum of originality needed to attain copyright protection in a derivative work, Santa Clara Law Review, 2000.

体"来证明其具有足够的独创性，而这种变体是作者独立努力的产物，并被量化为不仅仅是微不足道的。

在版权方面，独创性只需要"禁止真正的复制"。因此，一般说来，可以得出这样的结论：如果任何一个作者的独立努力包含有足够的技巧，那么事实上就有足够的独创性来支持版权。

尽管这个门槛并不高，即使是最低限度的独创性也被认为是足够的，但是要证明作品具有比微不足道或不重要的努力更多的东西。琐碎的努力通常不包括无意的努力，因此确立原创的数量不仅需要至少证明一些原创努力，而且还需要证明产生原创结果的某种程度的意图。巡回法官弗兰克解释说，复制者的视力不好、肌肉组织有缺陷，或者一声霹雳引起的震动，都可能产生足以辨别的变化。然而，某些无意的"努力"无法产生这种区别。例如，"向卢浮宫纵火很可能会把许多已有的作品改造得面目全非，根本不是一些微不足道的改动。"但是，除非纵火被认为是一个"作者"的作品，否则被破坏的碎片可能不能被恰当地视为衍生作品。[1]

法院要求在基础作品和衍生作品之间有足够大的差别，波斯纳法官在引用格雷森的话时，对衍生作品必要的原创性量提出了一个不同的、似乎更低的标准。他说："从受版权保护的材料中衍生出来的作品——被称为'衍生作品'——如果它们的原创性有所增加，就可以获得版权，衍生作品的版权受限于该增值。"

在"不仅仅是微不足道的"标准上的无休止的动摇，促使法官们迫切需要采用一种一致的标准来判定衍生作品要获得版权保护所必需的独创性的数量，以构建一个统一的标准，从而大大简化著作权法对原创性的分析。

法官们必须记住，当偏离"不仅仅是微不足道的""可区分的变异"标准太远时，要谨慎行事。要求太多的原创性或承认太少的变化，都是不合理的。法院对原创性要求进行判断，首先要确定衍生作品作者所作的变化，确

----

1 Steven S. Boyd, Deriving originality in derivative works: considering the quantum of originality needed to attain copyright protection in a derivative work, Santa Clara Law Review, 2000.

定这些变化是微不足道的还是可分辨的。如果是可分辨的，那么该作品满足独创性测试。

立法机关希望法院对这一原创性要求下定义。法院认为，对于衍生作品应该证明"不仅仅是琐碎的可分辨的变化"。"只是微不足道的可分辨的变化"仍然是一个站得住脚的和有用的标准，用来判断衍生作品是否具有足够的创意，从而判断其是否享有著作权保护。

在确定在后作品是否属于侵权衍生作品时，法院传统上是看两个作品之间的相似性，以及在后作品从在先作品中提取了什么。为了解答这一问题，法院必须首先作出原创性的判断，基本调查是判断"实质性相似"。

在版权法中，在后作品被称为衍生作品，它作为受版权保护的已有作品的变体而存在。这种情况会产生两个版权问题：（1）衍生作品需要多大程度的独创性才能享有版权；（2）衍生作品具有较高的独创性，在侵权诉讼中能否以合理使用作为抗辩，以免除侵权责任？为了回答这些问题，解决办法在于衍生作品的原创性。高水平的原创性可以与其所借用的版权作品相对抗，在后作品得到版权保护，避免侵权责任。[1]

专利权并不限制他人在自己的专利之上进行改进，产生新的专利。只要获得在先专利的许可，就可以生产制造在后专利。如果专利权人不享有限制他人再创作的权利，为什么版权人享有这种权利？在版权制度中是否可以采用专利法上的改进专利制度，允许衍生作品的涌现？

要求法院将衍生作品的内容与在先作品进行比较，会导致法院对两个相互冲突的作品进行原创性比较和价值判断。同样，法官必须经常对他们不了解的发明作出裁决。为什么法官能够评估专利侵权诉讼，但对于版权案件无法进行正当判断呢？法院应该审查独立创作的衍生作品与受版权保护的在先作品的原创性。

只有当所有作品具有同等程度的独创性，而衍生作品与版权作品具有

---

1 Jerry I-H Hsiao, Wei-Ling Wang, Originality as sine qua non for derivative works: the basis for copyright protection & avoiding infringement liability, Albany Law Journal of Science and Technology, 2014.

最低程度或类似程度的独创性时，这一规定才有正当理由。在现行的版权法下，独创性只是一个门槛要求，并不区分最低限度的独创性和高度独创性。当前的判例法表明，除非衍生作品能够将原作品转化、改编或重制为一个新的、不同的作品，否则不能免责。

如果版权的设置目的是促进艺术和写作的创作，那么过分保护在先作者的权利就违背了这一目标。[1] 著作权法应在著作权人的衍生权与他人的改进权之间取得平衡，以提高作品的独创性水平，满足社会利益的需要。如果衍生作品使用了在先作品，但其结果是高度原创的，那么法律应当对该衍生作品提供保护。因此，判断时不应该关注改进者从在先版权作品中获得了多少，而应该检查贡献的数量和转化的数量。著作权应以衍生作品的原创性和实际内容为重点，根据其实际贡献来判断是否免除侵权责任。[2]

为了在创作和获得原创作品的过程中最大限度地服务公众利益，法院和评论人士一直在努力确定平衡版权所有人权利和衍生用户权利的最佳方法。对版权所有者控制太少，可能会使版权所有者无法获得刺激创作的经济回报，从而抑制作品的创作；给版权所有者太多的控制权，又可能会阻止衍生用户改进和构建那些基础作品，从而创造出新的原创作品。因此，找到正确的平衡点不仅对原创作品的创作者有意义，而且对公众也有意义，公众从这些作品的创作中受益。

即使一个没有侵权意图的人，如果他存在版权所有人保留的任何行为，也可能要对直接侵权负责。因此，问题就变成了现行法律是否在版权所有者权利和那些不打算与版权所有者竞争的具有创造性和表现力的使用者权利之间取得了适当的平衡。判例法清楚地表明，在《美国版权法》第107条中列出

---

1 Jerry I-H Hsiao, Wei-Ling Wang, Originality as sine qua non for derivative works: the basis for copyright protection & avoiding infringement liability, Albany Law Journal of Science and Technology, 2014.

2 Jerry I-H Hsiao, Wei-Ling Wang, Originality as sine qua non for derivative works: the basis for copyright protection & avoiding infringement liability, Albany Law Journal of Science and Technology, 2014.

的四个合理使用因素，在任何特定的案件中都没有必然的决定性。的确，不同案件、不同法庭对这些因素分配的权重可能不同。

使用传统的实质相似性分析是否侵犯衍生作品制作专有权，会产生不确定性。任何对著作权法的分析，正确的出发点都是著作权的目的：通过给予作者对其作品有限的垄断权来促进科学和实用艺术的进步。适用于判断衍生作品是否侵权的传统实质相似性检验不能促进这一目的，因为它的模糊性使作者无法预测版权法所提供的保护范围。这种不可预测性导致了受版权保护作品数量的减少，有悖版权法的目的。

版权法应该确保其他人可以自由地接受作者提出的想法，并将其作为实现自己创造力的垫脚石。版权法应以这种方式促进科学和有用艺术的进步。[1]

法院试图减少实质相似性检验所造成的不确定性。首先，法院使用观念/表达二分法加以判断。其次，重新评估实质相似性测试，以考虑衍生作品的内在差异。这些调整将增加版权法的可预测性，并将更好地服务于版权目的。[2]

在传统的实质相似性调查中，法院首先必须确定被指控的侵权者是否盗用作品中受保护的表达，由于传统的思想/表达分析是不明确的，特别是在计算机技术的背景下，版权法需要一个更具体的方法来确定如何在对作者的激励和公众使用之间取得平衡。

Lemley教授建议通过修改版权法来弥补这种情况，创建一个类似于"封堵专利"规则的原则。"封堵专利"规则为已经获得专利的发明提供专利保护，同时仍然认为新发明人要为侵犯现有专利承担责任。Lemley教授通过对衍生作品的原始方面给予版权保护，部分地将这一概念纳入版权法，即使这些衍生作品也侵犯了基础作品的版权。通过采用这一规则，Lemley教授认为，衍生作品的创造者将有更大的讨价还价能力，从而导致更高的效率和对

---

1 Michael Wurzer, Infringement of the exclusive right to prepare derivative works: reducing uncertainty, Minnesota Law Review, June, 1989.

2 Michael Wurzer, Infringement of the exclusive right to prepare derivative works: reducing uncertainty, Minnesota Law Review, June, 1989.

衍生作品更合适的估价。

他认为版权法在经济激励基础上是合理的，"只有在平衡的情况下，它鼓励了足够的创作和传播，以抵消限制思想传播和提高作品价格的成本"。此外，Lemley教授还关注了这种权利对建立在基础作品之上并改善基础作品的新作品创作所施加的社会成本："有效的新作品创作需要获得和使用旧作品，而且，由于改进在很多情况下可能会使原创作品在实际意义上相形见绌，不同时代的动态市场效率也需要这样的途径。因为著作权人获得了太多的价值，这种扩大的保护给那些寻求改进的人设置了障碍，从而损害了科学和实用艺术进步中的公众利益。"

法律鼓励版权所有者和衍生用户之间进行协商，而不是允许衍生用户在不补偿版权所有者的情况下使用作品。由于双方似乎都从允许使用衍生作品的许可中获益，因此实际上可能会产生一种补偿双方的公平调整。如果双方对许可协议达成一致，公众也可以从新作品的创作中受益。为了刺激这些新的衍生作品的创作，似乎没有必要否认对版权所有者的保护。

明确合理使用的界限和采用中间责任制度的最大区别在于，合理使用是对侵权行为的完全抗辩，而中间责任制度要求原告和被告之间分享利润。在这方面，与明确的合理使用原则相比，中间责任制度可能会产生更公平的结果，并可作为与内容所有者进行立法妥协的基础。考虑到版权严格的责任基础，为数字时代的合理使用创造更多的指引是一个重要的目标，也是一个无论如何都应该追求的目标。

创造不是在真空中发生的，知识是累积的。"新的创作作品几乎总是借用旧的创作作品，这就增加了侵权的可能性。"然而，如果作者不能使用已有的东西，社会成本将是巨大的。

如果一个衍生作品对社会价值作出了重大的贡献，增加的新材料在数量上超过了以前的作品，借用部分已转变为主要方式，那么衍生产品的价值主要是对原始表达改进的贡献，法院应该没有发现侵权。将改进者的作品与原作品进行比较，衍生作品的作者借鉴了原作，表现出了原创性的表达。因为衍生作品不是简单地模仿或复制原始作品，而是贡献了一个原始的表达，法院不应该通过禁止来惩罚改进者。因此，为了社会的利益，应当允许这两部作品共存。相反，如果在后作品没有表现出独创性，只是模仿、复制该作品，在这种情况下，侵权责任存在。[1]

（二）利益平衡理论与市场失灵理论

在判断合理使用的第四个要件，即市场影响要件认定中，已经产生了两个被法院和学者所支持的理论：市场失灵下的合理使用和利益平衡下的合理使用。[2]

版权损害是一种对于版权排他权的未补偿的损害，是一种对于版权人事前决定创作或使用作品具有实质影响的障碍。合理使用理论，早期是允许导致非可预见损害的使用的，但随着版权理论的发展，人们对这一合理使用理论提出了质疑。利益平衡说侧重于权衡使用者带来的社会价值和给版权人带来的损害。因此，利益平衡说只能适用于那些存在损害的合理使用情况，其认为可预见的使用损害才是版权损害，这也导致忽视了那些没有损害也没有影响社会利益的使用。[3]

美国版权法的来源法，是1709年的《英国版权法》，作者可以提起一件trespass on the case诉讼来维护自己的版权。trespass on the case是一种用于间接侵权的英国普通法令状。不像用于直接侵权的trespass诉讼允许在原告没有遭受损害时也可以要求进行赔偿，trespass on the case要求证明存在物理形式或金钱损失形式的损害。[4]

----

1 Jerry I-H Hsiao, Wei-Ling Wang, Originality as sine qua non for derivative works: the basis for copyright protection & avoiding infringement liability, Albany Law Journal of Science and Technology, 2014.

2 Christina Bohannan, Copyright harm, foreseeability and fair use, Washington University Law Review, 2007.

3 Christina Bohannan, Copyright harm, foreseeability and fair use, Washington University Law Review, 2007.

4 Christina Bohannan, Copyright harm, foreseeability and fair use, Washington University Law Review, 2007.

　　美国版权法早期仅仅存在狭窄意义上的版权保护，只禁止那些对原作的完全复制行为。因此，仅仅导致或可能导致版权人丧失作品销售的情况会被认为构成侵权，这是一种对于版权人可预见市场的损害。发生上述这种情况的损害时，版权法要衡量版权人和使用人的权利，以及从版权法鼓励创作的目的出发，去判断是否要使用人承担责任。

　　互补的使用，如小说的戏剧化，应该在版权所有者的独家控制范围内。基于小说的电影，则构成补充性作品（the production of complements）。小说的电影版在市场中，至少在历史上，是一个自然垄断的角色。具体来说，由于将小说创作成专业水准的电影成本高昂，在特定时间可能只会将某一部小说拍成电影。在这一领域，授权市场似乎运作得相当好。

　　当被告使用版权人的作品，以致使版权人轻微地损失其销售量时，合理使用理论就产生了。后来的发展，导致合理使用被法院看作一种积极的抗辩事由。原告不被要求证明损害事实，而代之以要求被告证明没有造成市场利益损害。后来版权保护范围开始扩大，不仅完全复制其作品导致丧失销售量构成版权损害，而且如果因使用导致丧失获得许可费的机会也构成版权损害。这导致了特定使用是否使版权人实际上遭受损害还是仅仅对其潜在的利益带来影响，两者之间存在界限的模糊性。

　　第四个合理使用要件，要求法院考虑被告对原告作品的使用是"出于商业性质还是出于非营利教育目的"。这种判断方法存在一个明显的问题是，许多用途介于"商业用途"和"非营利教育用途"之间。例如，许多教育用途都可以被视为商业用途，因为教育本身正日益成为一项商业事业。

　　使用人使用版权作品并不一定会给版权人带来占有和使用该作品的障碍。如果使用人以一种版权人不会也不能去做的方式使用原作并从中受益时，并没有对版权人构成损害。有技术的侵权性使用，可能会创造出社会利益，同时不会引起对版权人的损害。当法律阻止这种有效率的使用时，法律本身导致了市场失灵。

　　市场失灵理论实际上是将两个本应分开考虑的问题加以合并，衡量版权人丧失的销售与许可费用，和新作品所带来的社会利益。对于任何使用其作品的形式，版权人都有资格获得支付费用，不管这种使用是否导致其受到损害。被告必须为各种技术性使用原作品支付费用，除非市场失灵出现而不必支付许可费用。当交易成本或其他市场失灵阻止获得这种许可时，合理使用允许不对这种使用支付许可费。[1]如果被告使用作品形式是版权人从来没有用过的形式，那么版权人并没有遭受什么损害。因此，市场失灵理论始终与损害为基础的合理使用相关联。如果版权人不能预见这种形式的使用，即使版权人可以控制各种使用，收取各种许可费用，也不可能激励版权人事前进行这种创作活动。在这种情况下，否认合理使用和认定侵权，是对社会利益的损害。

衍生作品剥夺了作者获得许可收入的潜在来源，并且任何对作者表达方式的重复使用都会干扰作者受法律保护的利益。此外，法院认为版权所有者可能因被告的特定用途而获得的许可费是市场损害，即使该用途并不取代版权所有者现有的作品，即使被告的使用形式不是版权所有人通常会使用的，即使被告的使用增加了版权所有人现有的或预期的作品销量，法院有时也承认这种损害。

作为传统普通法合理使用分析的一部分，法院将考虑诸如被告的使用是否实质性地改变了作品，还是仅仅"取代"了原作，以及被告的使用是否可能损害版权所有者预期的市场。[2]

Mel Nimmer教授在其著作中提出，衍生作品权完全是一个多余的权利。如果原作品被充分多地复制到被告作品中，衍生作品权是多余的；如果原作品未被充分多地复制到被告作品中，则衍生作品权又与该事实不相干。[3]这反映出市场失灵无疑是合理使用的重要理由。

---

1 Christina Bohannan, Copyright harm, foreseeability and fair use, Washington University Law Review, 2007.

2 Christina Bohannan, Taming the derivative works right: a modest proposal for reducing overbreadth and vagueness in copyright, Vanderbilt Journal of Entertainment and Technology Law, Summer, 2010.

3 Glynn S. Lunney Jr., Copyright, derivative works, and the economics of complements, Vanderbilt Journal of Entertainment and Technology Law, Summer, 2010.

正如波斯纳法官也说，衍生作品事实上可能会增加版权人的作品销量，并且构成了一种补充而不是替代。[1] 给予作者防止替代性作品出现的权利是合理的，相反，给予作者防止补充性作品的出现并不总是合理的。[2] 补充性作品的出现，会增加原作品创作者的收益。著作权的主要目的并不是使版权人致富，而是促进社会文化发展。正如汽车制造商并没有权利限制汽油、轮胎等的出现。衍生作品可能不会与基础作品直接竞争，而是可能在原作的基础上为公众提供额外的利益。在认定合理使用之时，这些要件应该被考虑进去。[3] 有些用途不属于版权所有者预期的市场，所以允许这种衍生用途将不太可能降低版权所有者生产受版权保护作品的动机。

只要衍生作品的修改是互补的，增加了对潜在原创性的需求，并且发生在一个自然竞争的市场，扩大这种衍生权控制就将挫伤而不是服务版权的最终目的。衍生作品的重新创作，作为补充，将被定义为创造。因此，在原始版权所有者无法控制的竞争市场中，放置一种既互补又发生于竞争市场的衍生产品，将更好地服务于"科学进步"。这种使用应该推定是公平和不侵犯他人权利的。[4]

---

1 Christina Bohannan, Taming the derivative works right: a modest proposal for reducing overbreadth and vagueness in copyright, Vanderbilt Journal of Entertainment and Technology Law, Summer, 2010.

2 Glynn S. Lunney Jr., Copyright, derivative works, and the economics of complements, Vanderbilt Journal of Entertainment and Technology Law, Summer, 2010.

3 Amy B. Cohen, When does a work infringe the derivative works right of a copyright owner? Cardozo Arts and Entertainment Law Journal, 1999.

4 Glynn S. Lunney Jr., Copyright, derivative works, and the economics of complements, Vanderbilt Journal of Entertainment and Technology Law, Summer, 2010.

四、各类衍生作品的合理使用分析

（一）同人作品的合理使用分析

对合理使用四个要件的考察表明，绝大多数同人小说都应当受到合理使用原则的保护。在合理使用分析中，第一个要件是"使用的目的和特征"，必须确定新作品是"仅仅取代了原始创作的对象"，还是添加了一些新的东西。如果法院发现侵权作品包含新的表达、意义或信息，那么第一个要件将对被告有利。这一要件为同人小说的合法性提供了一个有说服力的论据。法院更有可能在第一个要件下找到合理使用，即被告的使用是变革性的，为原告的作品添加新的意义和观点。在这方面，最明显和最常被支持的合理使用类型是对原创作品的戏仿。

正如具有里程碑意义的美国联邦最高法院在Campbell v. Acuff-Rose Music, Inc.案中所概括的那样，法院已经将"变革性使用"测试引入第一个要件中：被告使用的目的或性质。然而，即使是变革性使用，其性质在实践中也是流动的。在Campbell v. Acuff-Rose Music, Inc.案中，美国联邦最高法院评估了以《风月俏佳人》开头的歌词和声音开始的模仿歌曲是否构成合理使用。法院认为，每一个合理使用的要件都应该"结合版权的目的来探索和权衡"，以促进科学和艺术的发展。鉴于此，如果新作品"用新的表达、意义或信息改变了原作品"，那么第一个要件将对原告的版权侵权诉讼产生不利影响。在Campbell v. Acuff-Rose Music, Inc.案中，法院指出，被诉侵权作品的模仿性质使其具有足够的变革性，因为模仿"可以提供社会利益，通过照亮早期作品，并在此过程中创造出一个新的作品"。[1]

因此，当新作品与原作的原始素材相吻合时，这些元素为读者创造出全新的故事和不同的体验。对第一个要件的解释正好满足同人小说的合理使用要件。

---

[1] Michelle Chatelain, Harry Potter and the prisoner of copyright law: fan fiction, derivative works, and the fair use doctrine, Tulane Journal of Technology and Intellectual Property, Fall, 2012.

　　如果所述侵权作品具有商业性质，而被告创作该作品的目的是营利，那么第一个要件对原告有利。然而，如果被告创作作品并不是为了谋利，而是为了进一步发展艺术，那么第一个要件对于合理使用的裁定就更有分量。在免费的在线数据库上发布同人小说的作家，并没有从自己的作品中寻求任何经济利益，而是在网上发表以吸引更多的读者。因此，考虑到同人小说的变革性，以及其仅仅是通过创作创造新作品的倾向，第一个要件分析明显地偏向于同人作品的作者。

　　美国联邦最高法院指出，鉴于衍生作品的变革性本质，其他要件变得不那么重要，但仍然要对其他要件根据其自身的价值进行评估。下一个要考虑的要件是受版权保护作品的性质。在合理使用辩护的第二个要件判断中，法院关注受版权保护的材料是否具有表达性和创造性，以及该作品是否已出版。法院通常认定创造性作品应当获得更多的版权保护，因为创造性作品"更接近于预期版权保护的核心"。[1]

　　在同人小说中，绝大多数受版权保护的作品都是出版的、创造性的作品。原作者无疑会争辩说，由于他的作品具有创造性，第二个要件应该对他有利，而同人小说的作者可能会争辩说，作品已经出版了，这削弱了它的版权保护。然而，第二个要件在合理使用抗辩案件中很少起决定性作用，因为，正如美国联邦最高法院在Campbell v. Acuff-Rose Music, Inc.案中指出的那样，衍生作品"几乎无一例外地复制众所周知的、有表现力的作品"。[2]

　　相比之下，第三个要件在合理使用分析中表现突出。在侵权作品中使用的部分版权作品的数量和实质性方面，法院通过确定"所使用材料的数量和价值"是否"与复制的目的有关"来评估这一要件。在Campbell v. Acuff-

----

1　Michelle Chatelain, Harry Potter and the prisoner of copyright law: fan fiction, derivative works, and the fair use doctrine, Tulane Journal of Technology and Intellectual Property, Fall, 2012.

2　Michelle Chatelain, Harry Potter and the prisoner of copyright law: fan fiction, derivative works, and the fair use doctrine, Tulane Journal of Technology and Intellectual Property, Fall, 2012.

Rose Music, Inc.案中，法院审查了这个与"使用目的和特征"有关的要件，尽管美国第六巡回法院认为这一要件分析对被告不利，因为他们的歌曲盗用了原著中最著名的部分，但美国联邦最高法院明确拒绝了这一分析。法院推断，"如果（被告）抄袭了原作中一个明显不那么令人难忘的部分，就很难看出它那模仿的特征会如何表现"。虽然模仿作品的性质需要对原始作品的核心进行挪用，但法院建议下级法院仍应审查在后作品是否超出了衍生作品的目的所需要的数额。如果被挪用的材料与原作"显著背离"，那么这第三个要件分析将有利于被告。[1]

同人小说的目的是提供新的故事和娱乐的原创作品，因此，作者必须确保不要挪用过多的原作内容。如果同人小说的作者避免了不必要地抄袭原作中与他们的作品目的不符的细节，那么第三个要件分析也会对他们有利。

最后，法院通过观察"对受版权保护作品的潜在市场或价值的影响"来总结其合理使用分析。本审查不仅考虑了对原创作品的市场损害，也考虑了对任何许可或衍生作品创作市场的潜在损害。Campbell v. Acuff-Rose Music, Inc.案的判决强调，必须将这个要件与第一个要件，即衍生作品的变革性质一起加以权衡。法院认为，如果这项工作具有足够的变革性，"市场替代至少不那么确定，市场损害可能不会那么容易推断出来"。特别在戏仿案中，法院发现，"在这个要件下，新作品更有可能不会以一种可认知的方式影响原作品的市场"。因为模仿和原创通常具有不同的市场功能。因此，分析第四个要件的关键在于侵权作品是否取代了原作者的作品，从而"篡夺"了原作者的市场。

事实上，原著的狂热粉丝是同人小说的主要读者群，因为他们对自己最爱的故事非常喜爱。即使一本同人小说出版并产生了可观的销量，原著作者无疑也能够发行自己的续集或其他作品，其市场仍将保持强劲。对于这一要件，原作者唯一可信的理由是，未经授权的同人小说可能会篡夺授权他人创作衍生作品的潜在市场。但是，因为同人小说不能代替原告的作品，所以这个要件分

---

1 Michelle Chatelain, Harry Potter and the prisoner of copyright law: fan fiction, derivative works, and the fair use doctrine, Tulane Journal of Technology and Intellectual Property, Fall, 2012.

析，就像前面三个要件分析一样，对同人小说作者是有利的。[1]

（二）衍生音乐的合理使用分析

创建众包音乐作品的过程通常涉及通过网络技术在世界各地的协作，这允许个人以高度协作的方式参与新技术，使那些参与众包的人能够以前所未有的速度进行创作。

众包数字混音与更传统的衍生作品之间的一个显著区别是，混音作品不太可能为商业利益服务，也不太可能占据版权所有者可能利用的市场空间。大多数混音作品是非商业性的。许多众包粉丝项目不会有任何明显的商业目的。因此，人们可能会认为，在合理使用第一个要件分析下，它们更有可能作为合理使用而受到保护。考虑到合理使用的模糊性，只要被告没有从原告的作品中获得未经授权的商业利润，该使用将继续有效。

然而，在创意众包的某些情况下，当它在网上发布时，商业方面会偶然地融入作品中，这是有风险的。例如，YouTube 和其他类似的视频分享服务上的视频混搭可能会吸引广告收入，因此会被视为商业用途。即使在没有广告的情况下，未来广告收入的可能性也足以说服法院将其归入商业用途。视频托管网站可能会收取访问费用，或者可能在未来收取费用，这同样可能满足合理使用的商业使用要素。[2]

混音和混搭很可能通过模仿、评论或简单地添加新视角来包含原创作品。众包混音在很大程度上实现了这一方式，通过创造性的输入融合了许多不同的声音。这些作品通过不同的解释和演绎，为作品创造新的意义和视角。混音可能被视为评论或戏仿，也可能不被视为戏仿——这类使用最典型地受到第一个合理使用要件的保护。

---

[1] Michelle Chatelain, Harry Potter and the prisoner of copyright law: fan fiction, derivative works, and the fair use doctrine, Tulane Journal of Technology and Intellectual Property, Fall, 2012.

[2] John Tehranian, Derivative works 2.0: reconsidering transformative use in the age of crowdsourced creation, Northwestern University Law Review, Winter, 2015.

对创造性的混音者来说，另一个潜在的挑战是，任何类型的混音通常都将从多个版权来源中获得。因此，有更多的版权所有者可能会采取行动，这增加了创造性活动的寒蝉效应。在过去的二十年里，司法裁决通过大量案件，使版权的达摩克利斯之剑摇摇欲坠地悬在那些想要进行采样和混音的艺术家的头上，反过来，混音也从根本上改变了公众能够并且确实享受的创造性输出的类型。巨大的威胁导致了对潜在合法的、显然有益的未来内容创作的过度威慑。

许多艺术家选择避免采样、混搭或任何其他类型的变革性活动。即使使用版权作品的人有很好的机会进行合理使用辩护，涉诉的可怕后果也会导致理性的行为者尽可能地获得许可——即使在法律不要求许可的情况下。因此，每年都要花费数百万美元来获得公共领域或不需要许可证的作品的使用许可。这种许可文化扼杀了合法的艺术活动，而不是促进艺术。

随着 Web 2.0 混合文化的出现，特别是众包生产的出现，这些问题更加恶化。大多数混音公司并不打算将他们的作品商业化，因为他们不太可能仅仅为了混音的表现力而支付版税，在大多数情况下，混音是人们的业余爱好。业余混音者不太可能愿意花时间和精力向版权局注册他们制作的每一个有创意的混音。即使一些混音者能够支付，征收版税也会创造出一种创造性的两层体系：能够支付版税的富有个人可以从事创造性的混音，而那些没有财力支付版税的人将无法平等地获得文化表达的基本要素。

当个人有更大的能力利用在先创意作品时，法律却大幅限制他们这样做的能力。如果现在人们可以使用合成器和其他技术把一首歌转变成更适合跳舞的家庭音乐版本，如果想把合成的视频发布到YouTube上，如果在发布的同时声明混音是合理使用和无意侵权，根据目前的法律，如果没有获得版权所有者的许可，确定这些行为是否侵犯版权的唯一方法就是等待，看版权人公司是否起诉，然后尝试建立一个成功的合理使用辩护。[1]

---

1 John Tehranian, Derivative works 2.0: reconsidering transformative use in the age of crowdsourced creation, Northwestern University Law Review, Winter, 2015.

美国版权法可能会冷却大量无害的、潜在的、有益的创造性热情，法律对混音文化产生寒蝉效应的例子不胜枚举。创新者不可避免地要站在前人的肩膀上，通常借用一个已经存在的作品并创建一个新的信息，限制创造过程中固有的迭代过程的法律最终会损害艺术发展。[1]

在混音方面，随着Web 2.0技术的发展，侵犯版权的风险呈指数级增长。当人们考虑到为了促进创造力和自我表现而出现的大量复制，以及这种活动对版权所有人造成损害的微弱可能性时，至少应该开始质疑版权法上严格责任的必要性。

第三个合理使用要件——所使用作品的数量和实质性——可能对创造性的众包项目有所帮助，也可能有害。例如，虽然一些视频混搭会比作品本身短得多，但第三个因素仍然会对众包项目产生影响，因为这一因素并不只考虑数量。法院将关注从基础作品中提取了什么，而不是这种使用对涉嫌侵权的作品有多重要。此外，如果只是一小部分作品被复制，法院仍可认为，根据第三个合理使用要件，行为在质量上是实质性的。例如，法院认为，复制一部文学作品的要点就可能侵犯版权，即使被告并没有大量复制该文本。

表达和体验大众文化观点的能力是人格的一个重要方面。个人需要空间来探索他们周围的文化结构。作为消费者和创造者，人们必须有能力接触和使用流行文化符号来表达自己。法律应该促进而不是阻止创造性的众包项目，因为这些项目促进了重要的社会目标和价值观。应该鼓励从事这类项目的人为了表达和自我实现的目的进行交流、协作和使用可用的技术。

（三）清洁电影的合理使用分析

一些好莱坞导演对一些公司未经授权就对他们的电影进行编辑感到不安，导演与剪辑电影行业之间的法律纠纷由此出现。罗伯·赖纳在看到他的电影《公主新娘》的一个剪辑版本时"勃然大怒"，在这个版本中，剪辑电

---

1 John Tehranian, Derivative works 2.0: reconsidering transformative use in the age of crowdsourced creation, Northwestern University Law Review, Winter, 2015.

影公司用光剑代替了原作品战斗场景中的剑。美国导演协会（DGA）的网站上发布了一份新闻稿，谴责MovieMask和CleanFlicks的做法，并考虑提起诉讼。一看到这份新闻稿，罗伯特·亨茨曼，科罗拉多州一家清洁电影公司的加盟商，就和另一家清洁电影公司向科罗拉多地区法院提起了先发制人的诉讼，起诉几位好莱坞电影导演，要求法院宣告他们的剪辑行为合法。亨茨曼列举了购买的原版电影和剪辑后的原版电影之间的一对一关系，以及"清洁电影方法"针对的是原创电影的观众以外的新观众，根据首次销售和合理使用原则，这两个要件有助于保护他们的电影剪辑做法。[1]

要证明剪辑电影公司违反了版权法的规定，需要证明观众使用过滤软件体验到的剪辑电影"以某种具体的或永久的形式包含了受保护的作品"，由此产生的视听效果"永久而具体地体现了电影"。[2]

数字编辑编辑过的电影在录像带或DVD中具体地和永久地体现了受版权保护的电影，经过编辑的电影母版也固定在公司的硬盘上，那么，剩下的问题是，被编辑的电影是否"重新塑造、转换或改编"母版电影，或者是否包含"其他对原创作品的修改"。

Kozinski法官在Pink Screener案中进一步证明了数字编辑符合第九巡回法院的原创性要求。法院指出，在电视机前放一块粉红色的玻璃纸会使电视机上的所有图像都变成粉红色。根据法院的推理，只要有人记录了重新制作的图像，粉色版本的电视节目就是衍生作品。那么，当数字编辑通过删除那些令人反感的元素来仔细编辑电影时，他们会比那些仅仅在电视机前放一块

---

1 Aaron Clark, Not all edits are created equal: the edited movie industry's impact on moral rights and derivative works doctrine, Santa Clara Computer and High Technology Law Journal, November, 2005.

2 Aaron Clark, Not all edits are created equal: the edited movie industry's impact on moral rights and derivative works doctrine, Santa Clara Computer and High Technology Law Journal, November, 2005.

玻璃纸的人发挥出多得多的原创性和创造力。[1]

　　分析数字编辑使用被告电影的目的和特征，首先要看其使用是出于商业目的还是非营利性目的。其次，还应考察新作品是否只是代替旧作品，或者通过"添加一些新的东西，具有进一步的目的或不同的性质，用新的表达、意义或信息改变旧作品"。

　　第一个合理使用要件需要分析使用的目的和特征，包括这样的使用是商业目的还是非营利教育目的。"清洁视频"的制作商声称，他们制作"清洁视频"的目的是帮助父母保护孩子免受暴力和攻击性语言的伤害。清洁后的视频所增加的创造力与原始作品基本相似。经过软件过滤后，清洁视频出现在计算机屏幕上，基本上完全相同。

　　第二个要件分析着眼于潜在版权作品的性质，以及它与"意图版权保护的作品"之间的关系。在这方面，电影是极富创造性的作品，因此"属于版权保护的核心目的"，这一要件不利于数字编辑的合理使用抗辩。

　　第三个要件分析显然也不利于数字编辑的合理使用主张。它着眼于"与受版权保护作品整体相关的部分的数量和实质性。"就其本质而言，剪辑过的电影几乎融合了所有潜在的原创作品。如前所述，其预期目的是尽可能多地保留原片，仅在满足消费者要求的情况下才删除部分内容。美国联邦最高法院已经注意到"允许复制的范围因使用的目的和性质而不同"，虽然复制的数量可能不会影响合理使用，但在这里肯定会对其产生不利影响。[2]

　　这个要件分析也因电影而异。有些电影比其他电影有更多的暴力和攻击性语言，因此需要更多的剪辑来使它们"清洁"。"一般来说，原版电影的相当大的一部分会被用来制作清洁视频，所以这个要件对清洁视频制作者来

1　Aaron Clark, Not all edits are created equal: the edited movie industry's impact on moral rights and derivative works doctrine, Santa Clara Computer and High Technology Law Journal, November, 2005.

2　Aaron Clark, Not all edits are created equal: the edited movie industry's impact on moral rights and derivative works doctrine, Santa Clara Computer and High Technology Law Journal, November, 2005.

说是一个很大的不利因素。"[1]

第四个要件分析，数字编辑的业务仍然没有对电影的潜在市场造成任何实质性的伤害。制片公司自己声称，数字编辑制作的拷贝在质量上逊于正版。不仅音频和视频"有时明显退化"于原始录像带，而且大多数没有增强功能，如清晰的数字图像或声音、环绕立体声。根据他们自己的说法，高质量DVD的编辑版市场，以及所有的"消费者所期望的"功能完全不受影响，完全在电影公司的控制之下。

另一个值得考虑的因素是，除了能够制作出更高质量的原版电影剪辑版本之外，电影公司一旦决定进入数字编辑市场，就可以轻易地削弱该市场。电影公司在任何时候都可以很容易地进入这个市场，收取的费用只有数字编辑必须收取费用的一半。这基本上意味着，一旦电影公司决定进入编辑电影市场，他们几乎可以立即将数字编辑挤出市场。因此，数字编辑"不太可能对制片公司的任何潜在市场造成实质性损害"。

在合理使用分析中，数字编辑公司的主要论点是，他们的业务不会对原创电影市场造成损害。相反，他们的剪辑电影实际上扩大了原创电影的市场基础。数字编辑的衍生作品非但没有"严重损害电影的市场价值"，反而为被告创造了更多的收入。[2]

数字编辑使用被告电影的特点显然是商业性的，尽管法庭可以找到新作品是否具有变革性的因素。数字编辑基本上把原始电影融入他们的编辑版本中。这两个因素都严重妨碍合理使用的认定。然而，最重要的因素是剪辑过的电影对电影公司潜在的剪辑电影市场充其量只能算是最低程度上的侵扰，

---

1 Kelly M. Slavitt, Fixation of derivative works in a tangible medium: technology forces a reexamination, The Intellectual Property Law Review, 2005.

2 Aaron Clark, Not all edits are created equal: the edited movie industry's impact on moral rights and derivative works doctrine, Santa Clara Computer and High Technology Law Journal, November, 2005.

实际上还有助于扩大电影的当前市场和收入。[1]

非商业性质是指这些视频是在家里私下观看的，而商业性质是指清洁视频制作者通过将原始视频转换成清洁视频来赚钱。数字编辑对被告电影的使用显然是商业性的，因为这些公司出售被告电影的编辑版本，目的是从中获利。然而，他们的编辑是否会改变原版电影，这就较难确定了。一方面，电影编辑对原版电影角色和故事情节的影响微乎其微。事实上，正如前面提到的，数字编辑的动机是让编辑过的电影在情节、主题和人物方面尽可能地接近原版电影，只去除那些敏感的内容。这本质上意味着，数字编辑的目标是在编辑电影的同时，尽可能使新版本不具有变革性，这显然对被告有利。目前，剪辑电影有一个健康的市场，这个市场支付的溢价高达原版电影的两倍。消费者有时要为编辑过的DVD付双倍的价钱，这一事实似乎表明，对这些电影进行剪辑，确实有意义地改变了它们的表达，即使不是完全改变它。

另一方面，剪辑后的电影并没有取代原版电影的市场，而是"在原版电影观众之外吸引了一批新观众"。换句话说，剪辑过的版本并不会取代原来的版本，因为那些在市场上观看剪辑过的电影的人就不会在市场上观看原版电影。这也倾向于表明，数字编辑的使用具有变革性。[2]

有时法院在进行合理使用分析时考虑的另一个因素是公共政策或衍生作品的社会效用。值得一提的是，总的来说，为公众提供流行电影的剪辑版本可能被认为是社会所希望的，作为一种限制儿童接触不良视频的手段，从而促进父母进一步筛选电影中的不良内容，是普遍可取的。因此，公共政策因素也可能在判断合理使用方面发挥作用。

总之，在数字时代，合理使用是否还能够平衡版权系统？美国国会认

---

1 Aaron Clark, Not all edits are created equal: the edited movie industry's impact on moral rights and derivative works doctrine, Santa Clara Computer and High Technology Law Journal, November, 2005.

2 Aaron Clark, Not all edits are created equal: the edited movie industry's impact on moral rights and derivative works doctrine, Santa Clara Computer and High Technology Law Journal, November, 2005.

为，"并没有倾向去限制合理使用理论，特别是在日益发展的技术变化的时期；法院必须能够自由地在个别案例中对于特定的情况而自由地适用合理使用理论"。技术发展带来了新的变化，因为我们的日常互动和活动迅速转移到以数字形式通过社交网络和多媒体形式进行，许多传统的合理使用观点正在逐渐过时。数字化时代，版权法面临着改革，同时版权改革应当使公共利益最大化。数字化时代的许多做法，正在试图削弱和减小在网络空间中合理使用的适用。数字化的网络使得数字环境成为合理使用需要加以适用的环境。[1]

----

1 Cynthia M. Ciminoa, Fair use in the digital age: are we playing fair? Tulane Journal of Technology and Intellectual Property, Spring, 2002.

第七章
版权技术保护措施的弊端与制度完善

版权人通过技术保护措施对版权作品加以保护，日益成为互联网环境下版权传播中的常用做法。版权人越来越多地使用技术措施，控制版权内容免遭未经授权的复制。在这种情况下，如何解决合理使用空间被极大地压缩，如何还原版权立法的公共利益目的，成为许多学者讨论和关注的问题。

一、技术保护措施的弊端

为了应付数字困境，版权人通常首先采用技术措施，防止侵权复制，例如，在DVD、CD和下载文件中大量使用加密技术。技术保护措施对于网络环境下的版权使用产生了较为严重的影响，其主要问题在于以下几方面。

1.技术措施限制了合理使用

技术措施的使用，限制了合理使用者访问并使用作品。在技术措施保护下，即使是为私人使用目的或者为教学科研目的合理使用著作权作品，也会存在障碍。例如，评论家为评论目的不能复制数字化的电影作品或其他视听作品,除非该评论家借助破解装置破解该技术措施。[1] 技术保护措施实质上取消了合理使用制度所包含的获取作品权。每次使用均要进行付费的模式,对合理使用提出了挑战。技术保护措施,对于介绍、评论、模仿和学校使用、创新和竞争,都会产生影响。这种保护措施限制了合法的反向工程,从而限制了竞争。[2]

2.技术措施与消费者权益保护存在矛盾

权利保护措施使版权人可以更成功地进行价格区别,在个人使用者之间进行区分对待。在商业交易中,消费者因其经济实力有限、信息的不对称以及识别商品的能力不足,总是居于弱势地位。由此,顺应社会正义的呼声,现代法律已克服契约自由之弊病,站在消费者立场给予消费者以特别的保护。但是,将技术措施条款纳入著作权法中,这似乎与消费者受特别保护的法律精神是相悖的。控制访问的技术措施,可能使消费者无法了解作品,无从得到据以判断、评价、选择、购买该作品所必要的信息,这就限制了消费者的知情权,加剧了经营者与消费者之间信息的不对称。于是,消费者的知情权、选择权、公平交易权等权益无不陷入危险状态之中。显然,著作权法中的技术措施条款,可能对消费者的权益造成损害。[3]

3.技术措施加剧了贫富分化

在数字世界中,著作权人不仅通过合同条款试图控制作品的再次销售,而且通过技术保护措施对作品的再次销售予以控制。例如,有些著作权人采取技术措施以不同价格授予购买者不同的权限,如每次阅读付款、一件作品只能被复制一次、只能在一定时间内使用作品、只能在一台计算机上使用,诸如此类的新类型销售模式层出不穷,这使得著作权法中规定的对作品使用

---

1 冯晓青,"技术措施与著作权保护探讨",载《法学杂志》,2007年第4期,第20-37页。

2 Derek J. Schaffnerd, The Digital Millennium Copyright Act : overextension of copyright protection and the unintended chilling effects on fair use, free speech, and innovation, Cornell Journal of Law & Public Policy, Fall, 2004.

3 杨述兴,"技术措施与著作权法中的权利限制制度",载《知识产权》,2004年第2期,第14-17页。

人有利的首次销售原则归于无效。首次销售原则的丧失不仅影响个人对作品的使用，而且影响公众到图书馆借阅作品。使用者如果要获得那些受技术措施保护的作品，就只得一次又一次地向著作权人支付使用费。而对那些无支付能力的社会群体而言，他们将没有其他可选择的途径获得作品，这无疑会加大无购买能力群体与有购买能力群体之间的知识鸿沟，实际上使世界范围内的贫富差距进一步扩大。[1] 如果状况继续下去，将会导致技术两极化程度的加深，在版权人和穷国之间产生数字鸿沟。

4.技术措施使某些版权材料获得永久无限期的版权保护

技术措施可能使某些版权材料获得永久无限期的版权保护，可能会在事实上延长作品的保护期限，或者使某些非版权材料获得保护，而这些都可能违反版权法。[2] 技术保护措施可能会使版权作品在保护期限结束后，依然受到保护。许多版权人滥用版权技术措施，对超期作品仍设置版权技术措施，或者未及时提供解码服务，使得社会公众无法接触或使用已落入公共领域的作品。[3] 这样就会导致事实上延长了某些作品的版权保护期限。

5.技术措施存在滥用问题

技术措施也可以用于限制使用作品的不同情况，例如使用技术措施限制版权使用的范围、使用类型、转售和使用数量等。[4] 从实际情况看，技术措施被越来越多地作为权利人强化其对作品控制与垄断的战略性手段，将有价值的思想和信息的公开与传播纳入其控制范围，从而获得更大的个人利益。显然，社会公众的合理利益与著作权人意欲获得的额外利益之间发生了冲突，

---

1 杨述兴，"技术措施与著作权法中的权利限制制度"，载《知识产权》，2004年第2期，第14-17页。

2 Nicolo Zingales, Digital copyright, "fair access" and the problem of DRM misuse, Boston College Intellectual Property & Technology Forum, 2012.

3 马利，"版权技术措施的反思与完善——以'使用者权'为研究视角"，载《郑州大学学报》，2012年第2期，第59-63页。

4 Nicolo Zingales, Digital copyright, "fair access" and the problem of DRM misuse, Boston College Intellectual Property & Technology Forum, 2012.

它在事实上导致著作权人获得了比著作权法赋予的权利大得多的权利。[1] 因此，存在技术措施的滥用问题。

6.使用技术保护措施会扼杀言论自由、自由竞争和合法的科学研究

例如，技术措施可能用于封锁信息，而该信息依照著作权法的规定应当是公众自由获取的。技术措施有可能侵害社会公众的表达自由权，以及公众获得知识和信息的权利。[2]

在美国曾发生这样的案例，美国唱片工业协会（RIAA）利用DMCA的"反技术规避条款"成功地迫使普林斯顿大学计算机科学系的两名研究者放弃发表其论文。这篇论文描述了用以保护数字音乐作品商业分销的数字水印技术的缺陷。RIAA声称，研究者不能公开披露他们的研究成果及其细节，因为它符合DMCA中所规定的："与该人配合的人，知道其使用在于规避本节规定的技术措施提供的保护。"因此，有些学术会议可能被迫转移到国外召开，学者们可能不再公开他们关于安全协议的研究成果。长此以往，这种状态可能会导致整体安全措施研究的薄弱。

由此可见，技术措施条款在很大程度上体现出对学术研究和技术进步的阻碍。技术措施对于科学研究存在"激冷"的作用，并且其对于创新和竞争的影响也是比较严重的。技术措施会导致压制合法竞争者开发类似兼容产品的努力，最终会导致消费者没有选择而成本高昂。[3] 法律当然可以规范科学技术的研究和发展，但如果法律对科技没有促进作用而是造成障碍的时候，此时就应该对法律的合理性重新进行审视。[4]

---

1 冯晓青，"技术措施与著作权保护探讨"，载《法学杂志》，2007年第4期，第20-37页。

2 冯晓青，"技术措施与著作权保护探讨"，载《法学杂志》，2007年第4期，第20-37页。

3 Derek J. Schaffnerd, The Digital Millennium Copyright Act：overextension of copyright protection and the unintended chilling effects on fair use, free speech, and innovation, Cornell Journal of Law & Public Policy, Fall,2004.

4 杨述兴，"技术措施与著作权法中的权利限制制度"，载《知识产权》，2004年第2期，第14-17页。

7.技术措施条款对公共秩序的威胁与影响

著作权法中的技术措施条款可能还会对公共秩序造成威胁，影响社会公众合法、合理地获取文化知识的基本需求。版权技术措施阻隔创作者和使用者的密切联系，阻碍思想、知识、文化的良性循环。从文化发展的大环境来看，版权技术措施的扩张所造成的使用者权消减势必导致文化的垄断与封闭，阻碍文化的传播与发展。[1]

著作权法中的技术措施条款使作品中附载的思想、信息等不受著作权保护的因素无从为用户自由获得。[2] 在这种情况下，对作品通过技术措施施以保护也就间接影响了社会公众对作品中思想的获取。技术措施保护制度也阻碍了首次销售原则的适用，影响了版权材料的转让，数字化作品的购买者难以通过后续的交易行为，方便公众获得作品。[3] 技术措施还助力了非法作品逃避行政审查，为有违公序良俗作品的传播提供了另一条通道。

版权技术保护措施还会引发反不正当竞争之诉。例如，汽车车库门制造商会使用DMCA技术保护措施条款，要求禁止第三方汽车车库遥控门的生产，因为它认为其竞争对手绕开了它的旋转代码保护措施，这种旋转代码保护措施也是一种技术措施。[4]

---

1 马利，"版权技术措施的反思与完善——以'使用者权'为研究视角"，载《郑州大学学报》，2012年第2期，第59-63页。

2 杨述兴，"技术措施与著作权法中的权利限制制度"，载《知识产权》，2004年第2期，第14-17页。

3 冯晓青，"技术措施与著作权保护探讨"，载《法学杂志》，2007年第4期，第20-37页。

4 Ryan Iwahashid, How to circumvent technological protection measures without violating the DMCA: an examination of technological protection measures under current legal standards, Berkeley Technology Law Journal, Annual Review, 2011.

二、各国解决技术措施弊端的主要做法

为了解决目前网络环境下技术措施带来的版权问题，各国均探索了一些做法，这些做法都强调了在现有的技术保护环境下试图扩张合理使用制度，扩大使用版权作品权利的目的。

（一）发展数字许可市场，简化许可使用的难度

发展数字许可市场，可以从技术层面上加强作品的大量许可使用，简化许可使用的难度，使版权市场成为一个充分许可的市场。[1] 当作品的许可使用比较方便容易时，即使作品带有技术措施，但是由于作品的数字化许可使用比较容易获取，使得作品的许可使用更为便捷。例如，目前许多在线企业已经在线发布音乐作品，并且通过电子商务营利。通过网络传播音乐作品，通过电子商务方式营利，从而使版权市场成为一个充分许可的市场，使人人有可能获得版权作品，这样就可以减少技术保护措施带来的阻碍。

（二）加大公众对信息的访问权限

例如美国学者Cohen认为，反规避技术措施威胁了美国宪法第一修正案规定的公民权利。Cohen认为公法高于私法，著作权法和宪法第一修正案高于一切。因此，Cohen认为使用者应当享有黑客权。例如，使用者可以通知内容商，要使用其内容，版权人有14天的时间可以拒绝。如果版权人反对，使用者还可以寻求不侵权之诉。这个观点的问题在于，将合理使用的主要优点剥夺了，合理使用就是不需要谈判，而这一观点将当事人置于谈判之中，导致合理使用的成本过高。[2]

---

1 Jonathan Dowellt, Bytes and pieces: fragmented copies, licensing, and fair use in a digital world, 86 CALIF. L. REV. 843, 871 (1998).

2 Gideon Parchomovsky, Philip J. Weiser, Beyond fair use, Cornell Law Review, November, 2010.

（三）创制一个行政机关监管合理使用，实时判断是否构成合理使用问题

例如Michael Carroll 建议成立合理使用委员会，附属于版权局，处理各种情况的合理使用。使用者可以向行政机关提出申请，由行政机关判断其合理使用。[1]

法国早在2006年就建立了独立的技术措施监管机构ARMT，在实现技术措施保护之例外以及合理使用利益方面发挥了巨大的作用，不仅为合理使用提供了有效的救济，还能高效地打击技术措施的滥用。

美国国会图书馆也承担着检验和调整技术措施保护之例外的职责。[2]DMCA规定，在该法颁布后两年内，并且在以后的每三年中，版权登记机构应和商务部通信与信息部长助理商议，反映其意见，并向国会图书馆提出建议；国会图书馆根据版权登记机构的建议，制定规则。根据该条规定，2000年10月27日，国会图书馆首次公布了两类版权作品的非侵权使用者不受禁止，可以规避控制访问技术措施的限制。这两类作品是：第一类，豁免使用于由过滤器软件应用程序封锁的网站清单汇编；第二类，豁免措施与文学作品有关，包括受访问控制装置保护的计算机程序和数据库。2003年10月28日，国会图书馆公布了新的规则，规定了四类版权作品的非侵权使用者不受禁止规避控制访问的技术措施的限制。这四类作品是：

（1）由商业性过滤软件应用程序封锁的网站（包括域、统一资源定位器、IP地址及其结合）清单汇编。这些过滤器软件应用程序的目的在于阻止访问域、网页或部分网页，但不包括专门用于保护某一计算机或计算机网络的应用程序所封锁的网站清单，也不包括专门用于阻止垃圾邮件的应用程序所封锁的网站清单。

---

1 Gideon Parchomovsky, Philip J. Weiser, Beyond fair use, Cornell Law Review, November, 2010.

2 罗明东，"《著作权法修订草案（送审稿）》的技术措施条款之评述"，载《知识产权》，2016年第3期，第94-98页。

（2）被访问控制装置所保护的计算机程序。该控制装置由于故障或受损而阻止对作品的访问，且该装置已被淘汰。

（3）发行时的格式已经被淘汰且需要原始的媒介或硬件才能被访问的计算机程序和电子游戏。如果使储存于其中的作品可视的必不可少的机器或系统已经不再制造或在市场内无法合理得到，则该格式就应被认为已经淘汰了。

（4）以电子书格式发行的文字作品。当所有现存的电子书版本（包括获得授权的数字化文本）都装有访问控制装置，这些装置阻止了电子书的朗读功能，并且使视觉障碍的读者不能将文本转换成特殊格式。[1]

2010年7月27日，美国国会图书馆第四次发布DMCA第1201（a）（1）（A）条款适用例外情形的公告。依据该规定，公众出于非侵权性使用作品的目的，可以在特定情况下对电影和计算机程序等六类作品上控制访问的技术措施进行规避，无需承担责任。[2] 这一机制在一定程度上缓解了技术措施对特定作品合理使用的影响。

（四）立法规范的软化

DMCA有两个明确的禁止：禁止绕开，禁止用于绕开的工具和技术的扩散。[3] DMCA第1201条从访问作品和行使权利两个方面对技术措施的保护做了规定。

DMCA第1201条规定：

（a）款规定：

（1）任何人不得规避可有效控制受本法保护作品之访问的技术措

1　陶中怡，"技术措施与版权的合理使用"，载《网络法律评论》，2005年第1期，第58-72页。

2　孙雷，"美国反规避技术措施条款豁免新规述评"，载《电子知识产权》，2011年第1期，第121-125页。

3　Gideon Parchomovsky, Philip J. Weiser, Beyond fair use, Cornell Law Review, November, 2010.

施。该规定在本章生效两年后生效。（2）任何人不得制造、进口、向公众表示提供或提供、运送任何技术、产品、服务、设备、零件或部件，（A）其设计、生产的主要目的是规避有效控制受本法保护作品之访问的技术措施；（B）除了规避有效控制受本法保护作品之访问的技术措施，只有有限的商业意义及用途；（C）由某人或在某人的授意下上市，该人知道其可用于规避有效控制受本法保护作品之访问的技术措施。（3）本节中（A）"规避技术措施"指未经版权所有人许可，对加密的作品进行解密，或对技术保护措施，进行避开、绕过、移动、关闭或妨碍；且（B）技术措施，如果在正常运行中，需要版权所有人许可，从而使用某些信息，或进行某些处理或加工，才可使作品被访问，即构成"其可有效控制对作品的访问"。

（b）款规定附属的侵权行为：

（1）禁止任何人制造、进口、向公众表示提供或提供、运送任何技术、产品、服务、设备、零件或部件（A）其设计、生产的主要目的是规避技术措施所提供的保护，而且该技术措施是为了有效保护版权人依据本法就作品或其一部分所享有之权利；（B）除了规避技术措施所提供的保护，只有有限的商业意义或用途，而且该技术措施是为了有效保护版权人依据本法就作品或其一部分所享有之权利；（C）由某人或在某人之授意下上市，并且知道可用于规避技术措施所提供的保护，而且该技术措施是为了有效保护版权人依据本法就作品或其一部分所享有之权利。（2）本节中（A）"规避技术措施"指未经版权所有人许可，对加密的作品进行解密，或对技术保护措施，进行避开、绕过、移动、关闭或妨碍；且（B）技术保护措施，如果在正常运行中，使版权人根据本法各项权利可以禁止、约束、限制他人行为，即构成"可有效保护版权人对作品的权利"。

（c）款规定了（a）、（b）两款的规定不影响其他权益：

（1）本节规定不影响本法对版权权利、救济、限制，包括合理使用的规定，不影响对侵权指控的抗辩理由规定。（2）本节规定对侵犯技术、产品、服务、设备、零件或部件的版权的侵权行为，不扩大也不缩小有关替代责任或间接责任。（3）本节规定不要求消费性电子、通信、计算产品的设计或其部分或部件的设计或选择，附加任何技术性保护措施，只要该产品，或者其中的部分或部件，本身不属于本节（a）（2）或（b）（1）的禁止对象。（4）本节规定不扩大或缩小消费性使用电子、通信或计算设备的言论自由权及其限制。[1]

DMCA也作出了一定的妥协，对技术措施反规避条款设置了7项例外，分别是：非营利性图书馆、档案库和教育机构的例外；法律执行、国家安全和政府行为例外；反向工程例外；加密研究的例外；未成年人保护的例外；个人隐私保护的例外；计算机系统安全性测试的例外。尽管DMCA第1201条对于一些领域进行了豁免，如安全测试、软件的反向工程、密码搜索、法律执行等，但是这些领域太狭窄了。[2]

DMCA制定之时，62个法学教授签名上书美国国会，反对制定DMCA。42个人向第二巡回法院提出友情咨询书，认为DMCA违反了宪法中的版权条款，在商业和条约条款上超过了国会的权限，违反了宪法第一修正案。[3]

此后，出于对音乐产业的考虑，美国国会1992年制定了《声音家庭录制法》（*Audio Home Recording Act*, AHRA）。AHRA允许用户使用数字音频复制设备进行非商业性的家庭复制，但限制这种设备的销售，如果销售就必须向音乐产业弥补其因家庭复制而受到的损失。此外，该法还要求制造商和分销商装备带有连续复制管理系统（Serial Copy Management System, SCMS）的数字记录设备，这种设备可以允许从原件上进行首次复制，阻止

---

1 陶中怡，"技术措施与版权的合理使用"，载《网络法律评论》，2005年第1期，第58-72页。

2 Derek J. Schaffnerd, The Digital Millennium Copyright Act : overextension of copyright protection and the unintended chilling effects on fair use, free speech, and innovation, Cornell Journal of Law & Public Policy, Fall, 2004.

3 Charles S. Simsa, The Digital Millennium Copyright Act: technological protection, fears and risks of lockup, fair use, and free speech, The Sedona Conference Journal, Fall, 2001.

使用者制作原始数字资料的数字复制件，从而限制在复制件上进行再复制。[1]
在最近的两个判例中，第九巡回法院认为，计算机硬件设备不符合该法中的
"数字声音记录设备"的界定，因此导致AHRA不能适用于从互联网上获得
音乐作品的情况，使用者从互联网下载数字音乐也不能适用。[2]

　　美国DMCA严格的技术措施立场不仅影响了使用者的利益，也影响了
消费电子产品制造商、个人计算机制造商等的多方利益，面对日益增加的
反对声，美国的立法者也开始了行动。2003年1月7日，众议员Boucher和
Doolittle等人向众议院提交了《数字媒体消费者权利法》；2003年3月4日，
女议员Zoe Lofgren向众议院提交了《增进作者利益且不限制进步或网络消费
需求法》（以下简称为《平衡法》）的议案；2003年3月24日，参议员Ron
Wyden向参议院提交了《数字消费者知情权法》。

　　三个新议案分别从不同的角度提出了修正DMCA的具体措施。

　　《数字媒体消费者权利法》对DMCA第1201条进行了必要的修正，扩大
了禁止规避技术措施的例外范围。首先，该议案对DMCA第1201条的（a）
（2）和（b）（1）两项进行了修正，规定仅仅是为了促进有关技术措施的科
学研究而设计、生产主要用于规避技术措施的技术、产品等，不构成违法。
其次，对例外条款（c）（1）进行了修正，规定如果对技术措施的规避并未
导致侵犯受保护作品的版权，则这种规避不构成违法。这实际上是允许消费
者出于非侵权性使用的目的规避技术措施。最后，增加了新的段落：制造、
散发或生产并非用于侵权的硬件或软件产品不构成对本编的违反，如果该产
品能够适用于对软件保护的作品进行显然不侵权的利用。

　　《平衡法》一方面扩大了消费者对数字作品的合理使用和个人使用的范
围。首先，该议案将《美国版权法》第107条合理使用的方式从传统的复制、
录制等方式扩大到了包括模拟和数字传输。其次，增加了允许使用数字作品

1　Sara Beth A. Reyburn, Fair use, digital technology, and music on the internet, University of Pittsburgh Law Review, Summer, 2000.

2　Cynthia M. Ciminoa, Fair use in the digital age: are we playing fair? Tulane Journal of Technology and Intellectual Property, Spring, 2002.

的规定，规定消费者出于存档或在数字媒体设备上执行或显示的目的，对其合法获得的数字作品进行复制、存储、适应性改动或访问均不构成侵权。最后，增加了允许消费者以传输的方式转让其合法获得的数字作品复制件或唱片的规定，条件是不得保留该复制件，并不得改变复制件的原始格式。

另一方面，《平衡法》也扩大了禁止规避技术措施的例外规定，即合法取得数字作品的消费者可以为非侵权性使用的目的规避技术措施，其他人也可以向消费者提供非侵权性使用所必需的规避技术措施的技术手段，只要权利人不能公开地通过必要手段在不增加其成本和负担的前提下满足其非侵权性使用的需要。

数字技术给数字消费者带来的不利影响有多方面，如妨碍消费者出于合理的、个人的以及非商业性目的的使用和处理信息，阻止消费者以期望的方式使用和处理其合法获得的数字内容，使消费者受到不公平对待。《数字消费者知情权法》的目的即是消除技术措施给网络消费带来的负面影响。[1]该议案主要集中在满足消费者对技术措施的知情权方面，规定数字产品的生产者和发行者对其所采取的技术措施负有披露义务。该议案规定，如果受版权保护的数字内容的生产者或发行者对这类内容的销售或访问设置了技术措施，这种措施将会限制购买者在其通常适合该类型内容的设备上播放、复制这类内容，向上述设备传输该内容，或者在不同设备之间传递该内容，那么生产者或发行者应当在销售前应以清晰、显著的方式向购买者披露这类限制的性质，除此以外，还要求对技术措施给消费者合理使用所设置的限制的确切内容加以披露。[2]

欧盟在技术措施的限制方面，EUCD指令要求成员国应在权利人非自愿采取措施的情况下，确保合理使用者的利益，并且将这些利益具体化成为多达8项的技术措施保护之例外。EUCD指令还指出，任何用以实现合理使用之

---

1 冯晓青，"技术措施与著作权保护探讨"，载《法学杂志》，2007年第4期，第20-37页。

2 陶中怡，"技术措施与版权的合理使用"，载《网络法律评论》，2005年第1期，第58-72页。

目的的技术措施都应获得法律保护，这是其他国家立法尚未涉及的领域。[1]

《日本著作权法》没有禁止直接的破坏或规避技术措施的行为，它所禁止的仅仅是制造、销售或公开传播可用于破坏版权保护技术措施的工具的商业行为。[2]《日本著作权法》规定：

> 下列行为应被处以一年以下的监禁或者一百万日元以下的罚金：
>
> （i）任何人向公众转让、出借、为了向公众转让或者出借的目的而制造、进口或者持有，或者为了公众的使用而提供设备或者程序的复本，而该设备的主要功能在于规避技术保护措施（所称设备包括能够轻易组装成该设备的一整套部件），该程序的主要功能在于规避技术保护措施或者公开传播该程序或使该程序能够公开传播；
>
> （ii）任何人应公众的请求规避技术保护措施并以此为业。

《日本著作权法》禁止规避技术措施的行为，该法规定转让、交付设备或者为了转让、交付、进口、出口的目的而展示设备（包括组装该设备的装置），如果该设备的唯一功能在于妨碍技术限制措施发挥作用，那么上述行为构成不正当竞争行为。《日本著作权法》第11条规定了上述行为的例外，发行以鼓励提高技术保护措施为目的而用于测试或者研究的设备属于合法行为。[3]

《澳大利亚数字议程法案》把打击的唯一目标定位在以商业交易为目的的规避技术措施行为上。《澳大利亚数字议程法案》规定的侵权行为范围很广泛，并特别明确规定"使规避装置可以在线获得，以致对版权所有人造成不利影响的行为"构成侵权行为。[4]"根据该法，规避这一事实不构成违法，

1　罗明东，"《著作权法修订草案（送审稿）》的技术措施条款之评述"，载《知识产权》，2016年第3期，第94-98页。

2　朱理，"版权技术措施法律保护的三个等级——兼谈我国的技术措施保护立法"，载《网络法律评论》，2005年第1期，第44-57页。

3　朱理，"版权技术措施法律保护的三个等级——兼谈我国的技术措施保护立法"，载《网络法律评论》，2005年第1期，第44-57页。

4　朱理，"版权技术措施法律保护的三个等级——兼谈我国的技术措施保护立法"，载《网络法律评论》，2005年第1期，第44-57页。

只有那些为了营利目的而从事违反该法行为的个人或者企业才构成违法；与DMCA所规定的任何人为了个人获益的目的即构成违反不同，在表面上《澳大利亚数字议程法案》允许为了私人使用的目的获得受版权保护的作品的免费复本"。

三、网络环境下技术保护措施制度的完善

应该说，版权人设置技术措施是合理的。在互联网时代，通过电子技术手段对版权作品加以技术保护，是版权人的天然性权利。尤其是对于音乐、视听作品来说，其创作成本高昂而侵权复制便捷，一旦被侵权复制版权人将遭受严重损害，因此对于音乐和视听作品添加技术保护措施是非常必要的。

理论上，可以将相关作品技术保护措施分成四类：（1）进行接触控制的技术保护措施。这种保护措施可以是对某些信息的接触进行控制，也可以是对有形作品的接触进行控制，是现在最常见也是最有效的技术保护措施。（2）控制特定使用的技术保护措施。这种保护措施是指对于信息的接触不给予控制，但是对于某些信息的使用却给予控制，例如可以浏览信息但是却被禁止打印成书面形式、不能进行复制以及下载，等等。（3）保护作品完整性的技术。这种技术保护措施的目的是防止作品在没有得到权利人同意的情况下被篡改。在版权领域中，这可能与版权人的精神权利有关。（4）对接触或者使用信息能够进行记录的技术。这种技术是指不对信息的接触或者使用进行禁止，而是记录或者跟踪一个作品被接触的频率，或者监视其他形式的使用（如复制）。例如，这种技术可以使得权利人对于作品的实际使用进行监控，可以对于对其作品的任何一次特定的使用进行收费或者察觉使用者是否违反了许可协议中的条款等。[1] 因此，版权人通过技术手段限制版权作品的再

---

1 吴伟光，"数字作品版权保护的物权化趋势分析——技术保护措施对传统版权理念的改变"，载《网络法律评论》，2008年第1期，第116-129页。

复制，应当是必要的。即使使用者在购买了版权作品之后，对版权作品的再次复制和传播也应当受到严格限制。

针对版权人常常会利用技术保护措施延长版权保护期限、对于一些不应受到版权保护的作品加以技术保护，滥用技术保护措施等问题，笔者认为应当设置对有问题的技术措施的举报诉讼制度，防止技术措施的滥用。在电子环境下，应当设置较为便捷的针对电子保护措施的举报制度，向国家版权机构举报版权人的电子保护措施存在的各种问题，让国家版权机构出面对于滥用技术保护措施的行为加以处理。

由于对版权作品添加了技术保护措施，保护了版权的表达形式，但同时也妨碍了作品思想的传播。因此笔者认为，为了防止利用技术措施限制思想传播，在设置技术措施的同时，版权人应将其思想以额外的形式披露出来，实行真正的思想表达二分。版权人在使用技术保护措施保护作品的同时，应当额外通过简短的作品说明，将作品包含的思想向社会公众传达出来，以便使社会公众在最短的时间内了解作品内在的思想。

此外，笔者认为，还应当加大版权电子商务的各种形式，促进版权交易，当极大地丰富了版权交易活动，加强数字许可机制时，交易成本将会下降，社会公众也就会有更多的机会获得版权作品，同时版权人的收益也能够得到保障。

应当将规避技术措施的行为与侵犯版权的行为加以区分。规避行为被认定为版权侵权行为，应在给予充分的谨慎审查并结合其他构成要件的情况下进行认定，不应草率。[1] 目前学者通常认为，规避技术保护措施的行为并不一定等同于侵犯版权的行为，认定规避行为之后，还要具体分析是否构成版权侵权行为，才能够认定侵权的存在。建立区分合法与非法的规避技术保护措施的界限，也是非常必要的。

笔者认为，应当将目前的创作行为划分为商业和非商业两种情况对待。

---

1 董慧娟，"对技术措施直接规避行为构成独立的版权侵权的质疑"，载《知识产权》，2015年第7期，第14-20页。

可以借鉴美国的做法，建立针对版权合理使用的行政审查机构，扩大合理使用的行政审查范围，通过行政审查扩大合理使用的范围。合理评判哪些技术保护措施属于技术措施的滥用是非常必要的，应当由国家专利行政审查机构对技术措施的滥用行为加以认定，取消那些违法的技术措施，给予版权合理使用以生存空间。

我国《著作权法》仅在第50条规定了5项技术措施保护的例外。有学者认为，一方面，过少的例外规定使得技术措施保护条款缺乏限制，必将严重阻碍公众获取知识的权利，甚至导致"著作权的死亡"，在网络时代极易产生无法预测的后果；另一方面，法律禁止他人提供规避、破坏技术措施的装置、部件以及服务，即使是极为有限的例外也将难以实现。[1] 笔者认为，在互联网环境下，通过电子手段添加技术保护措施，应当是版权人的权利。但是技术保护措施的增加，也会造成合理使用的空间被极大地压缩。为了在保护技术措施的前提下尽可能地扩大合理使用的空间，有必要通过立法尽可能缩小禁止社会公众规避的技术措施的范围，从而为社会公众的合理使用保留必要的空间。[2]

创新优先于一切，使用高于一切。[3] 笔者认为，为了创作目的，互联网环境下的合理使用规则应当加以扩张适用。网络环境下的合理使用遇到了以前传统版权法也没有料想到的新问题，传统版权法的合理使用规则难以完全适用于网络环境。因此，有互联网大量应用的社会中，应当建立更为积极主动的合理使用新规则，既要允许版权人使用技术保护措施保护自己的版权作品，又应当扩大网络环境下的合理使用范围，同时防范技术保护措施的滥用。建立网络环境下的合理使用新规则和技术保护措施的新规则，才能够实现著作权法的公共利益目的。

---

1 罗明东，"《著作权法修订草案（送审稿）》的技术措施条款之评述"，载《知识产权》，2016年第3期，第94-98页。

2 董慧娟，"对技术措施直接规避行为构成独立的版权侵权的质疑"，载《知识产权》，2015年第7期，第14-20页。

3 Dan Thu, Thi Phan, Will fair use function on the internet? Columbia Law Review, 1998, 98(1):169-216.

第八章
首次销售理论研究

一、默示许可理论

德国在20世纪初创设了"专利权用尽原则"（exhaustion of patent），即只要经专利权人许可，将他（或被许可人）制造的专利产品投入商品流通领域，则这些产品的"再销售"均不再受专利权人的控制，专利权人对它们的独占权已告"穷竭"。[1] 在英美法系国家，则表现为默示许可理论。英国是专利默示许可理论的发源地，其关于专利默示许可的含义是：专利产品首次合法售出后，如果专利权人或经其授权出售该产品的人没有提出限制性条件，那么购买人就获得了使用或者转售该专利产品的默示许可，专利权人不得再对此合法售出的专利产品主张专利权。[2] 默示许可理论在美国有了长足的发展，针对各种类型的默示许可，产生了不同的测试方法。

版权领域的默示许可主要表现于许可合同之中。许可合同中的默示许可有三个基本条件：（1）在当事人意图中存在，但没有写入合同；（2）如果

1　袁真富，"专利默示许可制度研究"，引自国家知识产权局条法司，《专利法研究2010》，知识产权出版社2011年版，第463页。

2　冯晓青，《专利侵权专题判解与学理研究》，中国大百科全书出版社2010年版，第169-177页。

相关问题引起当事人的注意，当事人可能会加以明示表达的意思而未写入合同；（3）法院基于公平、合理和政策原因引入合同中的默示许可。

许可合同中的默示许可，可以通过合同默示条款理论加以处理。合同默示条款可以分为法律默示与事实默示两种。法律默示条款是依法所添加的默示条款；事实默示条款则是假设双方在订约时有意图而添加的默示条款。法律默示一般适用于某一个类别的合约。事实默示随机用于填补个别合约中的漏洞，是在个别合约中基于不同情况而适用的。

法律默示不是根据双方的订约意图，也不要求"必须"令个别合约有"商业效力"，通常订约方如果不喜欢这个法律默示的条文，可以明示条文否定。法律默示还要求法律不添加默示许可条款的情况下，有关类别的合约（而不是个别合约）就会无效、无意义或可笑。[1] "某些合同条款是由法律的一般条规插入合同内，作为某些关系的必然条件。……法定默示条款是法律为了公共利益，而不顾当事人的意愿强加于他们身上的义务。因此，把这些条款分类为法定默示条款，以别于实际上的默示条款。"[2]

事实默示则要求"必须"增加这一事实，才能使合约有一个完整的说法，因此强调默示必须给予合约以"商业效力"。[3] 事实默示首先必须是合理的。合理性可以分两个方面：一是先解释有关合约的明示条文，看是否有需要作出默示条文；二是被默示的条文本身，与增加默示条文后的结果必须合理。[4]

事实默示条款主要有两种测试方法：商业效果测试，这一测试方法产生于The Moorcock案；好事第三者测试，这一测试方法产生于Shirlaw v. Southern Foundries（1926）Ltd. 34案。

商业效果测试是指对于作为商人的双方当事人来说，在任何情况下，必须意图去做以使交易产生商业效果的条款。商业效果测试方法应用的最著名

---

1 杨良宜，《合约的解释：规则与应用》，法律出版社2015年版，第435-436页。
2 何美欢，《香港合同法（上册）》，北京大学出版社1995年版，第180页。
3 杨良宜，《合约的解释：规则与应用》，法律出版社2015年版，第433页。
4 杨良宜，《合约的解释：规则与应用》，法律出版社2015年版，第453页。

判例是1889年的The Moorcock案。这种默示条款是给予交易某种效力，以至于双方当事人必须在所有情况下都意识到存在这种条款和商业效果效力。其核心目的是，默示条款的添加不应当破坏当事人最初想要达到的基本商业目的。[1]

好事第三者测试是指如果一个条款非常明显，虽然没有说出来，但在当事人进行交易之时，一个好事第三者（或者一个虚构的朋友）一定坚持要在他们的协议中呈现这种未明确的表达，他们却非常不耐烦地对他说："噢，当然"。

目前，通常认为这两种测试方法在判断是否存在默示许可时均可以适用。想要成功作出事实默示，将一条默示条款加入一份特定的合约，就必须满足一些先决条件或考验，如：（1）合理与公平；（2）是合约的"商业效力"所"必需"，如果缺少此隐含条文，合约仍能成立，则不会作出默示；（3）在订约时可以假设双方会理所当然或异口同声地同意这隐含条文的所谓"好事第三者"的测试；（4）隐含条文可以被清楚地表达；（5）不能与合约明示条文起冲突。[2]

二、首次销售理论与数字市场

默示许可理论来自19世纪的专利法，后来被引进版权法。专利法中的默示许可理论被引入版权法后，权利用尽理论变成了"首次销售"理论。[3]美国联邦最高法院在1908年接受了首次销售理论。[4] 首次销售理论产生于1908

---

1 (1889) 14 P.D. 64. Supra, nn. 5 and 6.

2 杨良宜，《合约的解释：规则与应用》，法律出版社2015年版，第431页。

3 Orit Fischman Afori, Implied license: an emerging new standard in copyright law, Santa Clara Computer and High Technology Law Journal, January, 2009.

4 Orit Fischman Afori, Implied license: an emerging new standard in copyright law, Santa Clara Computer and High Technology Law Journal, January, 2009.

年的Bobbs-Merrill Co. v. Straus案。在该案中，书籍的出版社和作者寻求限制书籍的再次转售，在书的扉页上写了一个告示："本书的零售价格为1美元"。出版社要求不能以更低的价格进行销售，否则销售将被视为侵权。被告以80美分销售书籍而被诉侵权。该案的审理法院认为不能给版权人以权利，允许其在首次销售之后对书籍复制件的进一步销售设置限制。法院认为版权法的目的不是给予版权人更宽泛的垄断权去限制下游销售行为。[1]

此后，在1909年《美国版权法》中，美国国会对于首次销售理论进行了成文法上的规范。按照该版权法规定："特定复制品或唱片的所有人，如果合法获得该物，或者被版权人授权过，都有不经版权人的许可而销售或处理复制品或唱片的财产权。"[2]

适用首次销售理论有四个条件：（1）经版权人授权合法地制作或复制作品；（2）作品在版权人授权下进行交易；（3）被告是作品的合法所有人；（4）被告转让了作品。首次销售理论要求在没有契约限制或协议的情况下，版权人不能限制产品的进一步销售。[3]默示许可理论意味着购买者只要以正常和自然的方式使用就是合法的。

但首次销售理论并不是绝对的。在第一次销售后，版权人有一些权利会被保留下来，例如对于唱片和软件保留了某些特定的权利（如出租权）。首次销售理论还有很多限制，例如对版权作品的修改，因为这一理论的目的仅仅是允许版权作品的再销售或产权转让。[4]

1984年，美国国会修改《美国版权法》第109条，限制唱片所有人为商业目的出租、出借唱片。在1984年《美国计算机软件出租法案》中，也禁止

1 Elizabeth McKenzie, A book by any other name: e-books and the first sale doctrine, Chicago-Kent Journal of Intellectual Property, Spring, 2013.

2 Elizabeth McKenzie, A book by any other name: e-books and the first sale doctrine, Chicago-Kent Journal of Intellectual Property, Spring, 2013.

3 Melissa Goldberg, A Textbook dilemma: should the first sale doctrine provide a valid defense for foreign-made goods? Fordham Law Review, May, 2012.

4 Orit Fischman Afori, Implied license: an emerging new standard in copyright law, Santa Clara Computer and High Technology Law Journal, January, 2009.

计算机软件的复制品所有人为商业目的而出租、出借软件。1984年的《美国录音租赁修正案》，限制首次销售理论适用于声音的记录。该法禁止在首次销售之后，对声音记录之物的"租赁、租借或出借"。这一修正案是针对那些出租商店进行的立法。由于录音制品的复制非常容易，因此美国国会立法扩大了版权人的排他权范围。在1990年，美国国会颁布了类似的法案，限制软件复制品所有人的再转售权。[1]

在数字市场环境下，首次销售理论就产生了一个非常重要的问题，首次销售理论是否适用于数字市场？也就是说，合法地从iTunes下载的歌曲是否能够在eBay上再次转售？首次销售理论所产生的二级市场是否适用于数字市场领域？

（一）欧洲的做法

按照欧盟版权指令，如果在线分配作品只构成"向公众的许可行为"而不是"销售行为"时，则不会适用首次销售理论。[2]对这一主张，有许多学者提出了反对意见，认为这与首次销售理论的基本精神相违背的，因为首次销售理论的目的在于防止市场分割。如果不允许适用首次销售理论，版权人对于每一次新销售都会寻求报酬。此后，在欧洲通过判例推翻了软件销售不适用首次销售理论的观点。

从欧盟版权指令上看，似乎首次销售理论只适用于有形作品的销售。

欧洲在这一领域的经典判例是2012年的UsedSoft v. Oracle案。在该案中，Oracle公司起诉UsedSoft公司侵权。Oracle公司只是允许在网站上下载其软件，而不是放在CD上销售其软件。软件使用者仅仅购买了永久性非可再转让的许可。欧洲法院认为计算机程序的保护并不属于《版权指令》

1　Elizabeth McKenzie, A book by any other name: e-books and the first sale doctrine, Chicago-Kent Journal of Intellectual Property, Spring, 2013.

2　Lukas Feiler, Birth of the first-download doctrine-the application of the first-sale doctrine to internet downloads under EU and US copyright law, Journal of Internet Law, October, 2012.

（Directive 2001/29）的适用范围，而属于《计算机程序指令》（Directive 2009/24）的适用范围。这一指令规定"在共同体内部程序复制品由权利人或经其同意的首次销售，穷尽了复制品在共同体内部的传播权利"[1]。在该案中，法院认为UsedSoft公司被默示许可转售使用过软件。[2]

也有许多学者认为Oracle公司没有卖软件而只是许可使用软件。永久性许可而不是销售，并不能够适用首次销售理论。对于是否存在销售的问题，欧洲法院认为，软件下载存在有形或无形财产的权利转让。法院认为，从网站下载和从CD上购买功能上相等同。此外，法院认为《计算机程序指令》所提及的首次销售并没有提到使用什么媒介，不论使用CD、DVD还是在网上下载。此外《计算机程序指令》第1（2）条也规定，该指令的保护延及所有形式的计算机程序。因此，欧洲法院认为，首次销售理论也适用于从互联网上下载的软件，这一复制品是在互联网上下载并且在欧盟内部销售的。欧洲法院认为，销售是一个协议，按照该协议转让给其他人有形或无形财产上的所有权，并且使作者获得一定的支付，在此情况下就可以适用首次销售理论，因此就在欧洲产生了首次下载理论。法院认为：当版权人（1）授权从互联网上下载软件复制品到数字载体中；（2）以一个不限期限的期间，授权使用该复制品；（3）获得了与其下载复制品经济价值相等同的报酬，就会适用首次下载理论。

在UsedSoft GmbH v. Oracle International Corp.案中，欧洲法院认为，首次销售理论适用于使用过的软件复制品，这一复制品是在互联网上下载并且在欧盟内部销售的。欧洲法院认为，销售是一个协议，按照该协议人转让给其他人有形或无形财产上的所有权，使作者获得一定的支付。因此，与美

---

1 Lukas Feiler, Birth of the first-download doctrine-the application of the first-sale doctrine to internet downloads under EU and US copyright law, Journal of Internet Law, October, 2012.

2 UsedSoft GmbH v. Oracle International Corp. (C-128/11).

国不同，欧洲定义销售时包括无形财产。[1]

但在欧盟内部，这一首次下载理论也面临不同的争议。例如在德国地方法院的判决中，销售之后的电子书不能被客户再转售。但在2014年，阿姆斯特丹地方法院却判决电子书的转售网站可以存在，并且驳回了德国购买人要求关闭网站的诉请。但在电子书网站上，卖方必须声明，他合法地获得该复制件，并且必须同意一旦其向他人销售复制件，就会删除该复制件。该网站也给电子书打上电子水印，并且将电子水印的信息存储在数据库中，以防止非法销售该电子书。但该服务技术并没有方法证明复制件是否合法获得，或者原始所有人是否已经将该复制件真正删除。总之，在数字领域首次销售原则是否适用于电子书在欧盟仍未得到彻底的解决。[2]

（二）美国的做法

在美国，这个问题有两个条件：（1）首次销售理论是否仅适用于"所有人"或复制品的其他持有人；（2）是否延及适用于并不包含有形对象交易在内的交易行为。

《美国版权法》通常认为，首次销售理论并不能适用于数字销售领域。《美国版权法》第109（a）条和第109（d）条中规定了适用首次销售理论的基础，即复制品的占有人必须合法获得所有权。该法进一步确立了"复制"一词的定义：一种实物，在其中作品被固定，以任何现在已知或以后发展的方法，从这一实物中不论是直接还是在设备或仪器的帮助下，作品可以被感知、被再制造或以其他方式进行沟通。[3] 因此，《美国版权法》明确地规定了，首次销售理论并不适用于"通过出租、出借或没有获得所有权的其他形

---

1 Sarah Reis, Toward a "digital transfer doctrine"? The first sale doctrine in the digital era, Northwestern University Law Review, Fall, 2014.

2 Sarah Reis, Toward a "digital transfer doctrine"? The first sale doctrine in the digital era, Northwestern University Law Review, Fall, 2014.

3 Adam W. Sikich, Buyer beware: the threat to the first sale doctrine in the digital age, Journal of Internet Law, January, 2011.

式的"占有。

在Vernor v. Autodesk, Inc.案中，Vernor购买了一些使用过的装有Autodesk软件的CD，这些CD是直接从Autodesk公司的客户处购买的，并且又在eBay上转售。而按照Autodesk软件的销售协议，（1）Autodesk软件保留了全部复制品；（2）该客户仅有非排他性和非可转售的许可；（3）该客户不能以修改、编译等形式使用该软件。可见，Autodesk公司按照一种软件许可协议发布软件，对其客户设置了使用和转让限制。一旦违反软件许可协议，Autodesk公司就要求终止许可。软件许可协议在安装软件之时生效，Autodesk公司分配了一些数码和激活码用以跟踪许可协议的履行情况。在该案中，Vernor提出一个不侵权之诉，要求法院判决其行为适用首次销售理论而不侵权。

地区法院认为，如果转让人允许受让人保留软件复制品的无限期占有作为单一的对价，这种交易就构成"销售"。因此，地区法院认为，直接从Autodesk公司的客户处，被告获得了软件复制品，获得了软件所有权，因此可以适用首次销售理论。在上诉时，第九巡回法院认为，软件使用人只是被许可而没有所有权，而且该许可限制使用人转让软件，并且给其设置了显著限制条件，因此这种许可并不能让该客户适用首次销售理论。在该案中，巡回法院进行了三个事实调查，以判断是许可还是所有：（1）版权人是否指定使用人只同意获得许可；（2）版权人是否明确约束使用人转让软件的权利；（3）版权人是否强加了明确的使用限制。当软件公司保留了软件所有权并且强加了转让和使用限制时，就只构成许可。由于Autodesk公司的有限软件许可协议保留了软件复制件，并且施加了大量转让和使用限制。第九巡回法院认为，Autodesk公司的客户，包括Vernor在内，作为后来的购买者和再销售者，都是被许可人而不是所有人。因此，由原始被许可人向Vernor销售软件，是有限软件许可协议所禁止的，是无效的。因此，Vernor和Vernor的客户都不是软件复制品的所有人。第九巡回法院发回重审该案。

在MDY Industries, LLC v. Blizzard Entertainment, Inc.案中，第九巡回法院再次肯定了这一观点，认为多人在线视频游戏的使用者不是所有人，而仅仅是游戏客服软件的被许可人，许可人保留了全部软件，并且给被许可人设置了转让和使用限制。[1]

在Capitol Records，LLC v. ReDigi Inc. 案中，涉及数字音乐文件的合法所有人是否可以通过ReDigi网站在首次销售理论下转售其音乐作品。ReDigi网站允许使用者转售从iTunes或从其他ReDigi用户手中购买的音乐文件。它通过一个叫作介质管理器的软件程序验证用户的音乐文件，以确保他们有资格出售。验证程序之后，用户可以将他们的合格文件上传到远程服务器"Cloud Locker"。"Cloud Locker"存储用户的音乐文件供用户个人使用，或允许他们在市场上销售文件。用户出售文件后，在交易的时候文件将被转移给新所有者，他将无法再访问原文件。法院认为，首次销售理论可以适用于所有的特定唱片。但是由于使用者没有上传或转让唱片，而是上传和转让唱片的复制件，因此不适用于首次销售理论。因此，不能允许客户转售其二手数字音乐文件。[2]

合法地从iTunes下载的歌曲是否能够在eBay上销售？应当看到，首次销售理论从来没有允许复制品的购买人进行进一步的复制。当消费者没有购买作品的复制件而只是被许可访问作品时，在DMCA第1201（a）条中，美国国会创造了一个排他权：作者有权限制对作品的访问。因为数字化作品的传播首先需要制作一个原件的复制品，这是首次销售理论所无法适用的，因为首次销售理论并不适用于作品的再次制作问题，因此数字化作品的传播就与版权人的权利产生了直接冲突。首次销售理论不适用于数字作品，还因为使用者并没有传播其"特定"复制品。[3] 其特定复制品之上形成了其他复制品，传播的并不是特定复制品而是其他复制品。由于不是"特定"复制品的再次

---

1 Lukas Feiler, Birth of the first-download doctrine-the application of the first-sale doctrine to internct downloads under EU and US copyright law, Journal of Internet Law, October, 2012.

2 Sarah Reis, Toward a "digital transfer doctrine"? The first sale doctrine in the digital era, Northwestern University Law Review, Fall, 2014.

3 Eric Matthew Hinkes, Access controls in the digital era and the fair use/first sale doctrines, Santa Clara Computer and High Technology Law Journal, May, 2007.

销售，因此也不适用首次销售理论。

（三）首次销售理论是否适用于数字市场

美国法院认为，原始的使用者虽然为了软件的物理复制件支付了昂贵的价格，但他们并不构成软件的"所有人"，因此并不适用首次销售理论。而欧洲法院则认为转让构成了真实的销售，可以适用首次销售理论。欧洲法院认为，一次性费用支付而无期限地使用软件，构成销售。因此，是数字内容的第二市场重要，还是保护版权人的利益重要？显然欧洲和美国有不同的处理方法。[1]

在美国，如果版权人仅仅选择许可其数字化作品时，就不能适用首次销售理论。要想适用首次销售理论，关于如下四个问题的答案应为肯定的：（1）复制件是否在版权人的许可下合法制作？（2）是否在版权人授权下转让特定复制件？（3）被告是否为复制件的合法所有人？（4）被告是否没有再生产复制件？如果四个问题中有一个或多个是否定的，则首次销售理论不能适用。

因此，在美国的判例法体系下，电子书、数字音乐文件或数字电影的二级市场并不发达。[2]但数字内容二级市场应当开放，不应受到美国已有判例的干扰。之所以要突破美国首次销售理论的局限，理由如下。

1.互联网环境下对版权材料的使用，本身需要进行大量复制

计算机和互联网工作依赖于大量的复制，但每次复制都得到许可是不现实的，因此版权法与互联网自身的工作性质存在基本矛盾和冲突。[3]如果排斥首次销售理论而严格要求互联网环境下使用版权材料时都要进行授权，既不

---

1 Damien Riehl, Jumi Kassim, Is "buying" digital content just "renting" for life? Contemplating a digital first-sale doctrine, William Mitchell Law Review, 2014.

2 Adam W. Sikich, Buyer beware: the threat to the first sale doctrine in the digital age, Journal of Internet Law, January, 2011.

3 John S. Sieman, Using the implied license to inject common sense into digital copyright, North Carolina Law Review, March, 2007.

现实也不可能做到。为了解决互联网环境下使用和转让版权材料，首次销售理论就显得非常必要。

2.作者在网上分发作品，会人为选择许可方式

按照Vernor判例的原则，电影、音乐和出版产业都受到激励而扩大其许可为基础的内容分发行为。这些产业在分发作品时，会人为选择仅使用许可方式而不使用转让方式。[1] 电影工作室如果不销售而只是许可使用电影，在许可期结束之后要退回电影，这种作品的分发方式将会日益成为常态。[2] 软件公司可以通过许可控制转售市场。在对买方起诉时，软件公司也可以以合同违约为由，而不是以版权侵权为由。[3] 由于许多客户并不阅读软件开封协议，因此在转售软件时就经常会发生侵权。[4] 为了规避首次销售理论的适用，电子书的出版者和作者也是只许可而不销售。[5] 如果这种业态成为一种常态，会导致版权人人为地控制作品的销售，对于作品的每一次使用都收取费用，这就会影响作品的传播，也会使版权人获得额外的多重利益。

3.对数字环境下图书馆产业的影响

首次销售理论不仅适用于复制品的所有人，也适用于随后的出借行为。首次销售理论允许已有的物理复制件的出售、赠与和出借，因此传统上允许

---

1 Adam W. Sikich, Buyer beware: the threat to the first sale doctrine in the digital age, Journal of Internet Law, January, 2011.

2 Gary Donatello, Killing the secondary market: how the Ninth Circuit interpreted vernor and aftermath to destroy the first sale doctrine, Seton Hall Journal of Sports and Entertainment Law, 2012.

3 Gary Donatello, Killing the secondary market: how the Ninth Circuit interpreted vernor and aftermath to destroy the first sale doctrine, Seton Hall Journal of Sports and Entertainment Law, 2012.

4 Sarah Reis, Toward a "digital transfer doctrine"? The first sale doctrine in the digital era, Northwestern University Law Review, Fall, 2014.

5 Elizabeth McKenzie, A book by any other name: e-books and the first sale doctrine, Chicago-Kent Journal of Intellectual Property, Spring, 2013.

图书馆出借图书。[1]

图书馆业积极主张适用首次销售理论，积极游说美国国会对数字作品采用首次销售理论。图书馆业认为，如果没有首次销售理论，作者将在对图书实施许可之后继续控制图书。当所有作者都实施"按次计费"使用作品的策略时，图书馆业的自由使用将不复存在。同时，图书馆业认为，如果传输来的作品已经完全从传输者的计算机中删除后，首次销售理论就应当适用，因为删除是图书的给予、出租或销售的等价物。应当如传统图书馆可以出租图书一样，也应当适用该理论而允许图书馆出租电子书。[2]

但也有学者认为，首次销售理论只涉及已有物理复制件的出售、赠与和出借，并不涉及制作新的复制件，因此首次销售理论并不适用于电子书的出借。[3]

图书出版商则游说美国国会放弃首次销售理论，只允许出版商许可而不是销售其作品。首次销售理论要求具备两个条件，即所有权和复制品的合法性。第一个条件要求被告对于作品的复制件有完全的所有权。这在数字化作品中并不存在。第二个条件要求被告证明复制件是合法制作的。作品的非法复制件并不适用首次销售原则，即使被告通过合法方法获得非法复制件也不能够适用首次销售理论，这在数字作品中也经常存在。[4]

图书馆业认为，作者可以避免适用首次销售理论，只要他在传播数字化作品时写一个许可协议。学术期刊的作品也可以写一个声明而销售给图书馆数字作品。越来越多地作者信赖于许可协议去传播其作品。图书馆业担心，当所有作者都实施"按次计费"性使用作品时，图书馆业的自由使用将会不

1 Adam W. Sikich, Buyer beware: the threat to the first sale doctrine in the digital age, Journal of Internet Law, January, 2011.

2 Rachel Ann Geist., A "license to read": the effect of e-books on publishers, libraries, and the first sale doctrine, The Intellectual Property Law Review, 2012.

3 Adam W. Sikich, Buyer beware: the threat to the first sale doctrine in the digital age, Journal of Internet Law, January, 2011.

4 Rachel Ann Geist., A "license to read": the effect of e-books on publishers, libraries, and the first sale doctrine, The Intellectual Property Law Review, 2012.

复存在。[1]

4.数字内容二级市场需要开放

出版商向原始使用者出售昂贵的软件时，保留了该软件的所有权并且为该软件的转让和销售设置了限制。美国法院认为，原始的使用者虽然为软件的物理复制件支付了昂贵的费用，但他们并不构成软件的"所有人"，因此并不适用首次销售理论。而欧洲法院超越了许可协议的视角，认为转让构成了真实的销售，从而认为构成了版权穷竭。欧洲法院认为，一次性费用支付而无期限地使用软件，构成销售。是数字内容二级市场重要，还是保护版权人的利益重要？要鼓励和促进哪一个方面？[2]

如果Vernor判例确立，电影、音乐和出版产业都会有激励机制扩大其许可为基础的内容分发行为，因为Vernor判例中用三个条件的测试来确定是否能够适用首次销售理论。[3]对于数字内容二级市场来说，很难判定的是，特定复制件是否因非常容易复制而已经被删除。如果不能适用首次销售理论，则软件公司可以通过许可控制转售市场。为了避免首次销售理论的适用，电子书的出版者和作者会说，电子书只是许可而不是销售。[4]电影工作室如果不销售而只是许可电影，在许可期间结束之后要退回电影，从而不适用首次销售理论。[5]

因此，在美国这种判例体系下，电子书、数字音乐作品或数字电影的

---

1 Rachel Ann Geist., A "license to read": the effect of e-books on publishers, libraries, and the first sale doctrine, The Intellectual Property Law Review, 2012.

2 Damien Riehl, Jumi Kassim, Is "buying" digital content just "renting" for life? Contemplating a digital first-sale doctrine, William Mitchell Law Review, 2014.

3 Adam W. Sikich, Buyer beware: the threat to the first sale doctrine in the digital age, Journal of Internet Law, January, 2011.

4 Elizabeth McKenzie, A book by any other name: e-books and the first sale doctrine, Chicago-Kent Journal of Intellectual Property, Spring, 2013.

5 Gary Donatello, Killing the secondary market: how the Ninth Circuit interpreted vernor and aftermath to destroy the first sale doctrine, Seton Hall Journal of Sports and Entertainment Law, 2012.

二级市场目前并不发达。[1] 在Vernor v. Autodesk和F.B.T. Productions v. Aftermath Records两个案例中，美国法院认为不适用首次销售理论。但是数字内容二级市场应当开放，不应受到这两个判例的干扰。

DMCA也试图对数字作品传播适用首次销售理论。DMCA立法报告第104章明确将关于首次销售的《美国版权法》第109条扩张适用于数字作品首次销售，该报告指出，如果软件是放置在软盘、CD等可移动存储介质上，并且可以物理转让就可以适用第109条。"合法制作数字下载作品的有形复制品"可以适用第109（a）条的规定，因为美国版权局没有找到数字传输和物质客体的转让之间的逻辑关系。[2]

然而，这一报告也暗示，当原始的权利人在分享文件之前没有将该文件从其计算机中删除时，数字文件的传输并不受到《美国版权法》第109条的保护。作品的物质复制件会随着时间和使用而磨损，而数字复制件不会。报告称许可人通过自动删除或自愿删除设备中的数字内容进行转让，存在欺骗的可能性，因此是不可能做到的。向前删除技术，即在数字文件传输时自动删除，是不可能做到的，因为没有足够的技术存在。[3] 最终，美国版权局并不建议修订《美国版权法》第109条以便处理数字销售问题，也没有将首次销售理论适用于数字复制品。

对于美国的这种做法，许多学者也提出了不同的意见。版权排他权之一，就是再造权（the right of reproduction），这种权利围绕"复制"概念产生和运行。因此，对于版权作品未经授权许可的复制，创造了一种版权侵权的表面性证据。计算机和互联网工作依赖于大量的复制，但每次复制都得到许可是不现实的，因此互联网运行的现实途径只能是所有的复制行为都是欠缺明示许

1　Adam W. Sikich, Buyer beware: the threat to the first sale doctrine in the digital age, Journal of Internet Law, January, 2011.

2　Sarah Reis, Toward a "digital transfer doctrine"? The first sale doctrine in the digital era, Northwestern University Law Review, Fall, 2014.

3　Sarah Reis, Toward a "digital transfer doctrine"? The first sale doctrine in the digital era, Northwestern University Law Review, Fall, 2014.

可。版权法与互联网自身的工作性质存在根本性的矛盾和冲突。[1]

如果对数字内容适用首次销售理论，对版权人有什么坏处？物理世界的盗版从来没有理由消除首次销售理论，数字世界的盗版也没有理由消除首次销售理论。如果消费者依赖合法的二级市场进行购买时，数字产品首次销售理论也可以减少盗版的发生。物理环境下，并不要求书籍破烂之后才能够转让，数字环境下也并不要求如此。作者则希望首次销售理论在数字作品中有限适用。作者方认为，首次销售只限于物理环境下的适用，否则就会导致将作品完全献给大众阅读。对此，美国国会选择等等看的方式，让市场来选择。[2]

总之，"网络环境下的侵权者匿名性、侵权行为无纸化等特点使得传统侵权救济难以发挥作用"[3]。笔者认为，欧洲模式相比美国模式更为实用，可以解决版权人对于作品的持续控制问题，同时避免版权人对作品的传播造成更为严重的影响。完全可以采取一定的技术手段，在数字作品传播时通过自动删除原始文件或限制原始数字作品的进一步使用，使数字作品的许可使用转化为真正意义上的转让。

三、首次销售与平行进口

美国早期通过商标法和合同法试图限制平行进口，但效果不理想。如果进口的灰色市场产品实质上不同于商标商品，因为没有造成混淆，就不能适用商标法。因此在这种情况下，版权人会寻求版权法来限制平行进口。[4]美国

---

1 John S. Sieman, Using the implied license to inject common sense into digital copyright, North Carolina Law Review, March, 2007.

2 Rachel Ann Geist., A "license to read": the effect of e-books on publishers, libraries, and the first sale doctrine, The Intellectual Property Law Review, 2012.

3 谢雪凯，"网络服务提供者第三方责任理论与立法之再审视——以版权法与侵权法互动为视角"，载《东方法学》，2013年第2期，第152页。

4 Brandon Leahy, Supreme indecision: copyright's first sale doctrine in the gray aftermath of Costco v. Omega, Intellectual Property Law Bulletin, Fall, 2011.

版权人常常转向版权法，试图通过适用版权法来阻止平行进口。[1] 但适用版权法限制平行进口的关键问题在于，首次销售理论是否适用于国外制造的版权产品。长期以来，美国法院认为，首次销售理论对于美国之外的销售是不适用的。[2]

《美国版权法》第109（a）条规定：

> 尽管有第106条第（3）项的规定，依据本法合法制成的特定的复制件或录音制品的所有者，或者经该所有者授权的任何人，无需经版权所有者的许可，仍然有权出售或以其他方式处置该复制件或录音制品的占有权。

这个法条适用首次销售理论的一个前提条件是"依据本法合法制成"。"依据本法合法制成"这一表述导致从20世纪90年代起巡回法院的争议与判例矛盾。"依据本法合法制成"这一条件，成为国内穷竭和国际穷竭的拥护者争论的焦点。[3] 通常平行进口的产品有两种不同的情况，一种是在美国制造，又进口到美国，另一种是在外国制造，进口到美国。这两种产品是否均属于"依据本法合法制成"的产品呢？国内穷竭和国际穷竭的拥护者有不同的解释。

此外，法院也对《美国版权法》第109（a）条和第602（a）条之间的关系产生疑问。[4] [5]《美国版权法》第602（a）条规定：

> 非依本法规定经版权所有者授权而将在美国国外取得的某一作品的

---

1 Robert A. Paul, Black and white: a path toward clarity for copyright law and gray market goods, DePaul Journal of Art, Technology & Intellectual Property Law, Fall, 2012.

2 Jodi LeBolt, Sales gone wrong: implications of kirtsaeng for the Federal Circuit's stance on international exhaustion, Federal Circuit Bar Journal, 2014.

3 Alexander B. Pope, A second look at first sale: an international look at U.S. copyright exhaustion, Journal of Intellectual Property Law, Fall, 2011.

4 Daniela Alvarado, Seamastering the first sale doctrine: a tripartite framework for navigating the applicability of section 109(a) to gray market goods, Fordham Intellectual Property, Media and Entertainment Law Journal, Summer, 2012.

5 Brandon Leahy, Supreme indecision: copyright's first sale doctrine in the gray aftermath of Costco v. Omega, Intellectual Property Law Bulletin, Fall, 2011.

复制件或录音制品带进美国者，均属对第106条规定的发行复制件或录音制品的专有权利的侵犯，可依第50l条规定对此种侵犯权利行为起诉。

因此《美国版权法》第602条禁止未经授权的作品的复制件或录音制品的进口，这与第109条有些矛盾。[1] 如何解释这两条的矛盾，也是美国法院长期以来不可回避的问题。在上述问题上，美国联邦最高法院、第二巡回法院、第九巡回法院对于首次销售的不同判例均存在不同理解和判决。

1.Quality King Distributors，Inc. v. L'anza Research International，Inc.案

在将《美国版权法》第109（a）条适用于灰色市场商品时，美国法院始终坚持认为，首次销售理论只适用于在美国国内制造的产品。这是美国联邦最高法院在Quality King Distributors，Inc. v. L'anza Research International，Inc.案中的观点。

在Quality King案中涉及回转进口问题，产品首次制造在美国，出口并且销售在国外，然后又由第三方进口到美国。L'anza Research 公司作为一家头发护理产品的制造商，认为Quality King的销售构成版权侵权。L'anza Research公司制造的头发护理产品带有版权标签，并且在美国国内和国外均销售。它只授权特定的零售商，如职业美容沙龙等销售其产品，并且在美国销售的产品价格比别的国家高。该公司将产品首次销售给英国的批发商，并且附有地理区域的限制。L'anza Research公司的英国批发商，贴上了版权标签，并且将其分销给Quality King，Quality King随后进口并在美国出售，以折扣价格向未经授权的零售商销售。

地方法院拒绝了被告首次销售的抗辩主张。[2] 第九巡回法院基于版权法允许版权人禁止这种进口。在上诉中，第九巡回法院认为，如果不禁止未经授权的版权产品的进口，则《美国版权法》第602（a）条将变得没有意义。

---

1 Brett A. Shanks, The first sale doctrine and unauthorized imports: feeding an out-of-control gray market, Washburn Law Journal, Fall, 2013.

2 Melissa Goldberg, A Textbook dilemma: should the first sale doctrine provide a valid defense for foreign-made goods? Fordham Law Review, May, 2012.

在分析了第602条的立法历史后，法院认为国会意图给予版权人控制灰色市场产品销售的权利，使版权人能够控制版权产品的进口。因此《美国版权法》第109（a）条完全不能用于对抗第三方的进口，不论这一产品是在哪里制造的。然而，第九巡回法院的这一判决是与第三巡回法院的一个类似案件Sebastian International，Inc. v. Consumer Contacts（PTY）Ltd.相矛盾的。[1] 在Sebastian International案中，法院认为，首次销售理论适用于国内制造的产品。[2]

1997年，美国联邦最高法院同意了Quality King Distributors，Inc. v. L'anza Research International，Inc.案的调卷令，试图解决第三巡回法院和第九巡回法院在《美国版权法》第602条和第109条上的矛盾。[3] 美国联邦最高法院的Stevens法官推翻了第九巡回法院的观点，对第109（a）条进行了解释，就首次销售理论是否能够作为对于灰色市场转售的一个有效的抗辩进行了分析。[4] 在该案中，法院认为第602（a）条隶属于首次销售理论，使Quality King可以使用首次销售理论抗辩L'anza Research公司的诉讼主张。[5] 法院认为，首次销售理论适用于版权作品制造或首次销售发生在美国国内的情况。[6]

美国联邦最高法院在Quality King案中判决认为，《美国版权法》第602

---

1 Daniela Alvarado, Seamastering the first sale doctrine: a tripartite framework for navigating the applicability of section 109(a) to gray market goods, Fordham Intellectual Property, Media and Entertainment Law Journal, Summer, 2012.

2 Daniela Alvarado, Seamastering the first sale doctrine: a tripartite framework for navigating the applicability of section 109(a) to gray market goods, Fordham Intellectual Property, Media and Entertainment Law Journal, Summer, 2012.

3 Melissa Goldberg, A Textbook dilemma: should the first sale doctrine provide a valid defense for foreign-made goods? Fordham Law Review, May, 2012.

4 Daniela Alvarado, Seamastering the first sale doctrine: a tripartite framework for navigating the applicability of section 109(a) to gray market goods, Fordham Intellectual Property, Media and Entertainment Law Journal, Summer, 2012.

5 Brett A. Shanks, The first sale doctrine and unauthorized imports: feeding an out-of-control gray market, Washburn Law Journal, Fall, 2013.

6 Maureen B. Collins, Crossing parallel lines: the state of the first sale doctrine after Costco v. Omega, Buffalo Intellectual Property Law Journal, Spring, 2012.

（a）条授权版权人在控制合法复制品进口之外，控制盗版复制品的进口，正如第三巡回法院解释的，由于第109（a）条限制了第106（3）条规定的行销权，因此第109（a）条也可以适用于第602（a）条。然而，第602（a）条是防止国外产品的进口，包括盗版产品的进口，因此第109（a）条并不完全适用于第602（a）条。美国联邦最高法院列举，只有美国出版者制作的复制品才是"依据本法合法制成"的，并且这种复制品的行销权才是受限于第109（a）条的。因此，美国联邦最高法院的解释产生了一个格言：如果外国制造商尝试转售其国内产品（由于其在美国制造），版权人潜在地可以提起侵权诉讼，并且可以获得成功。[1]

　　法院认为，本案中被告没有因在美国转售产品而侵权，因为该产品是"依据本法合法制成"的。这一香波是在美国制作的，因此符合《美国版权法》第109（a）条"依据本法合法制成"的短语。因此，美国联邦最高法院推翻了第九巡回法院的判决。但在该案中法院并没有分析第109（a）条是否可以用于外国制造产品。[2] 法院认为，基于第109（a）条的首次销售抗辩可以使第602（a）条的规定无效。因此，法院没有纠缠于制造地或销售地问题，而是说国内生产的产品可以穷竭版权。法院认为，第109（a）条应当理解为要求产品在国内制造。[3] 因此，美国联邦最高法院推翻了上述判决，基于首次销售理论，认为版权人不再是这些商品的所有人，不能禁止这些商品的转售。[4]

---

1 Daniela Alvarado, Seamastering the first sale doctrine: a tripartite framework for navigating the applicability of section 109(a) to gray market goods, Fordham Intellectual Property, Media and Entertainment Law Journal, Summer, 2012.

2 Daniela Alvarado, Seamastering the first sale doctrine: a tripartite framework for navigating the applicability of section 109(a) to gray market goods, Fordham Intellectual Property, Media and Entertainment Law Journal, Summer, 2012.

3 Alexander B. Pope, A second look at first sale: an international look at U.S. copyright exhaustion, Journal of Intellectual Property Law, Fall, 2011.

4 Steven Richman, Current legal issues regarding parallel imports, New Jersey Lawyer, October, 2003.

2.Costco v. Omega 案

灰色市场产品一般是没有经版权人授权进口和销售真正的美国版权产品，而这种美国版权产品最初是在国外制造并销售的。例如，Costco v. Omega案涉及的就是在国外制造和销售的美国版权产品。[1] 在该案中，Omega公司生产的一种手表包含受美国版权保护的标志，并且这一标志被雕刻在表壳下方。虽然该雕刻的标志按照美国版权法进行了注册登记，但手表是在瑞士制造并且在全球销售的。Costco公司从New York company，ENE Limited. 获得了一些手表，以低于市场价格1/3在美国销售。New York company，ENE Limited. 从一些未知的第三方获得这些手表，第三方又从一些国外的授权批发商获得手表，而这些国外的授权批发商则直接从Omega公司购买手表。Omega公司仅仅对于首次销售的批发商授权，但没有授权将手表进口到美国，也没有授权Costco公司销售。Omega公司最早对Costco公司在加利福尼亚中心地方法院提起版权侵权诉讼，认为Costco公司购买和销售手表的行为构成《美国版权法》第106（3）条和第602（a）条规定的版权侵权。

首次销售有四个条件：（1）版权人对于版权产品的合法制造有授权；（2）产品在版权人的授权下交易；（3）被告是产品的合法所有人；（4）被告卖掉该产品。没有合同或契约限制，版权人就不能限制产品的未来销售。[2] 如果产品在折扣店销售，会损害产品的声誉。因此地方法院认为，没有国会的明确授权，美国版权法没有域外效力。地方法院还认为，首次销售理论仅适用于产品合法地制造和在美国销售的情况。[3]

在上诉时，美国联邦第九巡回法院认为，以前的判例都认为制造地是一个决定性因素，首次销售理论并不适用于在外国制造并且进口到美国的版权

1　Lindsay R. Aldridge, Costco v. Omega and the first sale doctrine, North Carolina Journal of Law & Technology, Spring, 2011.

2　Melissa Goldberg, A Textbook dilemma: should the first sale doctrine provide a valid defense for foreign-made goods? Fordham Law Review, May, 2012.

3　Melissa Goldberg, A Textbook dilemma: should the first sale doctrine provide a valid defense for foreign-made goods? Fordham Law Review, May, 2012.

产品。第九巡回法院认为，因为Omega公司在国外制造手表，并且Costco公司在美国在没有Omega公司授权的情况下销售手表，首次销售理论不能作为抗辩理由，Costco公司的销售依然构成侵权。法院承认，如果行为符合《美国版权法》第109（a）条，则没有第106（3）条或第602（a）条项下的侵权。按照第602（a）条下的进口，这种行为属于第106（3）条下的分销行为，除非违反了第106（3）条的规定才构成侵权。而第106（3）条下的专门的分销，是受到第109（a）条的首次销售理论限制的。因此，如果一个行为落入第109（a）条，这一行为并不违反第106（3）条或第602（a）条的规定。第602条的立法者更关心的是版权作品未经授权的进口。由于第602（a）条不是一个独立的权利，而是基于第106（3）条的权利，因此，第602（a）条也受限于第109（a）条的首次销售理论。[1]

为了判断本案中的行为是否属于《美国版权法》第109（a）条，关键的短语是第109（a）条的短语："依据本法合法制成"。第九巡回法院认为这一短语只适用于在美国制造并且销售的产品，而不包括在国外制造的产品。在BMG Music v. Perez案中，涉及的也是在国外制造并且没有版权人授权而进口到美国的产品，第九巡回法院认为，不能使用第109（a）条进行抗辩，因为该产品在国外制造和销售，因此不是"依据本法合法制成"。法院有两个主要的理由：（1）允许对国外制造并且销售的产品适用首次销售理论，会扩大版权法的域外效力；（2）如果规定首次销售理论的第109（a）条适用于国外销售的产品，第602条就会成为没有用的规定，该条就是为了防止真实复制件未经授权的进口行为。由于Costco案所涉产品的制造和销售都发生在国外，因此，第九巡回法院认为不能适用首次销售理论。在Costco案中，第九巡回法院认为，首次销售理论不适用于外国制造的产品，但对于由版权人许可而在国内进口并且销售的版权产品，是适用的。这一判决给版权人限制灰色市场产品进口的权利，如果这些产品是在国外制造的，未经授权许可的平

----

1 Brandon Leahy, Supreme indecision: copyright's first sale doctrine in the gray aftermath of Costco v. Omega, Intellectual Property Law Bulletin, Fall, 2011.

行进口行为构成侵权。

第九巡回法院的判决带来的一个影响是它扩大了对外国制造作品的版权保护，鼓励版权人更多地在外国制造其作品复制件，美国印刷外包现象就会十分普遍。因此人们质疑，第九巡回法院的判决是否会激励美国的制造商将其产品的制造地置于国外，这将使美国的工作机会减少？制造商也可能会简单地将国外制造的版权标签贴在产品上，以使产品不受首次销售理论的影响。

美国第九巡回法院推翻了地方法院的判决，Costco公司向美国联邦最高法院提起上诉。美国联邦最高法院同意了调卷令。2010年秋，美国联邦最高法院审理了Costco Wholesale Corp. v. Omega，S.A.案。这个案件的本质问题在于是否允许适用首次销售理论于在国外制造的产品从而接受国际穷竭理论。最后判决以4∶4结束，关于美国的版权穷竭和平行进口问题的争议没有结束。

由于美国联邦最高法院的分裂，导致第九巡回法院的判决事实上获得了肯定，但Costco v. Omega案的判决并没有构成一个全国性的判例。[1] 其他巡回法院可以自由决定是否适用这一判决。[2] 因此，也有一些法院并没有适用第九巡回法院的判决。例如，Pearson Education, Inc. v. Liu和John Wiley & Sons, Inc. v. Kirtsaeng两个案子中，法院都引用Quality King案中的判决，认为首次销售理论不适用于在国外制造的版权作品。

美国法院考虑到美国法律的域外效力问题，只认为"依据本法合法制成"，只适用于国内制作的情况。[3] 美国联邦最高法院的意见分裂，导致对于销售版权产品的公司处于不稳定状态，这些公司可能会以不同的价格在不同的市场销售产品，使零售商也处于不稳定状态，这些零售商从不同的灰色市

---

1 Alexander B. Pope, A second look at first sale: an international look at U.S. copyright exhaustion, Journal of Intellectual Property Law, Fall, 2011.

2 Lindsay R. Aldridge, Costco v. Omega and the first sale doctrine, North Carolina Journal of Law & Technology, Spring, 2011.

3 Thomas J. Bacon, Caveat bibliotheca: the first sale doctrine and the future of libraries after Omega v. Costco, John Marshall Review of Intellectual Property Law, Winter, 2011.

场的价格差异中获得利益。

受Costco v. Omega案判决影响最大的团体可能是图书馆。Costco v. Omega案的判决可能危及图书出租权。许多图书并没有标出是在美国国内生产还是在国外生产，图书馆也不可能知道能否应用首次销售理论。[1] 美国版权法也没有要求明确的产品制造地的申报。许多书籍的物理印刷发生在国外。首次销售理论允许图书馆将其合同购买的图书出借，但图书馆并不知道其购买的图书是在美国制造的，还是在外国制造的。对于在美国制造的可以使用首次销售理论，而对于在外国制造的则会构成侵权，这就会使图书馆始终处于涉嫌侵权状态。[2]

美国联邦最高法院在Costco v. Omega案中的观点存在分歧，还导致国外制造并且进口的产品能否适用首次销售理论产生了不稳定状态。[3] 平行进口产业涉及电子游戏、书籍、电影及电影出租产业等，美国联邦最高法院的不确定性判决，导致产业产生了模糊性。美国每年大量的进口产品的交易历史，是否适用平行进口，是否侵权，这些都是交易的阴影。[4] 可见，Costco v. Omega案强化了首次销售理论不适用于外国制造的版权产品。

3.John Wiley & Sons v. Kirtsaeng案

2011年的John Wiley & Sons, Inc. v. Kirtsaeng案中，John Wiley & Sons公司发现Kirtsaeng在线转售教材，这些教材由John Wiley & Sons的亚洲子公司生产并销售。1997年，Kirtsaeng到美国康奈尔大学和南加州大学学习，在此期间，他创立了一家教科书转售公司。Kirtsaeng在泰国的朋友和

---

1 Irene Calboli, Market integration and (the limits of) the first sale rule in North American and European trademark law, Santa Clara Law Review, 2011.

2 Thomas J. Bacon, Caveat bibliotheca: the first sale doctrine and the future of libraries after Omega v. Costco, John Marshall Review of Intellectual Property Law, Winter, 2011.

3 Irene Calboli, Market integration and (the limits of) the first sale rule in North American and European trademark law, Santa Clara Law Review, 2011.

4 Alexander B. Pope, A second look at first sale: an international look at U.S. copyright exhaustion, Journal of Intellectual Property Law, Fall, 2011.

亲戚购买了这些教科书并且将其运到Kirtsaeng在美国的公司。Kirtsaeng随后在美国网上如Ebay等进行营利性销售,其利润来自该教科书在不同国家的不同销售价格,例如在泰国销售的教科书价格远低于美国的。John Wiley & Sons公司是教科书出版商,在其图书的封面下方印有一些语言文字,说明这些教科书都是为某些地区生产的,其中并不包括美国,任何再造、销售、进口或出口都会构成侵权。John Wiley & Sons公司于2008年在纽约南区地方法院起诉Kirtsaeng侵权。其认为基于《美国版权法》第501条和第602(a)(1)条,自己有权禁止进口该图书。

Kirtsaeng提出以《美国版权法》第109(a)条的首次销售理论作为抗辩理由。由前可知,Quality King案形成了一个基本规则,即首次销售理论只适用于国内制造的产品。在Costco v. Omega案中,法院认为首次销售理论不适用于在国外制造和首次销售并且又进口到美国的产品。[1] 因此,地方法院驳回了Kirtsaeng的主张,认为首次销售理论不适用于国外制造的产品,而只适用于美国制造的产品。

Kirtsaeng向美国第二巡回法院提起上诉。第二巡回法院以相同的理由肯定了地方法院的观点,法院的判决主要基于Quality King案中的判决。第九巡回法院提出一种例外,外国制造的产品也可以适用首次销售理论,前提是这一产品依照美国版权人的授权销售。第九巡回法院发现《美国版权法》第602(a)条的范围宽于第109(a)条,因为在判断进口行为是否构成侵权时,第602(a)条包括"按照其他国家的法律合法制作的复制品"。[2] 但第二巡回法院也有反对意见,认为不论产品在哪里生产或销售,都可以适用首次销售理论,并且其坚持认为"依据本法合法制成"的含义仅仅是指国内制造。第二巡回法院认为,如果将第109(a)条理解为使用国外制造的产品并

1　Brandon Leahy, Supreme indecision: copyright's first sale doctrine in the gray aftermath of Costco v. Omega, Intellectual Property Law Bulletin, Fall, 2011.

2　Daniela Alvarado, Seamastering the first sale doctrine: a tripartite framework for navigating the applicability of section 109(a) to gray market goods, Fordham Intellectual Property, Media and Entertainment Law Journal, Summer, 2012.

且进口到美国也是被允许的，则会与第602（a）条相冲突。但第九巡回法院不这样认为，其认为第109（a）条可以用于抗辩，对于在国外制造的产品，只要这一产品符合版权人的国内首次销售。也就是说，第二巡回法院不考虑国外制造，只有产品是在国内制造才适用首次销售理论，国外制造的产品不适用首次销售理论，不能抗辩。而第九巡回法院允许对国外制造的产品也适用首次销售理论进行抗辩，只要其符合版权人的首次销售即可。这扩大了首次销售抗辩的适用范围。[1]

　　Kirtsaeng向美国联邦最高法院请求调卷令。2012年10月9日，美国联邦最高法院同意调卷令，包括美国图书馆协会、谷歌、美国电影协会等在内的相关机构都参与了本案。2012年10月29日进行了庭审。2013年3月19日，美国联邦最高法院最终推翻了第二巡回法院的判决，认为首次销售理论适用于John Wiley & Sons公司生产的而由Kirtsaeng的朋友和亲戚购买的教科书。在该案中，法院认为，不论是在美国还是国外生产的复制件，均可适用首次销售理论。[2]

4.其他判例

　　在美国，John Wiley & Sons v. Kirtsaeng案改变了平行进口的法律制度。第二巡回法院在该案中判决认为，首次销售理论不仅不适用于国外制造的产品，而且也不包含Costco v. Omega案中所指出的例外，即产品进口并且在国内销售、有版权人许可的情况。这一判决给予版权人更宽泛的控制进口和销售其作品的权利。按照John Wiley & Sons v. Kirtsaeng案的判决，未经授权进口或销售版权复制品，而这一复制品是在外国制造的，就构成版权法上的侵权行为。这一判决有力地给予版权人永久控制其国外制造的版权产品的权利。

----

1 Daniela Alvarado, Seamastering the first sale doctrine: a tripartite framework for navigating the applicability of section 109(a) to gray market goods, Fordham Intellectual Property, Media and Entertainment Law Journal, Summer, 2012.

2 Brett A. Shanks, The first sale doctrine and unauthorized imports: feeding an out-of-control gray market, Washburn Law Journal, Fall, 2013.

在此后的案件中，如在Parfums Givenchy, Inc. v. Drug Emporium案中，第九巡回法院还创造了一个例外，即《美国版权法》第109条可以适用于国外制造的版权产品，只要其授权的首次销售发生在美国境内。

在Sebastian International, Inc. v. Consumer Contacts（PTY）Ltd.案中，Sebastian公司向南非的经销商卖出产品，该产品又被进口到美国，后来Sebastian被起诉版权侵权。在该案中，地方法院认为，Sebastian公司有权控制进口，无论产品在何处制造或者首次销售发生在何处。第三巡回法院认为，首次销售理论适用于所有的销售，不受合同的限制，不必考虑销售地或产品制造地。根据法院的分析，任何首次销售，无论是在国内或国外，都意味着版权持有人独家分销权的结束。美国第三巡回法院认为，《美国版权法》第109条明确限制了第602（a）条。法院认为，首次销售理论限制第106（3）条，而第602（a）条是与第106（3）条矛盾的，因此首次销售理论必须限制第602（a）条的进口权。这意味着，基于第602（a）条的进口权，不是给版权人的一种附加权利，而是构成销售权的一部分。

在Parfums Givenchy, Inc. v. Drug Emporium, Inc.案中，法院认为如果首次销售发生在美国国内，则首次销售理论构成对外国制造产品的抗辩。因此，在该案中由于产品是在国外制造，但被进口到国内，因此不适用首次销售理论。[1]

1991年的BMG Music v. Perez案判决，导致第九巡回法院和第三巡回法院的不一致。在该案中，版权声音记录材料在国外制造，并且被进口到美国，但没有获得BMG的许可。审理该案的美国联邦上诉法院认为，不应当同意BMG的观点，因为首次销售的抗辩只应适用于生产和销售发生在美国的产品。[2]

这些判决上的混乱来源于《美国版权法》第109（a）条的"依据本法合法制成"这一模糊的表述。这一表述应当解释为"在版权人同意下在美国制

---

1 Melissa Goldberg, A Textbook dilemma: should the first sale doctrine provide a valid defense for foreign-made goods? Fordham Law Review, May, 2012.

2 Melissa Goldberg, A Textbook dilemma: should the first sale doctrine provide a valid defense for foreign-made goods? Fordham Law Review, May, 2012.

造"还是"在版权人同意下制造"？是否应当考虑制造的地点？如果没有版权穷竭，买方将不得不不停地查证自己是否有权进行转售。围绕版权穷竭的合同应当受到限制，不应允许版权人在其协议中使用"狡猾的"语言来规避这一理论。[1] Sebastian International案和Quality King案对此问题未作出明确解释，Costco v. Omega案和John Wiley & Sons v. Kirtsaeng案的判决中，则将该表述解释为"版权人同意下在美国的制造"。

近些年来，法院和学者一直在就版权穷竭理论的适用范围进行讨论：什么样的交易适用版权穷竭理论？穷竭理论以什么样的方式使垄断权的权利范围变窄？能不能进口他人从泰国购买的受到版权保护的音乐CD到美国，或者是否还需要再得到版权人的许可？一旦CD进口之后，John是否可以在eBay上卖CD？Clarence从John处购买CD，能否再转售给Ruth？Ruth能否再出借给Elena？如果John在iTunes上购买的是数字化音乐，上述情况是否可以合法地发生？挑战在于在数字化时代的作品可以以数字化方式复制并且转移。在数字时代，这种挑战被加重了。[2]

------

1 Guy A. Rub, Rebalancing copyright exhaustion, Emory Law Journal, 2015.

2 Guy A. Rub, Rebalancing copyright exhaustion, Emory Law Journal, 2015.

第九章
云存储服务商侵权责任研究

一、云存储概述

出于各种各样的目的，越来越多的内容被存储在"云"中。人们不仅可以将内容存储在"云"中，而且可以在"云"中欣赏，而不需要将文件传输到本地计算机。随着高速有线网络的普及，远程存储DVR（RS-DVR）应运而生。科技也改变了人们欣赏音乐的方式。利用随身听等便携式音乐播放器，用户可以在不需要大型立体声系统的情况下欣赏音乐。云存储和访问受版权保护的作品引发了一个合理使用的问题，即这项新技术如何与现有法律相协调。如果没有一套明确的规则，公司和用户将不知道他们能做什么，也不知道能不能在"云"中存储受版权保护的作品。

云计算可能是互联网在版权法方面最重要的进步，用户登录基于"云"的系统并可以远程访"云"的资源，用户和"云"之间的通信非常快，从用户的角度来看，用户命令和执行该命令之间的延迟时间非常短。云计算允许数据的存储和程序的执行发生在与用户计算机物理上分离的位置。[1] 用户可以

---

[1] Cullen Kiker, Amazon cloud player: the latest front in the copyright cold war, Journal of Technology Law & Policy, December, 2012.

访问大容量的计算机存储空间，他们可以从家里或公司远程访问，没有任何延迟。因此，用户开始远程备份自己的文件，在某些情况下，使用远程存储作为一些文件的主要驻留方式。这就是所谓的"空间转移"。空间转移允许用户将文件存储在任何地方，以便他们稍后在选择的地方使用。[1]

各种类型的文件托管服务，包括各种形式的存储服务，在可用性和受欢迎程度上都有所增长，彻底改变了消费者存储、访问和共享内容的方式。[2] 苹果、谷歌和亚马逊都提供云服务或存储服务，允许用户几乎在任何设备上访问他们的个人音乐、视频、照片和文档库。一个由电影公司和技术公司组成的联盟开发了一项名为UltraViolet的云服务。UltraViolet服务为用户提供了一个数字存储柜，可以存储他们购买的DVD或蓝光电影的拷贝，让他们随时随地观看这些电影。[3]

Cyberlocker服务，也被称为一键式托管网站服务，其允许用户从自己的计算机上传文件，与世界上的其他任何人共享这些文件。因此，公众通常可以通过服务本身或第三方提供的索引搜索，与朋友和家人分享个人照片、存储的个人音乐和电影（访问可以来自多个设备），或者可将文件发送给同事。Cyberlocker服务也可能被版权盗版者用作一种向用户提供未经授权版权材料的手段，这些用户可能因访问受版权保护的内容而被收取费用，也可能不被收取费用。目前，许多盗版网站通过提供指向Cyberlocker服务的链接，向用户提供流媒体或下载服务。

此外，用户还可透过档案寄存服务上传受版权保护内容的侵权复制品，供他人下载，而用户亦可自行下载大量侵权复制品。这类服务还可能对那些

---

1 Cullen Kiker, Amazon cloud player: the latest front in the copyright cold war, Journal of Technology Law & Policy, December, 2012.

2 Mary Rasenberger, Christine Pepe, Copyright enforcement and online file hosting services: have courts struck the proper balance? Journal of the Copyright Society of the U.S.A., Spring, 2012.

3 Mary Rasenberger, Christine Pepe, Copyright enforcement and online file hosting services: have courts struck the proper balance? Journal of the Copyright Society of the U.S.A., Spring, 2012.

上传他人经常下载的热门内容的客户予以奖励，因为内容越受欢迎，该服务产生的流量和广告收入就越多。这些文件托管服务提供的绝大多数内容，都可能包含未经授权的版权内容。

转向云计算的商业模式和其他类型文件托管服务，存在大量侵权行为的潜在影响，使得音乐、电影、报纸和图书出版业的收入大幅下降，而科技公司的收入却在继续飙升。

毫无疑问，年轻人现在以完全不同于他们之前的几代人的方式消费媒体。我们现在处于"按需"文化中，在我们准备消费的那一时刻，下载我们想要的内容，满足我们对它的渴望。技术创新的最终结果是为消费者提供了无限的灵活性，可以选择专门针对其偏好的内容。[1] 在线音乐服务提供商改变了消费者获取音乐的方式。音乐发行似乎出现了一种不可逆转的趋势：用户现在更喜欢音乐即时服务，而不是音乐本身。现在的消费者主要利用在线流媒体服务，如苹果音乐和Spotify，而不是去商店购买CD或在iTunes上下载音乐。[2] 2014年，尼尔森的音乐360研究发现，1640亿首点播歌曲在音频和视频平台上播放，比2013年增长54%。2015年，数字音乐收入首次超过实体音乐收入，占全球音乐行业总收入的45%。目前流媒体音乐收入占数字音乐收入的绝大部分，占全球唱片总收入的50%。[3]

更重要的是，许多云存储平台从一开始就对版权作品授权和未经授权的复制之间的区别视而不见。[4] 为满足消费者对数字化内容的需求而设计的高

---

1 Mark Cikowski, Clear skies ahead: why the Supreme Court's decision in Aereo should have limited copyright implications on cloud technology, Southern California Law Review, May, 2016.

2 Gary Warren Hunt III, Marching to the beat of the EU's drum: refining the collective management of music rights in the United States to facilitate the growth of interactive streaming, Indiana Journal of Global Legal Studies, Summer, 2018.

3 Gary Warren Hunt III, Marching to the beat of the EU's drum: refining the collective management of music rights in the United States to facilitate the growth of interactive streaming, Indiana Journal of Global Legal Studies, Summer, 2018.

4 Anne C. Datesh, Storms brewing in the cloud: why copyright law will have to adapt to the future of Web 2.0, Aipla Quarterly Journal, Fall, 2012.

效、廉价的云平台的扩张，标志着计算和数据存储行业的转变，这将挑战当前的版权法律框架。总的来说，云存储网站为消费者和服务提供商提供了实质性的成本优势：用户获得了便利的好处——他们可以在任何有互联网连接的设备上访问想上传的所有文件；对于云存储网站的所有者来说，他们保持着稳定的使用量，可以将其转化为广告和会员收入。近年来，随着越来越多的技术公司认识到云存储产品的价值，云存储市场呈指数级增长。问题是如何阻止那些专门为从侵权中获利而设计的云服务，同时又不影响非侵权服务。[1]

　　云计算平台的结构促进了网上信息的自由交流，但也使得用户很容易侵犯版权。因此，虽然云平台通过促进向公众传播作品来支持版权法的目标，但也通过促进侵权行为而破坏版权法。数字版权法应得到重新评估，以确保促进数字领域的进步和创新，在公共利益和私人利益之间取得适当的平衡。

二、新技术与版权责任

（一）索尼案

　　第一个版权所有者试图阻止使用一项新技术的重大案件是索尼公司诉环球城影城案，在该案中美国联邦最高法院裁定，如果一项技术能够获得大量非侵权性的使用，其技术创造者将不承担共同侵权的责任。[2]

　　录像机有许多非侵犯性的用途，因此，法院认为索尼公司没有必要的建设性知晓，无法让索尼公司承担替代责任。法院认为，使用这一原则，如果产品被广泛用于合法的、无可异议的目的，销售复制设备与销售其他商业物

---

1 Ross Drath, Hotfile, Mcgaupload, and the future of copyright on the internet: what can cyberlockers tell us about DMCA reform? John Marshall Review of Intellectual Property Law, Fall, 2012.

2 Susanna Monseau, Fostering Web 2.0 innovation: the role of the judicial interpretation of the DMCA safe harbor, secondary liability and fair use, John Marshall Review of Intellectual Property Law, Fall, 2012.

品一样，不构成共同侵权。最后，法院根据录像机在家庭中使用的是非商业性移的论点，裁定录像机具有实质性的非侵权使用能力，因此索尼公司不构成共同侵权。[1]

索尼公司的设备其主要用途是让观众录制电视节目供以后观看，法院裁定这是一种合理使用。因此，基于录像机有大量的非侵权用途，索尼公司不对用户的侵权行为承担责任。销售复制设备，如果产品被广泛用于合法、无异议的目的，能够获得实质性的非侵权使用，则不构成共同侵权。这个案件代表了在保护版权所有者和允许新技术发展之间进行的权衡。

索尼案让人们产生了一种误解，索尼案所代表的是这样一个前提，即如果产品具有实质性的非侵权用途，并且是商业的主要产品，则制造商不应承担共同侵权责任。但是在互联网上，在线服务提供商作为创新技术的提供者，经常成为侵权诉讼的目标。作为一种新技术的开发者，是否可以援引索尼案的判决来避免承担责任？在互联网环境下，什么是实质性的非侵权用途就成为一个复杂的问题。

（二）DMCA

互联网日益对版权构成威胁，同时互联网的相关主体，包括ISP服务商及日益多元化和综合化的网上服务提供者、互联网浏览者、版权人，都具有各自的利益。如何平衡这种多元主体环境下的版权利益和公共利益，是互联网对版权法律规则提出的挑战。由于ISP服务商总是担心一旦其提供的内容涉及版权侵权，将不得不承担侵权责任；又由于它具有大量的资金，形成可能吸引版权人起诉的"深袋"（Deep Pocket）。同时，ISP服务商对于纷繁的内容进行版权检查又是不可能的，如果为版权问题牵扯过多精力和资金，会妨碍互联网的发展。考虑到上述原因，1998年DMCA和2000年《欧盟电子商务

---

1 Catherine Pignataro, Copyright law and the internet: the new generation of legal battles in the courts, Touro Law Review, Summer, 2002.

指令》[1] 都规定了"安全港制度"，形成了"通知—删除"模式，从而使ISP服务商得以在一定条件下免于承担版权侵权责任。

DMCA第512条规定：

> 如果ISP服务商由于版权人的通知或自己主动发现侵权内容，从而善意移除或阻止对版权侵权内容的访问，ISP服务商对于这种移除或阻止不承担责任。ISP服务商必须在收到通知之日起10到14个工作日内，移除或阻止侵权内容的访问。

《欧盟电子商务指令》（2000/31/EC）第14条规定：

> 成员国应当确保信息服务提供者不承担责任，如果：
>
> （a）信息服务提供者不知道违法的事实；或者
>
> （b）在知道之后，信息服务提供者迅速地移除或阻止对信息的访问。

这两种规定，在世界各国产生了很好的示范作用，目前许多国家，包括中国在内，都仿照这种安全港规定，对ISP服务商提供免责途径。

由于因特网的发明，必须制定新的法律，以便随着技术的新发展跟上不断变化的版权法世界。互联网的出现带来了关于版权侵权责任范围的更为复杂的问题。[2] 如果不澄清它们的责任，服务提供者可能会犹豫是否要为扩大互联网的速度和容量进行必要的投资。服务提供者在其正常经营过程中，必须从事各种可能使其承担侵权责任的行为。DMCA通过提供有限的"安全港条款"来纠正责任转移到ISP服务商身上的做法。ISP服务商可根据DMCA第512（a）条的"安全港规则"寻求保护，前提是满足以下五项条件：

（1）不知道该材料或活动是侵权的；

① 资料的传送是由服务提供者以外的人发起的或由该服务提供者以外的人指示的；

②传输、路由、提供链接或存储都是通过自动的技术流程进行的，

---

1 2000/31/EC, passed June 8, 2000.

2 Robert A. McFarlane, The Ninth Circuit lands a "Perfect 10" applying copyright law to the internet, Golden Gate University Law Review, Spring, 2008.

服务提供者无需选择材料；

　　③服务提供者不选择材料的接收者，除非作为对其他人请求的自动响应；

　　④材料通过系统或网络传输而不修改其内容；

　　（2）在缺乏这种实际知晓的情况下，不知道明显有侵权行为的事实或情况；或

　　（3）在获得此种知晓或认识后，迅速采取行动，删除或禁止查阅该材料；

　　（4）未从有权和有能力控制侵权行为的直接原因中获得经济利益；和

　　（5）收到侵权索赔通知后，迅速作出回应，删除或禁止查阅声称侵权或成为侵权活动标的资料。[1]

DMCA通过限制服务提供者的责任，确保互联网的效率将继续提高，互联网服务的种类和质量将继续扩大。[2] DMCA部分免除了ISP服务商的责任，并促进在线创新。DMCA限制提供者责任，提供一个"安全港"给网络服务提供者、互联网服务提供商和交互式计算机服务提供者。只要版权人提醒侵权材料出现在他们的系统上，如果网络服务提供者符合"安全港规则"的条件，及时通知和删除，它将被免除共同侵犯版权的责任。给予供保护的四类特定服务提供者包括临时数字网络通信服务、系统缓存服务、在用户方向存储信息的系统和信息定位工具等。

除了没有考虑到内容识别技术的存在，DMCA"通知—删除"程序还存在别的缺陷。DMCA是针对一个已不复存在的在线环境而创建的，它既没有考虑到互联网上侵权内容的绝对数量，也没有考虑到互联网服务提供商目前能够更好地定位侵权内容。相反，它是基于这样一个原则：网络服务提供商不应该为了保护他人的作品而不断地对互联网进行监管。虽然在DMCA首次

1　Catherine Pignataro, Copyright law and the internet: the new generation of legal battles in the courts, Touro Law Review, Summer, 2002.

2　Robert A. McFarlane, The Ninth Circuit lands a "Perfect 10" applying copyright law to the internet, Golden Gate University Law Review, Spring, 2008.

通过时，这一原则可能是值得称道的，但现在这一原则给了ISP服务商一个从侵权材料中赚钱的机会，因为知识产权所有者永远无法将每一起侵权事件通知他们。[1]

DMCA的烦琐的撤下程序和对版权所有者不必要的障碍，使版权所有者必须通知互联网服务提供商侵权的每个实例的精确位置或者特定的URL。由于大多数版权所有人负担不起内容识别技术的费用，因此他们几乎不可能从互联网上删除所有侵权内容。此外，ISP服务商被允许重新解释DMCA通知要求，要求提供每个侵权实例的文本描述，以及到侵权地点的精确链接，这给权利人增加了额外的负担。"安全港规则"的界限混乱，通知和删除制度的烦琐做法，对各方都产生了适得其反的作用。[2]

互联网版权侵权对创作者的自由表达权利和新版权作品的传播造成了"寒蝉效应"，许多最有才华、最有创意的版权所有者变得缺乏热情，缺乏动力，不愿创作新的原创作品，也不愿毕生致力于完善自己的技艺。此外，网络侵权除了影响个人版权持有者之外，还对整个娱乐行业产生负面影响。有研究表明，全球范围内的盗版录音导致美国186个经济体的年总产值减少125亿美元，美国失去了71060个工作岗位，工人年收入合计减少27亿美元。[3]

技术的发展永远不会局限于法律的框架内，相反总会规避并打破法律现有的框架。现有的法律也有其时代的局限性，尤其是在互联网技术迅猛发展的今天，"时代"之间的交替又是非常迅速的。我们可以看到，《欧盟电子商务指令》和DMCA的免责规定并不是针对目前高度发展了的互联网服务提

----

1 Megan Smallen, Copyright owners take on the world (Wide Web): a proposal to amend the DMCA notice and takedown procedures, Southwestern Law Review, 2016.

2 Ross Drath, Hotfile, Megaupload, and the future of copyright on the internet: what can cyberlockers tell us about DMCA reform? John Marshall Review of Intellectual Property Law, Fall, 2012.

3 Megan Smallen, Copyright owners take on the world (Wide Web): a proposal to amend the DMCA notice and takedown procedures, Southwestern Law Review, 2016.

供商，它仅针对早期的简单的传统ISP服务商。早期的ISP服务商通常为网络用户提供一定的网络空间，如果该用户利用这一便利条件上传侵犯版权的作品，ISP服务商在不知情的情况下为其进行了存储、链接和下载服务，那ISP服务商在收到通知后，应当及时删除或阻止访问，从而得到免责。

"通知—删除"模式本身存在一些固有问题，例如，如何判断迅速移除或阻止访问中的"迅速"；小型ISP服务商不能为移除和阻止承担过大的成本，从而可能放任侵权的存在；版权人寻找侵权作品并且进行通知的困难；等等。这些问题还需要随着时间的推移得以完善解决。从"通知—删除"模式内存机制来说，这种免责规定的前提条件在于，ISP服务商要对侵权作品进行存储、链接，并且能够对于侵权作品进行监控和管理。这一框架鼓励网络服务提供者对其系统上的所有活动睁一只眼闭一只眼，以便随时可以对侵权活动加以否认。此后版权法发展出一种"红旗规则"，在DMCA下，网络服务提供者没有明确的义务去寻找侵权行为，除非他们收到了要求删除的通知，或者出现了"红旗"。

（三）Perfect 10案

2001年5月，成人杂志和互联网出版商Perfect 10公司担心谷歌网站上的图片链接侵犯其版权，于是向谷歌和亚马逊发出了"停止和终止"的信函。2004年11月28日，Perfect 10公司向洛杉矶联邦法院起诉谷歌。次年6月，Perfect 10公司在两起诉讼中分别对亚马逊网站（Amazon.com.）提起诉讼，要求初步禁令，禁止谷歌和亚马逊链接侵权图片、图片缩略图或包含侵权图片的网站。地区法院于2005年11月7日将两起案件合并审理。[1]

Perfect 10公司通过一家同名成人杂志和一个订阅网站销售受版权保护的裸体模特图片。Perfect 10公司宣称，其已投资3600万美元开发自己的品牌，包括花费1200万美元创建照片，允许付费用户访问受版权保护的图像。

---

1 Eric Carnevale, Questions of copyright in Google's image search: developments in Perfect 10, inc. v. Amazon.com, inc., Boston University Journal of Science and Technology Law, Winter, 2008.

Perfect 10公司还从一项授权协议中获得了一小部分收入，该协议规定在全球范围内销售和分发适用于手机的缩小尺寸图像。[1]

　　Perfect 10公司对谷歌的诉讼基于四个理由。首先，它认为谷歌通过链接侵权图片直接侵犯了其照片的版权。其次，Perfect 10公司认为谷歌通过在谷歌服务器上存储图像的缩略图直接侵权。再次，Perfect 10公司声称谷歌知道正在发生侵权行为，从而对侵权行为作出了贡献，并通过向直接侵权者提供受众和广告收入，对侵权行为作出了重大贡献。最后，Perfect 10公司争辩说，谷歌通过让其他人通过他们的图片搜索服务找到含有侵权内容的网站，构成间接侵权。[2]

　　谷歌则辩称，它没有直接侵犯任何链接照片的版权，因为它只存储链接，而不存储内容本身。虽然谷歌确实存储了这些照片的缩略图版本，但谷歌认为这些质量下降的版本应该构成了合理使用。谷歌的软件不能分析互联网上的每一个图片，比较每个图片和所有其他受版权保护的图片，并确定网络上的某个图片是否侵犯了某人的版权。

　　地区法院裁判谷歌胜诉。在直接侵犯全尺寸图片的问题上，法院裁定，除非谷歌拥有存储侵权内容的硬件，否则它们不能直接承担责任。就雇主替代责任的问题，法院裁定谷歌没有足够的能力监察或管制侵权活动。在共同承担责任的问题上，法院裁定谷歌对任何直接侵权行为都没有实质性的贡献。法院针对对谷歌的一项指控作出了不利于谷歌的判决，认为谷歌存储Perfect 10公司受版权保护的图片的缩略图，可能直接侵犯了Perfect 10公司的版权。地方法院禁止谷歌展示Perfect 10公司的缩略图，但没有禁止谷歌

---

1 Robert A. McFarlane, The Ninth Circuit lands a "Perfect 10" applying copyright law to the internet, Golden Gate University Law Review, Spring, 2008.

2 Eric Carnevale, Questions of copyright in Google's image search: developments in Perfect 10, inc. v. Amazon.com, inc., Boston University Journal of Science and Technology Law, Winter, 2008.

向第三方网站提供链接，从而展示侵权的全尺寸图片。[1]

第九巡回法院认为，由于谷歌具有现代的在线侵权内容定位能力，谷歌等拥有内容识别技术的服务商不承担侵权检测责任的合理理由已经不复存在。谷歌帮助用户定位侵权内容，引导互联网流量到承载侵权材料的网站，并通过在侵权材料旁边放置自己的广告赚取巨额利润。此外，谷歌还通过托管匿名创建的侵权网站和在这些网站上投放广告赚钱，进一步助长了侵权行为。[2]

第九巡回法院维持了下级法院的裁决，驳回了禁止谷歌链接到其他网站上的全尺寸图片的禁令。它还确认，谷歌不太可能对侵犯第三方网站的行为承担替代责任。"如果谷歌知道Perfect 10公司的侵权图片可以通过其搜索引擎获得，并且能够采取简单的措施防止Perfect 10公司的受版权保护的作品受到进一步损害，却没有采取这些措施，谷歌可能要承担部分责任。"[3]

第九巡回法院的裁决描述了在互联网上定位、存储、访问和显示图片的操作，因此，这对于分析谷歌对此类图片侵犯版权的潜在责任至关重要。法院解释说，互联网是一个全球性的网络，计算机共享一种共同的通信技术。网页是通过互联网公开的，计算机用户可以通过网络浏览器访问网页。当定位图片时，谷歌的搜索引擎不识别图片，而是识别响应用户查询的谷歌数据库中的文本，并提供称为缩略图的小尺寸、低分辨率版本的图片。谷歌将这些缩略图存储在其服务器上，但不存储全尺寸图片的副本。因此，尽管缩略图和全尺寸图片可能出现在用户的屏幕上，但这两个图片实际上来自两个不同的来源：缩略图来自谷歌的服务器，全尺寸图片来自第三方网站。将这些

1　Eric Carnevale, Questions of copyright in Google's image search: developments in Perfect 10, inc. v. Amazon.com, inc., Boston University Journal of Science and Technology Law, Winter, 2008.

2　Megan Smallen, Copyright owners take on the world (Wide Web): a proposal to amend the DMCA notice and takedown procedures, Southwestern Law Review, 2016.

3　Eric Carnevale, Questions of copyright in Google's image search: developments in Perfect 10, inc. v. Amazon.com, inc., Boston University Journal of Science and Technology Law, Winter, 2008.

图片合并到一个窗口的过程称为内联链接，允许来自一台计算机的信息对来自另一台计算机的内联内容进行帧处理。谷歌还将Web页面文本存储在缓存中，这是一种访问时间很短的内存形式，用于存储经常使用的数据。[1]

谷歌还通过与亚马逊的协议产生了收入。通过该协议，亚马逊在线链接到谷歌的搜索结果，并在其网页上提供谷歌生成的搜索结果。最后，谷歌通过一个名为Ad Sense的程序产生了收入。在这个程序中，网站所有者可以向谷歌注册，在他们的网页上放置HTML指令，并允许谷歌的算法自动选择相关广告，以便在网站进入时显示。广告感知合作伙伴，与谷歌分享广告带来的收入。[2]

法院对谷歌是否直接侵犯Perfect 10公司的分析，很大程度上取决于用户计算机屏幕上显示的图像是否存储在谷歌的服务器上，这一分析被称为服务器测试。谷歌只是提供了HTML指令，通过这些指令可以定位和访问存储在第三方计算机上的图片。法院认为，提供这些指令并不等于显示图片的副本。因此，谷歌并没有通过这两项活动直接侵犯Perfect 10公司的版权。[3]

最后，第九巡回法院驳回了Perfect 10公司基于替代性侵犯版权的主张，替代侵权的索赔必须包括被告在侵权活动中享有经济利益和对侵权活动进行监督的权利和能力的指控。法院通过服务器测试认为，首先，未经授权复制非存储在搜索引擎公司自己的计算机上的图片，如通过内联复制到用户计算机上的图片，不会导致直接侵权责任；其次，搜索引擎公司没有控制侵权行为的权力，搜索引擎的运营不会导致替代性侵权责任的产生。[4]

在缩略图版权问题上，Perfect 10公司声称，谷歌运行了一个搜索引擎

1　Robert A. McFarlane, The Ninth Circuit lands a "Perfect 10" applying copyright law to the internet, Golden Gate University Law Review, Spring, 2008.

2　Robert A. McFarlane, The Ninth Circuit lands a "Perfect 10" applying copyright law to the internet, Golden Gate University Law Review, Spring, 2008.

3　Robert A. McFarlane, The Ninth Circuit lands a "Perfect 10" applying copyright law to the internet, Golden Gate University Law Review, Spring, 2008.

4　Robert A. McFarlane, The Ninth Circuit lands a "Perfect 10" applying copyright law to the internet, Golden Gate University Law Review, Spring, 2008.

索引其版权图片，存储低分辨率图片的缩略图版本的服务器，将这些图片显示在用户的计算机屏幕上，并提供编程指令，通知用户的Web浏览器软件如何访问全尺寸版本的通过互联网侵权的图片。在对地区法院的裁决进行复审后，第九巡回法院得出了相反的结论，当谷歌的缩略图显示在用户的计算机上时，因为这些图片存储在谷歌的服务器上，所以当用户在他或她的计算机屏幕上查看图片的副本时，它代表了固定在谷歌服务器上有形介质中的副本的显示。因此，它代表了潜在的直接侵犯。因此，第九巡回法院最终裁定，谷歌对Perfect 10公司图片的缩略版构成直接侵权。[1]

（四）Napster案

另一个重大技术变化是点对点文件共享网络的兴起，其与MP3文件格式结合在一起，产生了一个音乐盗版猖獗的环境，使音乐盗版达到了前所未有的规模。法院花了数年时间才关闭了那些用于侵犯版权的网站，但由于非法复制音乐，音乐行业损失了相当大比例的收入，因此最终还是造成了损害。

Napster是一种流行的MP3文件交换服务，多达5000万人使用它从互联网上下载音乐。Napster公司的软件是技术进步的一个例子，该公司成立后不久就得罪了主要的唱片艺术家、唱片公司和出版公司，这些公司都因为这种便捷的新的获取音乐的方式而赔钱。几家唱片公司试图终止Napster公司的活动而提起诉讼，这引起了全国的关注。1999年12月6日，一些主要唱片公司在法庭上起诉了Napster公司。2001年2月12日，第九巡回法院肯定了地区法院的决定，认为Napster公司侵犯版权。

Napster是一家总部位于加利福尼亚州的公司，创始人是一名大学生，他开发了一款音乐交换软件供个人使用，其他人也可以免费从Napster公司网站下载。该软件允许用户与同时登录到Napster公司系统的其他用户共享音乐文件。Napster公司提供的软件可以让用户阅读可供下载的歌曲列表，用户也可

---

1 Megan Smallen, Copyright owners take on the world (Wide Web): a proposal to amend the DMCA notice and takedown procedures, Southwestern Law Review, 2016.

以利用软件通过输入歌曲或歌手的名字来找到他们想要的音乐。用户可以通过点击一个按钮来下载所选的文件，从而使Napster服务器与存储音乐的计算机通信并启动下载。[1] Napster公司显然认为它可以从索尼案的豁免中受益，尽管它知道用户可能会使用自己提供的文件共享服务做侵权之事。Napster公司援引索尼案的标准，声称并非所有文件都是未经授权而侵权的。Napster公司还断言，P2P架构在未来可以产生更多的非侵权用途。

1999年12月6日，由A&M唱片公司和其他17家唱片公司组成的原告团体提起诉讼。法院分析了DMCA第512（a）条"安全港规则"的五项条件，以确定Napster公司是否有资格获得保护。Napster公司辩称，它满足每一个条件，因为都是它的用户发起的MP3文件的传输。此外，由于Napster公司没有编辑任何输入，没有选择用户，没有对材料进行任何复制，也没有修改材料，因此所有的条件都满足。[2]

地区法院立即驳回了Napster公司的这一论点：有证据表明，Napster公司的高管使用该服务将侵权材料下载到自己的计算机上，并用列出侵权文件的截屏推广该网站。这一行为使法院确信，Napster公司以其对侵权行为的实际了解，不应被允许寻求DMCA"安全港"的利益。任何被告"实际知道有关资料或活动属侵权行为"，或"知悉明显可见侵权行为的事实或情况"，即属共同侵权人。美国联邦上诉法院同意地区法院的意见，认为Napster公司对现时及未来的数码下载市场有不良影响，但其对服务使用者的直接侵权有实际及建设性的知晓。[3]

索尼案向法院提出了一项"全有或全无"的挑战：要么禁止该设备的合法使用，要么不追究任何责任，尽管使用该设备存在侵权行为。相比之下，

1 Catherine Pignataro, Copyright law and the internet: the new generation of legal battles in the courts, Touro Law Review, Summer, 2002.

2 Catherine Pignataro, Copyright law and the internet: the new generation of legal battles in the courts, Touro Law Review, Summer, 2002.

3 Susanna Monseau, Fostering Web 2.0 innovation: the role of the judicial interpretation of the DMCA safe harbor, secondary liability and fair use, John Marshall Review of Intellectual Property Law, Fall, 2012.

在Napster案中，该服务可以通过阻止对受保护文件列表的访问来禁用侵权使用。法院以Napster公司允许个人侵犯版权以吸引客户使用其服务作为证据，以及该公司有能力对其侵犯版权的网络进行监管为依据，对Napster公司施加了替代责任。[1]

当被告"积极诱导"侵犯版权时，索尼案的判例是不能发挥作用的。也就是说，一种设备很可能具有实质性的非侵权用途，但是如果能够证明经销商打算让用户使用该设备侵犯版权，那么经销商将承担责任。如果被告允许有目的和积极诱导的侵权行为，那就没有必要重新审视索尼案的标准，以阐明实质性非侵权使用的实际含义。[2] 点对点文件共享创新者Napster公司拥有实际和建设性的知晓，即明知其服务被用户用来侵犯版权。有直接证据表明，Napster公司的创始人知道用户正在通过该服务分享有版权的音乐。法院发现，通过提供软件，用户可以从其他Napster公司用户那里搜索和下载受版权保护的文件，这家P2P软件提供商实际上成了直接侵犯版权的渠道。此外，法院认为，如果侵权材料的可获得性对客户具有吸引力，则存在经济利益。至于控制因素，Napster公司自己提供了直接证据，表明其对服务器进行了监控，这等于承认Napster公司有权和有能力监督其服务，因此满足替代责任的要件。

令人奇怪的是，在该案之后，贝塔斯曼音乐集团（BMG）宣布将在财政上支持Napster公司和把它变成一个付费的订阅服务。此外，贝塔斯曼音乐集团宣布，一旦此类服务的技术先决条件具备，BMG将撤销对Napster公司提起的诉讼。[3]

----

1 Eric Carnevale, Questions of copyright in Google's image search: developments in Perfect 10, inc. v. Amazon.com, inc., Boston University Journal of Science and Technology Law, Winter, 2008.

2 Jane C. Ginsburg, Separating the Sony sheep from the Grokster goats: reckoning the future business plans of copyright-dependent technology entrepreneurs, Arizona Law Review, Summer, 2008.

3 Mathias Strasser, Beyond Napster: how the law might respond to a changing internet architecture, N.ky.l.rev, 2001.

（五）Grokster案

Grokster案也是一起关于使用新技术侵犯版权的案件。在米高梅诉Grokster案（MGM v. Grokster）中，美国联邦最高法院认定，从一开始就诱导侵犯版权的企业将承担责任，因为法官不赞成从他人的版权中获得资金。法院对诱因要素的解释表明，即使不是最初建立在侵权基础上，而是侵权在其中发挥越来越大的盈利作用的企业，也可能发现自己有责任，除非它们采取善意措施防止侵权。[1]

Grokster公司提供了一种软件，允许用户在由其他用户组成的超级节点之间链接文件的小索引，而没有提供集中的数据库或Grokster公司的控制手段。[2] Grokster公司的问题在于，它的整个商业模式显然是建立在对用户侵犯版权行为知情的基础上的。

在该案中，美国联邦最高法院一致裁定音乐产业胜诉，因为Grokster公司的用户有大规模侵权的证据，且Grokster公司知道并鼓励这种侵权行为。Souter法官写道：我们认为，以促进使用该设备侵犯版权为目的而发行该设备的人，明确地表达或为促进侵权而采取肯定步骤，应对第三方的侵权行为承担责任。Grokster公司如此明显和公然地鼓励大规模的版权侵权行为，却没有作出任何有意义的努力来保护版权内容，以至于在很大程度上倾向于忽视新技术的任何好处，无法保护版权所有者的权利。[3] 例如，美国联邦最高法院在Grokster案中所总结的那样，通过故意诱导或鼓励直接侵权来促成侵权，通过拒绝行使制止或限制侵权的权利而从直接侵权中获利，会构成间接侵权。此

---

1 Jane C. Ginsburg, Separating the Sony sheep from the Grokster goats: reckoning the future business plans of copyright-dependent technology entrepreneurs, Arizona Law Review, Summer, 2008.

2 Eric Carnevale, Questions of copyright in Google's image search: developments in Perfect 10, inc. v. Amazon.com, inc., Boston University Journal of Science and Technology Law, Winter, 2008.

3 Susanna Monseau, Fostering Web 2.0 innovation: the role of the judicial interpretation of the DMCA safe harbor, secondary liability and fair use, John Marshall Review of Intellectual Property Law, Fall, 2012.

外，提供侵权手段并知道有人将使用这些手段，应当构成共同侵权。[1]

法院列举了诱导侵权的三个特征：（1）被告宣扬其设备的侵权能力；（2）被告未排除侵权使用；（3）被告的经营计划依赖于大量的侵权行为。在Grokster案中，这三个元素都很容易被证明。被告不仅拒绝设计自己的过滤器，它还阻塞了第三方过滤器。被告的商业计划依赖于广告商，广告商的收费将取决于用户浏览广告的数量。被告越能吸引访问者，他们的生意就越好，免费音乐比付费音乐更能吸引访问者。综上所述，这些因素显示出明显的促进侵权的意图。

法院认为何种程度的非侵权使用才允许进入索尼案的安全区可能并不重要，因为Grokster案本身存在诱导侵权问题。如果一个设备或一项服务促成了大规模的侵权行为，意图通过允许最终用户复制来促进侵权行为，这被认为是共同责任的基础。换句话说，"诱导"和"大量非侵权使用"将成为法律界限，把索尼"绵羊"（良好的技术）与Grokster"山羊"（邪恶的企业家）区分开来。[2]

根据Grokster案所阐明的规则，如果一家公司故意纵容或鼓励直接侵权，它可能要承担共同侵权的责任；如果它从直接侵权中获利，却拒绝行使制止或限制侵权的权利，它可能要承担替代侵权的责任。[3]

因此，美国联邦最高法院在Grokster案中承认了一种新的次要责任理论，为原告对抗版权侵权人提供了新的"武器"。责任诱导理论限于一组特定的事实，其中有明确的证据表明双重用途产品的使用者侵犯受版权保护的作品具有积极和肯定的意图。如果某个ISP服务商实际知道其用户的侵权活

1　Jane C. Ginsburg, Separating the Sony sheep from the Grokster goats: reckoning the future business plans of copyright-dependent technology entrepreneurs, Arizona Law Review, Summer, 2008.

2　Jane C. Ginsburg, Separating the Sony sheep from the Grokster goats: reckoning the future business plans of copyright-dependent technology entrepreneurs, Arizona Law Review, Summer, 2008.

3　Robert A. McFarlane, The Ninth Circuit lands a "Perfect 10" applying copyright law to the internet, Golden Gate University Law Review, Spring, 2008.

动，仅凭该知晓并不会引起索赔。问题在于该ISP服务商是否积极地和不正当地从事导致侵犯版权的行为。[1]

法院澄清了侵权的诱因理论，指出积极促进侵犯版权的技术创造了另一种类型的责任。法院判定Grokster公司应对版权侵权负责，因为其知道、从这些设备的非法使用中获益、参与或促进这些设备的非法使用。

技术产业及其支持者认为，我们有了一种新型技术，它本身并不传播受版权保护的内容，而是为客户提供向公众提供作品的手段。法院应该关注这些革新所带来的巨大社会利益，并且应该关注对这些技术的使用者缺乏控制。[2] 随着数字通信的发展，复制和传播受版权保护作品的方式越来越多地脱离版权所有者和商业发行中介的控制。[3]

法官们也注意到，他们的裁决可能会打破平衡。换句话说，这个案例令技术创新者感到困惑，他们现在不确定，一旦产品投放到市场上的个人用户手中，他们的新产品和发明最终是否会让他们承担次要责任。知道侵权行为的人，对他人的侵权行为进行诱导、引导或有实质性贡献的人，可以作为共同侵权人承担责任。因此，Grokster案将促使科技公司设计出更有效、更灵敏的过滤器。ISP服务商至少必须真诚地尝试减轻技术带来的大规模侵权，即使过滤技术不能很好地工作，但ISP服务商未能作出一些努力来减少他人对其技术的滥用，这一事实仍可能支持判定ISP服务商构成侵权。

----

1 Brandon J., Trout, infringers or innovators? Examining copyright liability for cloud-based music locker services, Vanderbilt Journal of Entertainment and Technology Law, Spring, 2012.

2 Susanna Monseau, Fostering Web 2.0 innovation: the role of the judicial interpretation of the DMCA safe harbor, secondary liability and fair use, John Marshall Review of Intellectual Property Law, Fall, 2012.

3 Jane C. Ginsburg, Separating the Sony sheep from the Grokster goats: reckoning the future business plans of copyright-dependent technology entrepreneurs, Arizona Law Review, Summer, 2008.

（六）总结

P2P技术按照从简单到复杂可以分为若干种类型。一般来说，P2P环境下，包括三种类型的相关当事人，即P2P软件的开发者和传播者、P2P软件的用户以及P2P网站。第一种类型是最早期的P2P模式，如美国Napster网站，向浏览者提供一个集中目录（centralized index），用于为用户提供上传和下载的便利，同时也为用户提供许多快速搜索服务。

第二种类型的P2P，并不采用集中目录的形式，而是由每一个P2P用户管理文件目录，这一目录则存储在用户计算机中。用户与用户之间，相互发出文件请求，并且进行下载和上传。例如Kazaa软件就是比较典型的例子。目前，Kazaa软件的应用已经被判定违法。2005年9月6日，澳大利亚联邦法院裁定Kazaa软件的所有者和发行商Sharman网络公司没有采取有效的措施阻止非法文件共享，并要求Sharman网络公司对P2P软件进行修改，以避免Kazaa软件用于音乐盗版；同时法院给了两个月的时间来消除其用户造成的盗版行为。

第三种类型是一种变型形式，同样没有集中目录，但有用户计算机名（超节点，supernodes），用户计算机名作为服务器，构成分索引，因此提高了搜索效率。这种超节点在概念上可以被看作是"低一级的Napsters"（sub-Napsters）。

第四种类型的P2P应用，就是BitTorrent方式。BT用户使用通常的Web站点寻找"Torrent"站点列表。一个用户不是只从另一个主机提供者（另一用户）下载侵权文件，而是从许多共享这一文件的用户获取的。文件被打碎成许多小块，每一个小块都可以独立传输，每一个用户都向其他用户提供对方所缺少的文件部分。每个用户在下载的同时，都被软件默认为上传者，当然也可以只下载而不上传。在BitTorrent方式中，非常有特色的是，有三种主体，即"Torrent"列表网站，追踪器（trackers）和做种者（seeders）。目前，这种模式的P2P应用占全部P2P应用的主要部分。

BitTorrent模式中，上传和下载的都不是整体的文件，而是文件碎片，这就给追究版权侵权责任带来了问题，即仅上传或下载这些文件碎片，上传者或下载者是否应当承担责任？从不同的上传者处下载了大量文件碎片，下载者再将这些下载的"比特"再造为全部整体的文件，又是否构成侵权？

第五种类型的P2P应用，是在BitTorrent方式上的变型和进步。这种技术将BitTorrent和纯粹的P2P技术相结合，根本不需要追踪器以找到"Torrent"文件，这种方式下在互联网上就只有上传者和下载者，没有独立的提供"Torrent"文件列表的网站了。这种技术是以EXeem为代表的，其显然会使追究版权责任更为困难。

最后一种最新的P2P应用，是以Freenet为代表的新一代P2P模式。Freenet的用户将一个文件加入"Freenet"。为该"Freenet"文件创制一个"Key"，例如"freenet：the_constitution.txt"，并且将该文件加进其节点中。这一文件随后被相信在一个或更多个本地Freenet节点上。当Freenet用户请求这一新文件时，邻近节点生成这一文件的额外复制件，通过Freenet分送这一文件。由此，许多流行文件通过互联网传到越来越多的服务器上。如果Freenet服务器存储能力有限，较不流行的文件就会被推出服务器并且最终完全从Freenet服务器中消失。因此，Freenet并不依赖特定的节点以服务于被请求的文件，而是扮演了一个大"cache"（高速缓冲存储器）的角色，更为流行的文件被带到想得到它的用户面前。"[1]

在Freenet服务器上的文件都以加密形式出现，并且节点之间的通信也是加密的。每个文件都被分配了一个唯一的ID号，没有中央数据库将文件名和ID号进行链接，因此也不可能以文件名定位文件，或者了解到带有特定ID的文件是什么，除非下载并打开它。因此，希望追究侵权责任的版权人不能以文件名的形式搜索到侵权文件。

Freenet用户也是匿名的，只知道相邻节点的IP地址。"当一个文件被传输给Freenet客户时，只有最后的节点可以被显示。然而，没有办法知道这是否是最早发出该文件的节点，或者只是在这个大"cache"上过径的节点。当

1　Roemer R., The digital evolution: Freenet and the future of copyright on the internet, UCLA J.L. & Tech., 5, 2002.

文件被请求并且通过网络存储时，节点操作者服务器的存储是不受节点操作者知晓或控制的。在任何给定的时间点，节点操作者不能移除或确定什么文件被节点提供着。"[1]

这样，Freenet最大限度地为版权侵权者提供了保护，持有违法文件的Freenet用户即使被起诉，也可以声称由于文件都是编码加密的，他不知道下载的是什么文件，同时又由于这些文件是被其他Freenet用户传递而来的（推来的），因此实质上他并不具备侵权的主观故意或者能够控制这些文件。

目前针对P2P应用所带来的挑战，大型娱乐业者和内容提供商采取了一些措施，包括提出实质性诉讼或战略性诉讼的做法，以试图建立法律规则，限制P2P技术对于版权保护的破坏。目前主要的措施是针对P2P软件开发者、针对下载者和上传者的诉讼两种。美国通过一些判例，形成了P2P软件开发者的辅助责任和替代责任的体制。在美国，P2P软件的开发者还只是构成间接责任人；而在另一些国家，如加拿大和澳大利亚，则认定其构成直接侵权人。

辅助责任和替代责任，是美国法院早已承认的两种间接责任形式，这两类责任都要求有直接侵权人存在。辅助责任要求行为人知晓侵权并且为侵权提供物质辅助。受害人面对众多侵权人且无法追究责任的情况，可以代之以起诉辅助者或"帮助者和教唆者"，从而寻求救济。替代责任要求行为人从侵权人处接受了一些经济利益，这些经济利益与侵权行为有一定的直接或间接关系，并且行为人有权利和能力监督管理侵权人。

在美国著名的索尼案中建立了一个规则，即辅助责任和替代责任不适用广泛的非侵权使用。在Sony Corp. v. Universal City Studios v Sony Corporation of America[2] 案中，美国联邦最高法院在审理Beta制大尺寸磁带录像系统（Betamax）的使用人是否构成侵权，索尼公司是否应承担

---

1 Roemer R., The digital evolution: Freenet and the future of copyright on the internet, UCLA J.L. & Tech., 5, 2002.

2 480 F. Supp. 429 (C.D Cal 1979); rev'd 659 F 2d 963 (9th Cir 198d1); rev'd 464 US 417 (1984).

替代责任或辅助责任时，法院认为，推知产品用户可能用于侵权是不充分的，在这样一个基础上令行为人承担替代责任，在版权法中还没有先例。法院同时认为："复制设备的销售，正如商业领域的其他产品销售一样，如果产品广泛地被合法地、无可争议地使用，并不能构成辅助责任。""因此，Betamax能够广泛地用于非侵权性使用。索尼公司销售这一设备给一般公众，不构成辅助侵权。"

在Napster案中[1]，Napster公司试图说明自己的软件能够广泛地用于非侵权使用（用于交换不受版权保护的作品和/或版权人同意交换的作品）。然而，美国第九巡回法院认为，Napster公司比索尼公司，对于潜在的侵权行为有更大程度的知情。由于Napster公司提供了集中目录，其就不像索尼公司那样只是推知可能会出现侵权行为，它已经实际知晓，而不是推知特定侵权内容。在实际知晓的情况下，一个产品是否能够广泛地获得非商业适用就是不相干的。在替代责任问题上，法院认为Napster公司不仅接受了经济利益——"当侵权内容吸引客户时，经济利益是存在的。……Napster公司未来的收入直接基于用户群的增加"。此外，Napster公司还能够和有权利通过阻止用户访问其服务器的方式监督管理侵权行为。因此，Napster公司应当承担替代责任。

在Aimster案中，[2] Aimster公司没有像Napster公司那样，在其服务器上复制文件。有关文件位置的信息被保存在用户的计算机上，但这一信息是Aimster服务器的一部分。此外，在Aimster服务器和用户之间的所有通信都由发送者以加密软件的方式进行加密的，这种加密软件则能为Aimster公司所使用。法院采取了不同于Napster案的做法，认为即使Aimster公司可以表明其广泛地用于非侵权使用，它也用于了实质上的侵权目的，因此应当构成辅助责任人。在审理过程中，法院比较了侵权使用和非侵权使用的数量比例，认为"非侵权使用的认定对于判决是不够的"，还要进一步判断Aimster公司是否知晓侵权内容。在这个问题上，法院认为，"在版权法上，放任就是知

1 A&M Records v Napster 9th Cir 2001. US 9th Circuit Court of Appeals in 2001.
2 334 F. 3d 643, 67 USPQ2d 1233. US Court of Appeals for the 7th Circuit in 2003.

晓（被告应当知道直接侵权行为而不主动获知）。"Aimster公司争辩说，由于它使用加密软件，不能知道其系统是否被用户用于交换侵权文件。法院则认为"服务器提供者构成另一种形式的辅助侵权人，不能因其使用加密形式在实际知晓非法目的的使用情况下获得免责"。法院认为，"Aimster公司像鸵鸟将头埋入沙中一般，拒绝发现侵权事实存在，只是构成另一种证据，即证明其是辅助侵权人"。从这两个案例中，美国法院发展出对P2P软件开发者的辅助责任和替代责任规则。

唱片公司、娱乐公司和内容提供商们采取的第二种制约P2P应用的措施，是起诉个人上传者和下载者。在这方面也产生了一些较为轰动的案例，例如2005年10月24日，全球首件BT软件非法发放电影节目诉讼案件在香港庭审时作出裁定，被告侵权罪名成立，被判入狱三个月。在向个人上传者和下载者追究责任时，版权人遇到的主要问题是如何获得侵权者的真实身份资料。基于互联网的发展需要，法律不便于扮演阻碍互联网发展的角色，因此各国法律均在是否强迫各种网上服务提供者提供网络用户真实身份和个人资料问题上，踟蹰不前。对于P2P应用来说，在总体上没有要求披露网络用户真实身份的大环境下，也不可能单独要求P2P使用者公开其身份。目前，P2P技术的发展完全可能不再需要网站提供特定的"Torrent"文件列表，甚至像Freenet应用那样，其用户和文件都是匿名和加密化而通过互联网进行传输，要确定网络用户的身份更加困难。甚至即使能够确定身份，利用现有的侵权责任规则，追究侵权责任也非常困难。应当注意到的是，目前有些国家还对个人下载和非商业使用作出免责规定。例如，2003年，《加拿大版权法》第80条规定了一个专有性复制权的侵权例外，可以在录音设备上制作合法的私人复制品。这一免责仅适用于制作复制品的人私人使用，但禁止扩大范围的使用，如不能制作一个CD复制品并将其交给朋友使用。因下载是为个人使用的，所以下载（或计算机终端复制）不构成违法复制，即使复制源是一个非法复制品。这样，在有些国家，个人下载合法化，版权人就只能追究上传者的侵权责任。

应当看到，不论是各国立法所规定的"通知—删除"模式，还是通过美国Napster案和Aimster案等判例发展而来的间接侵权责任，都并不能很好地适用于P2P技术带来的应用问题。一个非常重要的问题是，"安全港规则"依赖于对侵权的知晓，并且应当能够停止和阻止侵权内容的传播。然而，高度分散化的P2P技术根本不存在这种控制能力。显然，"通知—删除"模式只是对于早期单纯的ISP服务商作出的规定，不能适应目前的P2P环境。

按照Aimster案的判例规则，P2P服务提供者是否构成"放任"侵权，是否网络用户一旦使用P2P软件，就构成侵权？显然并不是如此，P2P软件是一项网络技术，利用BitTorrent技术就是为了解决从一台计算机上复制大文件的瓶颈而产生的，它是一种促进和提升互联网功能的技术发明。许多P2P软件都是开源软件，取消和禁止是非常困难的。法律也不能充当毫无意义的"唐吉·诃德"，以单薄的法律规定取消和禁止这种开源软件。新的P2P软件，通常并不是由最初的开发者创造的，常常是由其他软件用户修改、完善、补充并且四处传播的。技术都是中立性的，不能因其为侵权人所使用而禁止这种技术的发展和进步，法律不能扮演阻碍技术进步的角色。因此，对于P2P技术来说，不能一般性地作出禁止或鼓励的规定，目前还只能依赖版权人的侵权诉讼，有针对性地加以解决。

此外，是否P2P软件允许使用加密技术，就可按照Aimster案的判例规则，认定服务提供商构成实际知晓侵权，并且认定其为辅助责任者呢？显然不能仅因加密技术的采用，而将服务提供商认定为辅助责任人，这也需要法律规则和判例的指导。然而，目前的法律规则和判例并不能对P2P技术提供有效的指引。

总之，版权持有人与P2P技术的竞争还将持续下去，版权人所能够采取的主要措施是更频繁地采用"通知—删除"规则，同时向法院起诉P2P软件开发者以及个人下载者、上传者，向各国的法律呼吁披露网络用户的真实身份和个人资料等，使用一系列有针对性的战略诉讼方案，达到必要的震慑作用。当然，在保护版权问题上，提升版权的数字保护和数字管理技术是极其重要的有效措施。为了在P2P环境下保护版权人的利益，各国应当同步建立P2P应用的制约机制，在发展P2P技术的同时，确保不会利用P2P技术在网络用户之间传播违法内容，确保合法和受制约的P2P技术涌现和发展，从而在互联网世界中为版权人的合法权益提供最终的保护。

DMCA的初衷是将版权引导到数字时代，但起草的时候人们还没有完全预料到数字化的全面影响和互联网的全球互联性。DMCA反映了相互竞争的利益之间的妥协，希望保护版权所有者免受大规模数字盗版的侵害，但与此同时，它也寻求确保通过互联网快速获取电影、音乐、软件和文学作品。[1]

传统的商业版权制作商，如电影制片厂、唱片公司、词曲作者、出版社和软件公司，理所当然地担心迅速蔓延的数字网络会助长以前所未有的规模复制他们作品。由于因特网大量传播受版权保护的作品，版权所有人不愿在不加强法律保护的情况下让他们的作品以数字形式或在线形式出现。应当避免对版权所有者权利的过度保护，并为版权保护的边界提供法律确定性。

"当服务提供者仅仅作为数据管道，根据他人的请求将网络上的数字信息传送到另一点时，就有必要限制服务提供者的责任。"通常来说，法院拒绝将直接责任强加于服务提供者，理由是，尽管版权是一项严格的责任法规，但在被告的系统仅被第三方用于创建传播副本的情况下，仍应存在技术服务提供者某种缺乏知晓的问题。

当一方"在没有直接参与或不知道实际复制的情况下"对他人直接实施的侵权行为作出贡献时，可以提起共同侵权诉讼。互联网服务提供商更有可能因共同侵权而不是直接侵权被起诉，因为他们不直接在网上复制或分发受版权保护的材料。如果当事人具有"监督侵权行为的权利和能力"以及"与此类活动有直接经济利益关系"，则ISP服务商可能要承担共同侵权责任。[2]

现代判例法承认了共同责任的两种形式：诱导责任、辅助责任。诱导侵权是指一个人明知他人的侵权行为，诱导、导致或者对他人的侵权行为作出

---

1 Matthew Sag, Internet safe harbors and the transformation of copyright law, Notre Dame Law Review, December, 2017.

2 Megan Smallen, Copyright owners take on the world (Wide Web): a proposal to amend the DMCA notice and takedown procedures, Southwestern Law Review, 2016.

实质性贡献。诱导侵权，是采取积极措施鼓励了直接侵权。辅助侵权发生在一个人有权利和能力控制侵权人的行为，明知他人侵权行为而作出贡献，并从侵权行为中获得直接的经济利益。替代责任适用于那些有权利和有能力监督侵权行为，并与侵权行为有直接经济利益关系的人。[1]

当被告积极促使侵权人实施侵权行为，或当被告提供侵权行为发生的手段时，被告对侵权行为作出了实质性贡献。"知识与诱惑相结合"或"监管与非法复制的经济利益相结合"时就会产生共同责任。

目前已经确定了判定共同侵权所必需的两个要素：被告必须知道侵权行为，而且其必须对侵权行为作出实质性贡献。虽然法院同意知晓要求应该是客观的，但许多法院在决定为追究责任而必须具备的知晓程度方面遇到了困难。关键的问题是，建设性的知晓是否足够。也就是说，原告是否必须证明被告对侵权行为的实际了解，或者是否应适用某种中间标准。[2]

法院可以认定ISP服务商对版权侵权负有责任：侵权的诱因、共同侵权和替代侵权。著作权侵权的测试分为两部分：（1）ISP是否对侵权活动有实际或建设性的了解；（2）它是否"诱导、导致或实质上促成了另一方的侵权行为"。[3] 法院采用了几种不同的标准来确定ISP是否知道侵权行为。这些知晓可能是实际的或具有建设性的；如果ISP"有理由知道"侵权行为，这将足以确定分担共同责任。侵权测试的第二个方面是ISP是否对其用户的直接侵权作出了实质性贡献，ISP服务商对侵权活动的贡献必须是"实质性的"。

替代责任则不考虑知晓问题。替代责任测试首先是询问ISP服务商是否从

---

1 Susanna Monseau, Fostering Web 2.0 innovation: the role of the judicial interpretation of the DMCA safe harbor, secondary liability and fair use, John Marshall Review of Intellectual Property Law, Fall, 2012.

2 Ross Drath, Hotfile, Megaupload, and the future of copyright on the internet: what can cyberlockers tell us about DMCA reform? John Marshall Review of Intellectual Property Law, Fall, 2012.

3 Brandon J., Trout, infringers or innovators? Examining copyright liability for cloud-based music locker services, Vanderbilt Journal of Entertainment and Technology Law, Spring, 2012.

直接侵权中获利。当ISP服务商从侵权内容中获得经济利益以及将侵权材料的可用性作为吸引客户的手段时，就满足了财务利益因素。替代责任测试的第二个方面，是分析ISP服务商是否拒绝停止或限制侵权行为。法院认为有许多因素可以作为监督权的证据，包括互联网服务提供商阻止侵权者访问在线环境的能力，以及互联网服务提供商是否拥有确定某些图片是否侵犯他人版权的技术。[1] 这意味着，界定这种所谓的"红旗"知晓，一直是法院在确定网站是否因其用户的侵权活动而不受DMCA"安全港规则"的责任约束时面临的最大挑战之一。[2]

三、云存储服务商的版权责任

随着云的使用越来越普遍，空间移动是必然的结果。越来越多的内容被存储在云中，用于各种目的。版权文件不仅存储在云中，而且可以在云中分享，无需将文件传输到本地计算机。在云中存储和访问受版权保护的作品，提出了关于这项新技术如何与现有法律相融合的问题。[3]

首先，用户可以直接从云存储服务商购买音乐，然后收听音乐。其次，用户可以将任何MP3文件上传到云存储服务商服务器。不管音乐是如何进入云存储服务商服务器的，用户可以从任何受支持的设备（包括家庭计算机、工作计算机、平板计算机、智能手机或其他连接到互联网的设备），在自己选择的平台上合法购买音乐之后，再播放音乐。

----

1 Megan Smallen, Copyright owners take on the world (Wide Web): a proposal to amend the DMCA notice and takedown procedures, Southwestern Law Review, 2016.

2 Susanna Monseau, Fostering Web 2.0 innovation: the role of the judicial interpretation of the DMCA safe harbor, secondary liability and fair use, John Marshall Review of Intellectual Property Law, Fall, 2012.

3 Cullen Kiker, Amazon cloud player: the latest front in the copyright cold war, Journal of Technology Law & Policy, December, 2012.

　　每个用户在云存储服务商那里都有自己的内存分配，他们可以存储音乐。用户支付额外的订阅费用后，可以增加内存分配。虽然云存储服务商为每个用户都分配了内存，从而导致为每个唯一用户存储同一文件的多个副本，造成内存重复使用，但有助于确保用户只听他们自己上传的音乐。[1]

　　音乐存储可以使用两种方法，第一种方法是云存储服务商为每个用户存储其上传的每首歌曲的单独副本，这可能导致云存储服务商存储数百万首相同歌曲的相同副本。这个方法有两个突出的问题：（1）与其他存储方法相比，用户上传时间较长；（2）它要求OSP将更多的服务器用于存储功能。谷歌和亚马逊都出于法律原因选择使用这种存储方式，尽管它有缺点。[2]

　　云存储服务商可能采用的第二种存储方法是"真正的"基于云的解决方案。云存储服务商将上传的歌曲分成单独的数字部分，这些部分被称为散列标签，稍后当用户希望从他们的云存储中下载或播放歌曲时，这些散列标签被用来识别和重新组合歌曲。因为云存储服务商不需要存储同一首歌的多个副本，所以它可以将服务器空间用于其他目的，也可以放弃使用额外的服务器，从而节省成本。此外，用户的上传时间也比谷歌和亚马逊所允许的方法短。[3]

　　在过去的20年里，技术和互联网的爆炸式增长导致了侵犯版权行为的迅猛增长。现代音乐产业人士担心音乐云存储会成为侵权的渠道。音乐云存储给版权所有者带来了更大的挑战，在打击侵权行为方面，他们面临的挑战要比那些试图阻止通过点对点服务途径进行侵权行为的人所面临的挑战更大。

---

1 Cullen Kiker, Amazon cloud player: the latest front in the copyright cold war, Journal of Technology Law & Policy, December, 2012.

2 Phillip Pavlick, Music lockers: getting lost in a cloud of infringement, Seton Hall Journal of Sports and Entertainment Law, 2013.

3 Phillip Pavlick, Music lockers: getting lost in a cloud of infringement, Seton Hall Journal of Sports and Entertainment Law, 2013.

（一）直接责任

宽带网络访问允许用户从任何可以上网的设备访问云中的文件。这不仅包括将文件上传到云中的人，还包括能够访问包含文件的文件夹的任何人。因此，在云中非法共享文件的可能性是巨大的。[1]

云存储服务商的配置是，只有单个用户可以访问用户上传的受版权保护的材料。当上传音乐时，音乐的副本会被复制到云存储服务商那里，问题是谁制作了副本：云存储服务商还是用户？[2] 是用户将音乐加载到云存储服务商还是访问从云存储服务商购买的拷贝，考虑到这种关系的持续性，再加上在没有许可的情况下使用受版权保护的音乐的明显目的，云存储服务商是否可能对直接侵权承担责任成为一个疑问。[3]

基于目前已知的事实，由于云存储服务商有资格获得DMCA"安全港规则"保护，认定直接侵权似乎不太可能。云存储服务商将可以使用DMCA作为一种保护，使自己免受侵权索赔的影响。

问题是云存储服务商与索尼案有什么本质区别？在索尼案判决中，保护索尼公司免受直接侵权索赔的一个理由是，一旦用户购买了录像机（VCR），索尼公司就与潜在侵权用户没有联系了。为了利用云存储服务商，用户必须登录并连接到云存储服务商，这就创建了一个索尼案中不存在的持续关系。当用户选择要复制的音乐时，它不会改变云存储服务商执行从用户收到的命令的事实。[4]

虽然云存储服务商提供了这项技术，但在用户加载或购买要存储在云存

---

1 Anne C. Datesh, Storms brewing in the cloud: why copyright law will have to adapt to the future of Web 2.0, Aipla Quarterly Journal, Fall, 2012.

2 Phillip Pavlick, Music lockers: getting lost in a cloud of infringement, Seton Hall Journal of Sports and Entertainment Law, 2013.

3 Cullen Kiker, Amazon cloud player: the latest front in the copyright cold war, Journal of Technology Law & Policy, December, 2012.

4 Cullen Kiker, Amazon cloud player: the latest front in the copyright cold war, Journal of Technology Law & Policy, December, 2012.

储服务商中的音乐之前，云存储服务商不会操纵任何受保护的音乐。云存储服务商是自动化的，因此云存储服务商的技术人员不直接参与上传受版权保护的音乐。云存储服务商确实存储了一份音乐拷贝，但这是用户发起的拷贝行为，云存储服务商仍然处于被动状态，这表明云存储服务商不是直接侵权者。如果云存储服务器仅仅是一个自动化的管道，那么云存储服务商对其上发生的侵权行为不负责任。

可以用一个类比来说明，这个类比在大学复印中心的案例中被引用过。如果一个受版权保护的音乐由复印中心复印，复印中心的员工操纵机器来创建一个副本，那么复印中心就是一个直接侵权者。云存储服务商不是这样，因为云存储服务商不需要人工操作，从而免除云存储服务商的直接侵权。云存储服务商更类似于一个用户走进一个复制中心并自己制作一个副本，但还没有发现这与复制中心直接侵权有关。

另外一个类比是假设传真机的功能，在接收传真时具有自动转发功能，然后将其重新发送给用户。传真机实际上已成为一台复印机，传真可能存储在一个远程位置，用户可以去另一个办公室，拨打一个号码，并在新位置将传真发送给他人。这与用户将MP3文件加载到云存储服务商，然后再将其下载到智能手机上没有什么不同。如果用户向自己发送传真，然后使用云功能查看文档，那么传真机是否侵犯了版权？如果用户控制了一切，并且传真机是自动化的，那么答案是否定的。[1]

为了在云中存储内容，云存储服务商必须复制用户上传的内容。云存储服务商通常从这种复制和存储服务中获利。然而，不存在云存储服务商的意志的情况下复制，这将保护大多数云存储服务商免于承担直接责任，特别是如果他们在遵守DMCA的情况下。[2]

----

1 Cullen Kiker, Amazon cloud player: the latest front in the copyright cold war, Journal of Technology Law & Policy, December, 2012.

2 Anne C. Datesh, Storms brewing in the cloud: why copyright law will have to adapt to the future of Web 2.0, Aipla Quarterly Journal, Fall, 2012.

（二）共同责任

云存储服务商正在获得好处，因为人们为云存储服务付费，云存储服务商鼓励人们将MP3文件上传到云存储服务器。[1] 但不太可能根据诱导理论找到一个音乐云存储服务机构对版权侵权负责。

Grokster案的四个因素中有三个有利于云存储服务。

第一，云存储服务有音乐许可协议，因此，这些服务的目的是为合法的音乐购买者提供存储和流媒体音乐库的渠道。[2]

第二，虽然云存储服务商没有主动过滤以防止服务器上的侵权活动，但是，它们都符合DMCA"通知—删除"的规定。

第三，为了营利，服务不依赖于盗版。很难说云存储的存在是促进音乐盗版，其服务很容易与Grokster或其他文件共享网站的服务区分开来。

第四，云存储服务商没有向侵权者做广告，其网站也没有暗示使用他们的服务进行盗版的可能性。因此，法院不太可能根据诱因认定云存储服务商应承担共同责任。[3]

云存储服务商必须接收版权所有者的删除通知，必须按照DMCA的规定禁用访问并从其系统或网络中删除侵权材料。当云存储服务商未能对有效的删除通知作出充分的响应时，它将对已确定的侵权行为承担责任，因为删除通知将成为云存储服务商实际知晓的基础。[4] 如果云存储服务商能够在收到了符合规定的删除通知之后，在其服务器上跟踪侵权材料的转移，就有义务从

---

1 Cullen Kiker, Amazon cloud player: the latest front in the copyright cold war, Journal of Technology Law & Policy, December, 2012.

2 Brandon J., Trout, infringers or innovators? Examining copyright liability for cloud-based music locker services, Vanderbilt Journal of Entertainment and Technology Law, Spring, 2012.

3 Brandon J., Trout, infringers or innovators? Examining copyright liability for cloud-based music locker services, Vanderbilt Journal of Entertainment and Technology Law, Spring, 2012.

4 Phillip Pavlick, Music lockers: getting lost in a cloud of infringement, Seton Hall Journal of Sports and Entertainment Law, 2013.

最初确定的位置删除所有可追踪的侵权材料。

为了让版权所有者充分保护自己在音乐云存储或任何地方的作品，他们必须首先了解表面知晓和实际知晓的范围。

如果云存储服务商不知道用户在其系统或网络上放置的侵权材料，则其不具备实际知晓。为了便于法院判定云存储服务商是否拥有明显的知晓，美国国会制定了一个"红旗规则"。根据主观因素，法院必须确定云存储服务商知晓申诉方查明涉嫌侵权时所处的事实和情况。然后，客观测试指示法院询问在相同或类似情况下从事侵权活动的一个理性人是否会发现侵权行为。为了证明在"红旗"测试下存在明显的知晓，版权所有者必须证明云存储服务商知道具体的侵权案例，或者云存储服务商对侵权熟视无睹。"红旗"测试表明，当一个理性的人在相同或类似的情况下进行侵权活动时，他会发现明显的知晓存在。法院要求具体性的客观因素，从而把表面知晓推入了实际知晓的领域。如果实际知晓的标准提高，这意味着版权所有者必须依靠自己的行动来阻止侵权。由于法院将表面知晓的标准提高到实际知晓的标准，版权所有者只有一个选择：证明云存储服务商具备侵权的实际知晓。通过要求版权所有人发出删除通知，以表明云存储服务商拥有实际或明显的侵权知晓，但在这种情况下，法院将版权所有人置于弱势地位。

DMCA的"安全港规则"强化了在服务提供商承担共同责任之前，知晓侵权的必要性。[1] 因此，DMCA在"云"中的应用是站不住脚的。对于向用户提供私有存储的云平台来说尤其如此。DMCA"通知—删除"模式的有效性取决于网络服务提供商和版权所有人都能看到用户的侵权行为。上传的任何内容都可以被所有人看到，包括版权所有者、网络服务提供商和运行各个网站的网络主机。这种公开的可用性使版权拥有者更容易地发现侵权材料，帮助网站主人容易地找到并从网站上删除这些材料。但是，这在云存储中是看不到的。在这些"黑"云网络中可能会发生直接侵权，但云存储服务商对云

---

1 Anne C. Datesh, Storms brewing in the cloud: why copyright law will have to adapt to the future of Web 2.0, Aipla Quarterly Journal, Fall, 2012.

的固有的缺乏知晓和控制可能会限制替代责任。这是因为云存储服务商只有在知道并对直接侵权行为作出实质性贡献的情况下，才承担责任。由于两个结构性原因，在云计算中很难证明有关侵权。首先，云存储服务商在上传、流媒体或共享云内容方面天生缺乏监管。其次，基于存储的云中共享的文件对搜索侵权的内容版权所有者是不可见的。因此，证明实际知晓的传统途径并不适用于云存储。[1]

通过这种方式，云的集中式被动结构实际上限制了云存储服务商的责任，同时使用户之间的文件共享更加容易。因此，即使是云存储服务商，由于其在信息存储和访问方面的被动作用和缺乏监督，即便其服务器用于分散文件共享时其也可能免于承担共同责任。

如果云存储服务商遵守这些法定要求，它们可以在DMCA下获得"安全港"保护。但是，由于基于存储的云实际上并不"读取"它们所承载的内容或流媒体内容，因此不太可能按照DMCA要求其承担责任。没有标记侵权复制品的技术，也没有任何人在云中对私有文件进行检查，云存储服务商很可能对具体的侵权活动一无所知，因此不足以失去他们的DMCA"安全港"。如果没有这些知道和故意，基于存储的云存储服务商将不必删除侵权材料，且将免于承担责任。因此，只要云存储服务商保持通知和删除的策略，它们就应该完全受到DMCA的保护。[2]

由于隐私问题和有效的存储方法决定了云的结构，大多数云存储服务商不会故意对侵权行为视而不见。因此，云存储服务商故意视而不见的证据将被弱化。除非云存储服务商正在积极推广侵权行为，或者通过广告或内部备忘录表达了它将帮助侵权的意愿，否则不太可能找到诱因。因此，由于证明实际知晓的途径有限，而且缺乏发现建设性知晓的坚实基础，对云存储服务商的共同责任索赔是复杂的。

1　Anne C. Datesh, Storms brewing in the cloud: why copyright law will have to adapt to the future of Web 2.0, Aipla Quarterly Journal, Fall, 2012.

2　Anne C. Datesh, Storms brewing in the cloud: why copyright law will have to adapt to the future of Web 2.0, Aipla Quarterly Journal, Fall, 2012.

　　多租户进一步加剧了云存储服务商缺乏监管的状况。多租户体系结构允许资源池的存在，所以一个物理服务器可以容纳大量用户。此外，根据云的多租户级别，服务器可以为租户分配一个私有虚拟机来访问服务器上的数据，或者管理程序可以在一台虚拟机上同时为多个租户提供服务。与虚拟化相结合，该技术允许云服务提供商根据需求动态地分配和重新分配物理资源和虚拟资源给不同的租户，从而最大限度地提高存储和计算能力。但是多租户也使得数据的具体位置和所有权难以确定。在云存储平台上，用户将资料上传到一个私有的个人硬盘驱动器，根据云中的多租户级别，该硬盘驱动器受到各种日益复杂的隐私措施的保护。虚拟化允许云系统自动访问每个用户上传的内容，而不受云服务提供商的监督。而且，即使用户与其他人共享个人云中的文件夹，他们也常常能精确地限制其他人看到其存储和共享的内容。[1] 此外，这项技术需要在每个虚拟机上运行该机制以保护各个租户的隐私信息，从而使云服务提供商对存储和访问云中的信息的有效监管进一步减少。

　　最终，这意味着云存储服务商是唯一的、不知道是否上传和访问了授权或未经授权的副本的一方。更重要的是，版权所有人通常无法在基于存储的私有云中发现和识别侵权活动，使得DMCA的通知和删除条款无效。因此，云结构使用虚拟化、多租户和广泛的网络访问，从本质上使网络服务提供商获得了DMCA保护。

　　基于存储的云平台可以很容易地以一种与分散的、朋友对朋友的方式使用。[2] 如黑云一般，这使得云存储服务商能够利用DMCA的"安全港规则"，因为云存储服务的私密性本质上限制了他们对实际侵权事实的了解。

　　因此，大多数云存储服务商不会运行云来积极促进文件共享或帮助用户定位和下载受版权保护的文件。相反，大多数基于存储的云只是作为用户上传、下载和共享文件的被动管道。因此，其对侵权的实质性贡献将难以被证明。

----

1 Anne C. Datesh, Storms brewing in the cloud: why copyright law will have to adapt to the future of Web 2.0, Aipla Quarterly Journal, Fall, 2012.

2 Anne C. Datesh, Storms brewing in the cloud: why copyright law will have to adapt to the future of Web 2.0, Aipla Quarterly Journal, Fall, 2012.

综上所述，云存储作为一种新技术手段，使得云存储服务商较难于承担诱导侵权和辅助侵权责任。云存储的大量非侵权使用潜力巨大，所有的云存储服务都将从盗版中受益，因为用户可以将盗版歌曲上传到任何云存储，然后将其传输，这将增加服务的用户基础，从而增加其收入。

云存储对侵犯版权有重大贡献，物质贡献的法律要件仍可能导致音乐云存储服务商承担责任。根据"网站和设施"或"环境和市场"测试，法院可能会发现音乐云存储服务为用户提供必要的功能和设备，侵犯版权，因为这些服务允许用户上传他非法获得的音乐。云存储服务的贡献是巨大的，没有它们的服务，版权侵权（将版权歌曲上传到云存储服务器）是不可能发生的。因此，云存储服务应承担责任。[1]

即使云存储服务商从未实际或表面上知道侵权行为，如果它获得了可直接归因于侵权行为的经济利益并保持了控制侵权行为的能力和权利，仍无法免于责任。一些云存储服务商可能故意制造暗网，并为用户提供直接侵权的站点和设施。在这些情况下，可能会发现其建设性的知晓和实质性贡献，并因此承担责任。

即使在上述侵权贡献存在的情况下，使云存储服务商免责的通道也是存在的。云存储服务商更容易使用"通知—删除"规则，而获得免责。在确定云存储服务商的知晓要件上，更为复杂而难于举证。因此，云存储服务商的共同侵权责任较难于追究。

云计算技术已经引起了内容行业的注意，在版权执行政策方面的任何进展都必须平衡公共利益和私人利益，以保护版权所有者的权利，同时仍需要推动云计算平台的创新。云计算平台将成为内容所有者打击盗版的新战线。在目前的法律环境下，如果没有可以依靠的立法，版权产业将被迫创造新的解决方案，这些方案可以随着在线盗版的发展而发展，从而更成功地打击盗版。

---

1 Brandon J., Trout, infringers or innovators? Examining copyright liability for cloud-based music locker services, Vanderbilt Journal of Entertainment and Technology Law, Spring, 2012.

　　值得回顾的是，版权法的目标不是赋予创意垄断权，而是通过传播创造性作品来促进进步和促进公共福利。保护作家的经济利益不是为了奖励他们的劳动，而是为了进一步激发创造性的表达。应当看到，禁止共享信息以保护潜在的版权销售市场将是完全倒退的。[1]

　　互联网为大大小小的企业创造了前所未有的信息交流和创新环境。抑制这个动态创新中心的增长，以满足内容所有者的业务模型，并不是一个可行的解决方案。应当确保通过支持新作品的创作和建立以互联网提供的独特方式分享作品的能力来促进发展。[2]

---

1 Anne C. Datesh, Storms brewing in the cloud: why copyright law will have to adapt to the future of Web 2.0, Aipla Quarterly Journal, Fall, 2012.

2 Anne C. Datesh, Storms brewing in the cloud: why copyright law will have to adapt to the future of Web 2.0, Aipla Quarterly Journal, Fall, 2012.

第十章

公开表演权研究

一、美国公开表演权相关判例

（一）Cablevision案

1.案情

纽约市有线电视提供商Cablevision于2006年宣布，计划推出RS-DVR服务。这一网络系统背后的目的是取代传统的DVR服务，减少人们购买数码录像机（DVR）的设备支出。Cablevision公司建立了一个程序，允许客户将实时节目存储在自己的服务器上，而不是家庭设备（或机顶盒）上，以便以后可以像使用传统的个人设备一样查看节目。Cablevision公司的目标是为客户提供与他们自己的DVR完全相同的功能，同时允许客户将节目保存在专门分配给他们的Cablevision公司服务器的计算机存储空间内。当有线电视用户选择在DVR上保存节目时，系统将合法传输到客户所在位置的信号进行分割，以便信号既可以传送到电视上，在电视上现场观看，也可以传送到机顶盒DVR存放，以备将来使用。使用Cablevision公司的RS-DVR系统，信号在Cablevision公司服务器中被分割，并单独且唯一地被存储在Cablevision公司的机器上，而不是个人机顶盒上。[1]

版权所有者授予Cablevision公司在特定地理位置向客户传输带有版权内容的实时信号的合法权利，因此客户通过订阅获得访问这些信号和查看相关程序的权利。当客户使用Cablevision公司的RS-DVR时，除了临时存储这些信号所携带的内容外，什么也不会改变。客户以与操作机顶盒完全相同的方式控制设备的操作。[2]

新型RS-DVR系统的本质是，该系统允许有线电视用户录制有线电视节目，并通过"云"接收回放。虽然典型的DVR将录制好的节目储存在内部硬盘上，而不是盒式磁带上，但RS-DVR允许DVR的用户将有线节目录制在Cablevision公司的远程中央硬盘上。客户可以通过家庭电视机，使用装有RS-DVR软件的标准有线电视机顶盒，收听这些节目。[3]

Cablevision公司汇集了来自内容提供商、制作或提供独立节目的各种广播和有线电视频道的电视节目，然后通过同轴电缆将这些节目传送到用户家中。其将各个频道的内容汇集成一个单一的数据流，对数据流进行处理后，将数据实时传送给客户。例如，如果1000个客户记录了世界职业棒球大赛第七场比赛，Cablevision公司将创建1000份拷贝，每个客户1份。如果客户想重看或倒回去一部分节目，有线电视将为该客户传送创建的特定副本，而其他人不可以访问该特定副本，因此每个副本是"独立"的。[4]

RS-DVR使用类似于机顶数字录像机的技术，允许没有独立DVR系统的用户在CableVision公司封装和维护的中央硬盘上录制有线节目。用户随后使用标准有线电视盒和RS-DVR软件，通过家庭电视接收到节目拷贝的回放。

----

1 Lee B. Burgunder, The Supreme Court performs the right notes for dish in Aereo, Vanderbilt Journal of Entertainment and Technology Law, Summer, 2015.

2 Lee B. Burgunder, The Supreme Court performs the right notes for dish in Aereo, Vanderbilt Journal of Entertainment and Technology Law, Summer, 2015.

3 Amanda Asaro, Stay tuned: whether cloud-based service providers can have their copyrighted cake and eat it too, Fordham Law Review, November, 2014.

4 Amanda Asaro, Stay tuned: whether cloud-based service providers can have their copyrighted cake and eat it too, Fordham Law Review, November, 2014.

每个用户的拷贝都是唯一的：用户想要录制一个特定的节目，将制作一份拷贝，每一份都存储在服务器中。[1]

了解该案例的关键是了解RS-DVR系统的工作原理。其与传统的广播节目传输不同，传统的广播节目通过同轴电缆以单数据流方式传输到用户家中，RS-DVR系统将数据分成两个数据流。其中，第一个数据流通过同轴电缆发送给用户；第二个数据流通过宽带媒体路由器（BMR）进行缓冲和重新格式化，然后发送到Arroyo服务器，该服务器由两个数据缓冲区和Cablevision公司的高容量硬盘驱动器组成。数据流路径如下：整个数据流移动到第一个缓冲区（主缓冲区），此时服务器自动查询是否有客户想要访问。如果客户已请求访问，则该程序的数据将从主缓冲区移动到辅助缓冲区，然后移动到分配给该客户的硬盘内。[2]

一旦数据到达Arroyo服务器，将被存储在硬盘驱动器上为一个订阅服务器预留的空间中，并且仅对该订阅服务器可用。记录的程序将无限期地存储在Arroyo服务器上，直到被订阅服务器删除或被Cablevision公司覆盖。RS-DVR系统类似于VOD服务，但增加了播放以前录制内容的功能，设备的所有权仍归Cablevision公司所有，由Cablevision公司进行物理控制，Cablevision公司的工作人员可监控编程流并确定分配给每个用户的内存量。此外，Cablevision公司还对用户可用的内容以及功能进行了一些控制。[3]

在宣布该计划后不久，包括福克斯、哥伦比亚广播公司、ABC、NBC、迪士尼、派拉蒙、环球等广播网络和内容公司提起了诉讼。

1　Megan Larkin, The demise of the copyright act in the digital realm: re-engineering digital delivery models to circumvent copyright liability after Aereo, Columbia Journal of Law & the Arts, Spring, 2014.

2　Megan Larkin, The demise of the copyright act in the digital realm: re-engineering digital delivery models to circumvent copyright liability after Aereo, Columbia Journal of Law & the Arts, Spring, 2014.

3　Megan Larkin, The demise of the copyright act in the digital realm: re-engineering digital delivery models to circumvent copyright liability after Aereo, Columbia Journal of Law & the Arts, Spring, 2014.

2.判决

原告声称，Cablevision公司将录制的节目从其设施传输到客户家中，这种行为侵犯了公开表演权，Cablevision公司应对未经许可在其服务器上复制受版权保护的节目副本，并在未经授权的情况下侵犯公开表演权向公众传播该内容，而负直接侵权责任。Cablevision公司声称其不应承担责任，因为是订阅者制作了副本，而不是Cablevision公司。此外，它还认为，这些传输不是公开的，是针对每个客户的独特的和个性化的。[1] 毫无疑问，表演是有线电视播放过程中的一部分，但各方对表演者以及它们是否公开存在异议。Cablevision公司认为演出不是公开的，订阅者"制作"了单个传输的源拷贝，而且由于每次播放传输都是从用户的私人拷贝启动的，所以演出也只能是私有的。[2]

美国地区法院裁定Cablevision公司的RS-DVR系统在不同的时间向不同的客户发送相同的内容，这完全属于公开表演。

然而，美国联邦上诉法院不同意下级法院的分析。上诉法院认为，Cablevision公司的传输在技术创新方面迈出了重要的一步，法院注意到，Cablevision公司在收到客户的请求后创建和存储唯一的单独副本，并单独存储每个副本。因此，作品（副本）仅对一个个人（订阅者）执行，从而是私人表演，这是合法的。[3] 第二巡回法院认为，Cablevision公司没有通过允许系统向用户传输版权内容而公开演出。首先，是客户而非Cablevision公司进行了传输。此外，在任何情况下，传输都不是"向公众"的。因此，无论是

------

1 Megan Larkin, The demise of the copyright act in the digital realm: re-engineering digital delivery models to circumvent copyright liability after Aereo, Columbia Journal of Law & the Arts, Spring, 2014.

2 Rebecca Giblin, Jane C. Ginsburg, We (still) need to talk about Aereo: new controversies and unresolved questions after the Supreme Court's decision, Columbia Journal of Law & the Arts, Winter, 2015.

3 Ernesto Omar Falcon, The value of cablevision and its implications on international copyright law and the internet, Pacific McGeorge Global Business & Development Law Journal, 2015.

谁传输的，都不会侵犯版权所有人的公开表演权。法院最终一致认为，传输不是向公众进行的，因此，不必解决由谁负责进行这些传输的问题。[1]

Cablevision公司的每一次传输都源自客户创建的唯一加密副本，并专门发送到该客户的有线电视盒。根据第二巡回法院意见，使用唯一副本会限制传输的潜在受众，因此它只考虑系统的运行是否导致向公众传输信息。法院认为，"鉴于每一次RS-DVR播放传输都是使用该用户制作的唯一副本发送给一个用户，我们得出结论，这种传输不是'向公众'的性能，因此不侵犯任何公开表演专有权"[2]。

尽管第二巡回法院发现，从Arroyo服务器到用户电视的RS-DVR播放导致了"作品表演的传输"，但播放"不涉及向公众表演的传输"。[3] 第二巡回法院认为，由于Cablevision公司的客户直接向系统发出录制命令，系统便会自动遵从该命令，而不会作出任何有意愿的行为，因此Cablevision公司就像一个商店的业主，向客户收取使用影印机的费用。法院认为所有传输都是私有的，Cablevision公司没有侵犯公开表演权。[4]

第二巡回法院同意被告的论点，即向付费的RS-DVR用户传输录制内容是不对公众的，即使该项服务允许用户在不同的时间和地点观看相同的节目。节目是由用户方录制的，只是存储在Cablevision公司的RS-DVR服务器上并从服务器上传输。Cablevision公司的系统存储了每位客户录制节目的唯一副本。

---

1 Lee B. Burgunder, The Supreme Court performs the right notes for dish in Aereo, Vanderbilt Journal of Entertainment and Technology Law, Summer, 2015.

2 Lee B. Burgunder, The Supreme Court performs the right notes for dish in Aereo, Vanderbilt Journal of Entertainment and Technology Law, Summer, 2015.

3 Megan Larkin, The demise of the copyright act in the digital realm: re-engineering digital delivery models to circumvent copyright liability after Aereo, Columbia Journal of Law & the Arts, Spring, 2014.

4 Mary Rasenberger, Christine Pepe, Copyright enforcement and online file hosting services: have courts struck the proper balance? Journal of the Copyright Society of the U.S.A., Spring, 2012.

法院最后裁定："由于RS-DVR系统按照设计，仅使用用户制作的副本向该用户发送数据，因此我们认为，能够接收RS-DVR数据传输的所有人都是唯一的用户，他们自制副本用于创建该传输。"[1] 第二巡回法院认为，有线电视没有侵犯广播公司的复制权或公开表演权，副本不会被传输给公众，因为每个播放传输都是发送给个人的。[2]

在复制认定方面，确定Cablevision公司在最初缓冲数据时有没有创建"副本"时，第二巡回法院认为，从该客户制作的唯一副本中获得唯一客户，为了固定，数据必须同时包含在一个可以感知和通信的介质中，并且必须在一段时间内保持短暂的数据。法院认为，尽管数据满足有形实施例的要求，但实施例的持续时间不超过短暂的持续时间，因为在自动覆盖之前，该实施例仅在缓冲区中保持1.2秒。尽管法院承认暂时性要求是一个事实特定的决定，1.2秒的持续时间不满足其他先例设定的标准，在该标准中，数据要保留在用户的RAM内存中，直到计算机关闭。

法院认为，在缓冲区中保留1.2秒的主要摄入缓冲区的副本没有足够"固定"而构成"副本"，因为它们的持续时间不超过短暂的57秒，法院发现储存在缓冲区中的内容确实构成了"副本"，但是，Cablevision公司对复制不承担责任，因为复制副本的是每个订阅者，而不是Cablevision公司。

在驳回下级法院的理由时，第二巡回法院表示：RS-DVR客户与录像机用户之间的区别还不够大，不能因根据客户命令自动制作的拷贝而将直接侵权者的责任强加给另一方。

首先关于复制问题，法院认定客户实际上制作了复制品，这一概念最初在宗教技术中心诉网通案（以下简称网通案）的在线通信中得到阐述。根据

---

1 Mary Rasenberger, Christine Pepe, Copyright enforcement and online file hosting services: have courts struck the proper balance? Journal of the Copyright Society of the U.S.A., Spring, 2012.

2 Megan Larkin, The demise of the copyright act in the digital realm: re-engineering digital delivery models to circumvent copyright liability after Aereo, Columbia Journal of Law & the Arts, Spring, 2014.

网通案的说法，如果有人拥有或操作一台在第三方启动时复制内容的机器，并不一定对该机器复制的内容负有直接责任。网通案中，法院将互联网上的操作服务器与从未被指控负有直接责任的实体的可使用的复印机相比。根据这一类比，法院裁定必须有"某种意志或因果关系要素"将责任归咎于机器所有者。[1]

其次关于Cablevision公司是否直接负责创建播放副本。Cablevision公司的RS-DVR程序始于用户选择要录制的节目，此时，节目的副本被创建并存储在Arroyo服务器上。在确定实体是否负有直接责任时，"问题在于谁制作了该副本"。第二巡回法院将Cablevision公司的RS-DVR程序与VCR程序进行了比较，从而免除了Cablevision公司对直接侵权的责任。"在确定谁实际'制作'了一份副本时，"法院观察到，"向员工提出请求，然后员工自愿操作复制系统进行复制，然后直接向系统发出命令，该系统自动服从命令，不进行自愿行为，这两者之间存在显著差异"。因此，Cablevision公司对选择可供用户使用程序的控制不足而进行复制已触发责任。[2]

第二巡回法院认为，先前的直接侵权案件需要设备供应商的自愿侵权行为。法院认为，本案仅存在"两个自愿行为"。第一个是Cablevision公司的设计，设备的安装、维护和存放；第二个是客户订购设备时的行为产生了一份副本。第二巡回法院发现，Cablevision公司与拥有复印机或私人印刷店的公共图书馆处于相同的情况。它们都向公众提供了一个设备，用于制作副本，但不自愿与客户合作制作该副本。这一"自愿行为"的要素，虽然在法令中没有明确要求，但对于互联网行业来说是至关重要的，因为越来越多的服务迁移到由用户复制和传输文件驱动的云计算。[3]

---

1 Lee B. Burgunder, The Supreme Court performs the right notes for dish in Aereo, Vanderbilt Journal of Entertainment and Technology Law, Summer, 2015.

2 Megan Larkin, The demise of the copyright act in the digital realm: re-engineering digital delivery models to circumvent copyright liability after Aereo, Columbia Journal of Law & the Arts, Spring, 2014.

3 Ernesto Omar Falcon, The value of cablevision and its implications on international copyright law and the internet, Pacific McGeorge Global Business & Development Law Journal, 2015.

按照同样的逻辑，第二巡回法院认为Cablevision公司没有采取必要的自愿行为因而不对直接侵权承担责任，因为副本是按照客户的要求制作的。在得出这一结论时，几个问题对法院很重要。首先，Cablevision公司提供了一个系统，该系统可以机械地复制电视节目，而不需要其人员参与制作拷贝。其次，Cablevision公司没有选择客户能够复制的节目，相反，这些节目是通过版权所有者授权Cablevision公司向客户传输的频道提供的，客户实际上选择并将视频加载到录像机中。[1]

Cablevision公司最初为客户提供了对受版权保护内容的合法访问，并且许多客户合法地为时间转移制作副本。基于这些原因，第二巡回法院认为，"根据本案的事实，由RS-DVR系统制作的副本是由RS-DVR客户'制作'的，而Cablevision公司因提供该系统对本次复制的贡献并不承担直接责任。"因此得出结论，Cablevision公司对使用RS-DVR系统制作的任何侵权复制品不承担直接责任。[2]

综上所述，法院认为，"因为按照设计，RS-DVR系统只使用该用户制作的拷贝向一个用户发送信息。能够接收RS-DVR传输的人是一个用户，他们的自制副本被用来创建该传输"[3]。法院因此作出有利于Cablevision公司的判决。Cablevision公司的RS-DVR系统不会直接侵犯广播节目的版权，因为这些节目并不是"向公众"传送的。[4]第二巡回法院认为由"两个基本事实"可以认为Cablevision公司的传输不是公开表演：（1）RS-DVR系统允许每个用户创建每个节目的唯一副本；（2）向用户传输的录音是该唯一

---

1 Lee B. Burgunder, The Supreme Court performs the right notes for dish in Aereo, Vanderbilt Journal of Entertainment and Technology Law, Summer, 2015.

2 Lee B. Burgunder, The Supreme Court performs the right notes for dish in Aereo, Vanderbilt Journal of Entertainment and Technology Law, Summer, 2015.

3 Megan Larkin, The demise of the copyright act in the digital realm: re-engineering digital delivery models to circumvent copyright liability after Aereo, Columbia Journal of Law & the Arts, Spring, 2014.

4 Amanda Asaro, Stay tuned: whether cloud-based service providers can have their copyrighted cake and eat it too, Fordham Law Review, November, 2014.

副本。这些功能意味着"每个RS-DVR系统传输的潜在观众只是一个单一的Cablevision订阅者,即创建拷贝的订户","这一限制意味着传输不是'向公众'的。"

(二)Aereo案

1.案情

在Cablevision案判决之后,总部位于纽约的Aereo技术公司利用个性化天线阵列系统和远程存储技术组合记录节目。Aereo公司的天线阵列系统捕捉本地电视台的广播信号,并使其能够通过互联网进行录制和向用户传输。该过程背后的商业计划是允许消费者从Aereo公司租用天线并录制广播节目。[1]

Aereo公司设计了一个系统,使其存储无线广播,为每个客户分配了一个接收现场电视节目的独特天线。然后,借助该系统,客户可完全控制选择想要通过互联网从天线传输到个人电子观看设备上的节目。[2] 更具体地说,Aereo公司的系统由成千上万个极小尺寸的天线组成,这些天线被安置在一个合适的设施中,接收空中电视信号。当其客户想要观看电视直播时,他或她可从Aereo公司网站上的本地节目列表中选择节目。Aereo公司的服务器将为该客户提供特定的天线,并将其调至选定的节目。值得注意的是,当客户完成对节目的访问后,天线将被重新分配给另一个单独的用户,用户可以用它来接收想要的节目。在选择了一个特定的节目之后,客户可以要求将节目立即通过因特网传输到个人设备上,或者指示系统将节目保存在专供该客户使用的存储空间中,以便以后以流媒体形式播放。[3]

Aereo公司于2012年推出在线电视服务。其利用消费者对高价有线电

1　Ernesto Omar Falcon, The value of cablevision and its implications on international copyright law and the internet, Pacific McGeorge Global Business & Development Law Journal, 2015.

2　Lee B. Burgunder, The Supreme Court performs the right notes for dish in Aereo, Vanderbilt Journal of Entertainment and Technology Law, Summer, 2015.

3　Lee B. Burgunder, The Supreme Court performs the right notes for dish in Aereo, Vanderbilt Journal of Entertainment and Technology Law, Summer, 2015.

视和不灵活的"捆绑"模式的失望，通过计算机和移动设备经互联网访问录制的广播内容，从而避免了消费者对任何物理录制设备甚至电视机的需求。用户可以使用Aereo公司的技术，通过互联网连接的屏幕（包括手机和平板计算机）观看广播电视，无论是在现场观看还是在以后方便的情况下观看。通过增加地理和时间灵活性，同时保持观看电视直播的能力，Aereo公司为许多用户提供了比现场电视观看更好的替代方案。[1] Aereo公司有大型天线板，每个天线板可容纳约80个独立工作的尺寸为10毫米的天线，这些天线可捕捉空中广播电视信号。当用户选择"观看"或"录制"时，信号被发送到Aereo公司的天线服务器，该服务器分配一个独立的天线和用户代码转换器给用户。首先，天线服务器将天线调到播放用户所需节目的频道的广播频率；然后，天线服务器向Aereo公司的流服务器发送请求，以创建个人目录来存储捕捉的数据。因此，一旦用户请求一个节目，天线就捕捉、缓冲并将数据发送到流媒体服务器，在该服务器上复制并保存到用户在Aereo公司硬盘上的个人目录中。只有原始请求的用户才能同时选择"观看"或"录制"同一节目，也可以查看该节目的特定副本。如果订阅者选择了"监视"，则每次在订阅者的硬盘个人目录中只保存6秒到7秒的编程时间。[2]

Aereo公司的天线服务器在接收到用户的请求后，通过复杂的天线系统处理该请求，并将其简单地存储在特定用户的目录中，然后向该用户发送一个唯一的传输。即使两个用户同时选择观看或录制相同的节目，每个用户的请求也将由不同的天线处理，存储在不同的目录中，并分别传输。例如，如果1000名Aereo公司客户想观看福克斯电视台播出的世界职业棒球大赛第七场比赛，天线系统将接收所有这些请求，将数据在Aereo公司的服务器上存

---

1 Rebecca Giblin, Jane C. Ginsburg, We (still) need to talk about Aereo: new controversies and unresolved questions after the Supreme Court's decision, Columbia Journal of Law & the Arts, Winter, 2015.

2 Megan Larkin, The demise of the copyright act in the digital realm: re-engineering digital delivery models to circumvent copyright liability after Aereo, Columbia Journal of Law & the Arts, Spring, 2014.

储几秒钟，然后发送给订阅用户。如果另外1000个订阅者选择"录制"节目，那么另外1000个天线将接收到一个信号，并将数据存储在Aereo公司服务器上的1000个独立目录中，之后根据每个订阅者的请求使用。Aereo公司为每个客户传送记录的特定副本，没有人会收到相同的副本。[1]

Aereo公司的系统允许用户通过任何联网设备观看广播电视，方法是登录其Aereo账户，选择想要观看或录制的节目。当用户选择观看或录制某些节目时，web浏览器发送请求到Aereo服务器的天线，然后分配一个天线和用户代码转换器，发送一个优化请求，指令用户的天线"调整为"特定的广播频率以获得所需的节目。和RS-DVR系统一样，Aereo公司的系统向选择"观看"某个节目的用户发送一个独特的信号，只有选择"录制"某个节目的用户才能访问系统存储的数据。无论哪种方式，发出请求的个人订阅者是发送数据和信号的唯一接收者。[2]登录到其个人账户后，用户可以查看节目指南，其中显示了当前正在播放的节目以及将来将要播放的节目。当用户选择当前正在播放的节目时，用户可以按"观看"，此时节目开始播放的时间相对于直播电视广播稍有延迟，按"录制"，即复制并保存节目供以后查看。当用户按"观看"或"录制"时，他或她可以根据需要暂停和倒带节目。当用户想选择将来播放的节目时，只能按"录制"，节目将被复制并保存以便以后播放。[3]

因此，Aereo公司服务的三个关键技术功能是：（1）每个用户被分配给一个单独的天线；（2）被分配的天线所捕捉的信号用来创建节目的唯一副本，该副本保存在每个用户的个人目录中；（3）用户个人的节目副本，任何其他Aereo用户都无法访问。Aereo公司的系统允许用户以每月支付订阅费

1　Amanda Asaro, Stay tuned: whether cloud-based service providers can have their copyrighted cake and eat it too, Fordham Law Review, November, 2014.

2　Amanda Asaro, Stay tuned: whether cloud-based service providers can have their copyrighted cake and eat it too, Fordham Law Review, November, 2014.

3　Megan Larkin, The demise of the copyright act in the digital realm: re-engineering digital delivery models to circumvent copyright liability after Aereo, Columbia Journal of Law & the Arts, Spring, 2014.

的方式通过无线广播电视进行实时访问，通过数千根微型天线捕捉无线广播电视信号，并将节目的单独副本存储在远程硬盘驱动器上，从而提供这项服务。用户可以利用Aereo天线仅通过互联网连接观看直播电视，但无需再支付有线订阅服务费。[1]

广播公司起诉Aereo公司，寻求对它的初步禁令，理由是其近现场传输侵犯了公开表演权。广播公司主张，使用单个天线在互联网上实时重新传输个性化副本，违反了著作权法的传输条款，因为此类活动导致表演受版权保护的作品。与Cablevision案类似，广播公司试图禁止Aereo公司"直播"其受版权保护的节目（即与节目的空中广播同时进行），声称这样做类似于有线电视提供商转播受版权保护的内容，不再支付有线订阅服务费，造成广播公司的损失。Aereo公司则声称其服务没有侵犯广播公司的公开表演权，因为每一次传输都是从一个唯一的拷贝提供给一个订阅者的，因此是私有的。[2] Aereo公司辩称，《版权法》第106条第4款禁止公司在未经许可和付费的情况下"公开""表演"受版权保护的内容，这一条款不适用于他们所称的"私人"流媒体。他们只是提供了一种技术，让消费者能够做合法、有权做的事情：使用天线免费、合法地收看无线电视广播。它避免了向有线电视广播公司或其他版权所有者支付费用，只是为消费者提供了一种手段。

2.判决

Aereo公司依赖于第二巡回法院对卡通网络诉CSC控股公司案（Cablevision案）中传输条款的解释，建立其辩护体系。该诉讼涉及Cablevision公司的RS-DVR的合法性，RS-DVR与普通DVR的工作方式相同，只是Cablevision公司的服务器不将节目录制到客户的家用设备硬盘上，而是将其录制到给客

---

1 Megan Larkin, The demise of the copyright act in the digital realm: re-engineering digital delivery models to circumvent copyright liability after Aereo, Columbia Journal of Law & the Arts, Spring, 2014.

2 Megan Larkin, The demise of the copyright act in the digital realm: re-engineering digital delivery models to circumvent copyright liability after Aereo, Columbia Journal of Law & the Arts, Spring, 2014.

户分配的存储空间中。为要求播放录制内容的每个用户单独录制，用户用遥控器选择所需的节目后，服务器就将存储在中央硬盘上的录制内容通过有线机顶盒传输到电视上。RS-DVR系统几乎复制了传统DVR的功能，但也类似于视频点播服务。这两种技术的主要区别在于，用户通过RS-DVR访问节目时，必须在播放时间之前请求录制，而视频点播内容不需要这样。[1]

　　纽约南区法院裁定，Aereo公司没有"公开表演"电视节目，因此拒绝了广播公司和内容所有者要求发出初步禁令的请求。根据Cablevision案的先例，法院裁定Aereo公司向其订阅者之一发送的单一基于文本的传输不是公开表演，尽管许多观众能够通过Aereo系统看到相同的作品。法院运用与Cablevision案相同的逻辑得出结论，即Aereo公司的系统也没有侵犯《美国版权法》第106（4）条规定的公开表演权。法院强调，如果Cablevision公司被允许从同一数据源创建信号，而不侵犯版权所有者的公开表演权，那么，Aereo公司的信号创建系统肯定是来自不同的数据源，也不会侵犯这些权利。[2]

　　第二巡回法院确认了这一判决（与纽约南区法院的判决合称"Aereo I"）。第二巡回法院认为Aereo公司并没有向公众"展示"受版权保护的作品，尽管数千名用户正在接收受版权保护内容的播放。第二巡回法院的原理是基于其在LP诉CSC Holdings，Inc.案（Cablevision案）中的判决，认为"公共"的含义是由谁能够从特定副本接收传输来决定的。因此，只要传输只读存储器的某一特定拷贝是私有的，就不侵犯公开表演权。[3]

　　由于Cablevision公司RS-DVR系统提供的服务与Aereo公司提供的服务有相似之处，这两种服务均允许用户访问以前录制的节目，因此"Aereo I"

---

1 Rebecca Giblin, Jane C. Ginsburg, We (still) need to talk about Aereo: new controversies and unresolved questions after the Supreme Court's decision, Columbia Journal of Law & the Arts, Winter, 2015.

2 Amanda Asaro, Stay tuned: whether cloud-based service providers can have their copyrighted cake and eat it too, Fordham Law Review, November, 2014.

3 Megan Larkin, The demise of the copyright act in the digital realm: re-engineering digital delivery models to circumvent copyright liability after Aereo, Columbia Journal of Law & the Arts, Spring, 2014.

的法院发现自己受到Cablevision案的约束。

在评估Aereo公司的系统的潜在受众时，"Aereo I"的法院判决将Aereo系统类比为Cablevision公司的RS-DVR系统。法院得出结论，Aereo公司的系统和Cablevision公司的RS-DVR系统"实质上是相同的"，原因有三方面。第一，Aereo公司的系统为订阅者请求的每个节目创建一个不同的副本，并将其保存到分配给特定用户的Aereo公司服务器硬盘上的一个目录中。第二，在用户请求这个节目设计之后，服务器传输了独特的信号，这些信号最终转化为一个独特的副本，供请求用户查看。第三，传输只发送给发出请求的用户，其他订阅者不能访问该副本。Cablevision案中法院的结论是，RS-DVR系统的传输没有"向公众"进行，因为创建的拷贝是唯一的，并将该唯一的拷贝传输给特定的Cablevision客户。同样，Aereo案的法院也依据每份副本的唯一性以及随后发送给请求订阅者的唯一传输得出结论，该副本是发送给特定个人的。因此，法院裁定Aereo公司的信息没有"向公众"传播。[1]

接下来，法院调查了传输本身的性质，并得出结论。在确定是否发生公开演出时，法院依据Cablevision案指出，公开演出并非仅仅因为许多人——每一个Aereo订户，甚至可能是"公众"，可能都能观看同一个电视节目。在Cablevision案中，版权所有者授权有线电视公司向客户传输节目，以换取版税。因此，Cablevision公司可以提供设备，机械地按照这些客户的指示，制作这些演出的个人复制品，并在不承担直接责任的情况下进行传输。Aereo公司向个别客户分配临时天线的事实，并没有授权客户接收表演信号。要做到这一点，Aereo公司至少必须通过租赁协议为每个用户分配特定的天线，从而使他们有权对自己的特定资产进行实质性的实际控制。事实上，Aereo公司不仅没有为客户提供任何对公司天线资产的实际控制，甚至没有将特定的天线独家分配给个别客户。相反，它只是允许客户在其服务器上使用天线，即在他们想看的节目期间使用。因此，实际上，Aereo公司只

---

1 Amanda Asaro, Stay tuned: whether cloud-based service providers can have their copyrighted cake and eat it too, Fordham Law Review, November, 2014.

是简单地接收了版权所有者向其发送的广播信号，然后通过一个集成的天线网络向公众提供这些信号。[1] Aereo公司为每个用户指定了一个单独的天线，并根据用户的指令和控制创建唯一的副本。法院发现，天线的一对一比率、用户生成的拷贝和访问，确保只有私人表演发生。[2]

第二巡回法院依据Cablevision案中规定的"四个要件"：（1）只有在单个传输能够被公众接收的情况下，传输才是公开的表演；（2）公众是否能够接收相同的信号；（3）当对同一份作品进行私人传输时，不存在例外的情况；（4）"限制潜在受众的任何其他权利"。[3] 在互联网上。Aereo公司使用分配给单个用户的数千个微型天线，根据用户的请求捕捉广播电视信号，创建仅可供该用户使用的每个节目的唯一副本，并允许用户在电视上播放该副本，第二巡回法院认为Aereo公司的传输不是公开表演，因为由于Aereo公司的技术架构，每种传输的潜在受众仅为一个子CR。因此，每一次传播都不是"向公众"进行的。[4]

第二巡回法院认为相关性能是每个拷贝的特定传输，并且这些性能只有一个用户才能公开，这给了Aereo公司一个免责蓝图。它通过设计一个包含数千个小尺寸天线的系统接收请求，然后向每个用户分配一个信号，从中该用户只能访问自己家里可以自由接收的信号。Aereo公司的服务使每个节目都可以被制作成单独的副本，然后根据用户的要求进行传输。由于每个传输都只针对一个请求用户，因此，第二巡回法院认为，由于每一个传输都是从

---

1 Lee B. Burgunder, The Supreme Court performs the right notes for dish in Aereo, Vanderbilt Journal of Entertainment and Technology Law, Summer, 2015.

2 Ernesto Omar Falcon, The value of cablevision and its implications on international copyright law and the internet, Pacific McGeorge Global Business & Development Law Journal, 2015.

3 Megan Larkin, The demise of the copyright act in the digital realm: re-engineering digital delivery models to circumvent copyright liability after Aereo, Columbia Journal of Law & the Arts, Spring, 2014.

4 Megan Larkin, The demise of the copyright act in the digital realm: re-engineering digital delivery models to circumvent copyright liability after Aereo, Columbia Journal of Law & the Arts, Spring, 2014.

一个唯一的副本复制到一个订阅者，因此这些演出不能"面向公众"。[1]

美国联邦最高法院批准了调卷令并撤销了"Aereo I"的判决。2014年6月25日，美国联邦最高法院对美国广播公司诉Aereo公司案（这一判决被称为"Aereo II"）作出裁决，裁定其向个人用户的传输构成了侵犯版权的公共行为。美国联邦最高法院以6∶3票的多数认为Aereo公司的近现场服务侵犯了广播公司的独家公开表演权。[2]

美国联邦最高法院提出的问题是，"当一家公司通过互联网将该节目的广播转播给数千付费用户时，它是否'公开'播放了一个受版权保护的电视节目"。美国联邦最高法院回溯到1976年以前，《美国版权法》赋予版权所有者公开演出戏剧作品和非戏剧作品及音乐作品，以牟利的独家权利。根据这些规定，1968年，美国联邦最高法院裁定，社区天线电视（CATV）系统通过向当地地理区域内的客户转播受版权保护的无线广播来表演受版权保护的作品，不构成侵权。法院的理由是，既然有线电视用户可以合法使用放大设备来接收无线信号，那么从本质上讲，为这些用户的利益提供这些设备，有线电视公司没有做错什么。法院裁定，CATV提供商没有表演这些作品，因为它只选择了广播电台，而没有选择它提供给客户的真正有版权的作品。因此，法院规定，一旦广播公司向公共广播电台播送信号，任何人都可以方便公众观看。[3]

无线传输的主导模式是一个大的公共信号——可以说是对公众的一场盛大表演——任何人都可以自由观看或协助他人观看。1976年的《美国版权法》修正案改变了场景，将一个无线传输在概念上分为多个信号，分别到达

1　Rebecca Giblin, Jane C. Ginsburg, We (still) need to talk about Aereo: new controversies and unresolved questions after the Supreme Court's decision, Columbia Journal of Law & the Arts, Winter, 2015.

2　Rebecca Giblin, Jane C. Ginsburg, We (still) need to talk about Aereo: new controversies and unresolved questions after the Supreme Court's decision, Columbia Journal of Law & the Arts, Winter, 2015.

3　Lee B. Burgunder, The Supreme Court performs the right notes for dish in Aereo, Vanderbilt Journal of Entertainment and Technology Law, Summer, 2015.

和独特地在每一个位置。这意味着，如果服务器A上的广播信号的获授权接收人将该信号重新传送给服务器B，则即使服务器B的客户可以通过其屋顶上的天线接收到相同的原始广播，即如果服务器A上的授权接收方将其信号重新传输到一个或多个位置，以便让不相关的公众成员可以查看内容，也是违法的。这就解释了为什么有线电视公司需要版权所有者的许可才能播放当地广播电视台播放的节目。像有线电视系统（包括现代有线电视系统）这样的实体公开播放受版权保护的作品是受到限制的，即使它们只是提高了观众接收广播电视台的能力。[1]

但是，一旦版权所有者授权将信号从服务器A重新传输到另一个特定地理位置，授权接收方通过显示内容或将信号转发到个人查看资料的另一个位置来执行或显示作品，该位置的授权接收方就可以合法访问信号中被编码的受版权保护的内容。假设只有家人和朋友在现场观看节目，那么演出就是私人的；但是如果有更多的观众观看，那么演出就是公开的。如果被授权的接收者将信号重新传送到其他地点，或者让其他人传送信号，那么他或她可能正在公开表演，这取决于观看内容的人群。[2]

关于Aereo公司是否违反版权法，法院提出了两个重要问题。第一，Aereo公司在提供服务时是否"执行"向用户传输实际的实时内容？第二，如果它真的提供"表演"，表演是公开的吗？[3] 在法院看来，这正是Aereo公司所做的，尽管是以一种新的技术方式。法院虽然没有直接表态，但显然认为Aereo公司在耍花招，并警告称，如果Aereo公司侥幸过关，所有有线电视

---

1 Lee B. Burgunder, The Supreme Court performs the right notes for dish in Aereo, Vanderbilt Journal of Entertainment and Technology Law, Summer, 2015.

2 Lee B. Burgunder, The Supreme Court performs the right notes for dish in Aereo, Vanderbilt Journal of Entertainment and Technology Law, Summer, 2015.

3 Mark Cikowski, Clear skies ahead: why the Supreme Court's decision in Aereo should have limited copyright implications on cloud technology, Southern California Law Review, May, 2016.

公司将迅速采用新的传输方式，以避免支付版权使用费。[1]"对除自己以外的任何人或亲密关系的人的传播都是对'公众成员'的传播，因为它在任何意义上都不是'私人的'。"因此，Aereo公司的传播是"对公众的"，因为它们被传播给"陌生人"；这与每一次传播的潜在受众仅限于一名公众成员不同。

Aereo公司本可以适当地遵循Cablevision公司模型，如果它设计的系统使用用户自己的天线，该天线位于用户那里的前提下接收信号。然后，客户可以指示Aereo公司的系统将这些信号传输回Aereo公司的服务器，并将信号保存在专用于该客户的个人存储空间中，或者通过互联网将这些信号重新传输到客户的个人设备上。当然，通过这种设置，客户可能无法享受到与Aereo公司其位置优越的服务器上的天线相同的接收质量，但是，有了这个系统，他们可以把合法收看的节目保存在一个远程DVR上，用电视以外的个人设备观看。

尽管Aereo公司开发一个复杂的系统，其似乎是在客户的完全控制下利用个人天线接收无线广播，然后指令系统重新发送这些广播，但是美国联邦最高法院认定Aereo公司的幕后技术设备仍未能使其与传统的有线电视提供商区分开来。[2]

在Aereo公司看来，客户使用位于Aereo公司设施内的专门分配的个人天线来获取公共可用的无线电视信号，然后将节目传输到他们自己的个人设备上，通常是为了能够在私人设置下观看节目。Aereo公司对这一进程的贡献完全是机械的；它只是建立了一个系统，让客户来操作，就像Cablevision案一样。此外，尽管客户可以非法使用该系统，例如将节目传送到公共论坛，但Aereo公司的目的是为私人观看表演提供便利。因此，Aereo公司不能对直接侵犯公开表演权承担责任。但是，从版权所有者的角度来看，是Aereo

---

1　Lee B. Burgunder, The Supreme Court performs the right notes for dish in Aereo, Vanderbilt Journal of Entertainment and Technology Law, Summer, 2015.

2　Lee B. Burgunder, The Supreme Court performs the right notes for dish in Aereo, Vanderbilt Journal of Entertainment and Technology Law, Summer, 2015.

公司，而不是客户，捕捉特定无线电视信号然后转播这些信号给大量无关的人，在互联网的许多不同位置播放版权内容。这样，Aereo公司的行为正好落入公开表演的法定定义中。[1]

虽然Aereo公司将电视节目直接发送给消费者（与有线电视提供商一样），但其技术是专门设计的，目的是不用支付转播同意费，因此联邦通信委员会没有将Aereo公司归类为有线电视运营商。Aereo公司的天线没有安装在用户的电视机上，也没有安装在他们家附近，在许多情况下，甚至没有安装在用户家附近。相反，Aereo公司将每个客户的天线存储在全国各地零星分布的仓库中。它通过互联网分发信号，用现代术语说，Aereo公司将其产品作为出租给消费者的个人电视天线进行销售，这种天线可以在"云中"远程发送和存储信息。[2] 最终，Aereo公司将传统的空中广播电视带入了新世纪，使用户更容易、更方便地获取免费内容——公开广播电视节目——以象征性的费用向他们提供。消费者收到服务，作为一种低成本的替代品。Aereo公司的技术模式允许公司避免支付高额的转播同意费，因为它不被归类为有线电视提供商。[3]

如果公司可以自由地从事需要有线电视服务提供商支付许可费的活动，这种行为可能会降低媒体公司投资未来作品或广告公司投资商业广告的动机。正如法院所指出的那样，"为生产制作电视节目、转播和广告收入、发行模式和时间表而投入的努力的数量和质量都将受到不利影响。如果其他公司将Aereo公司的技术视为如何规避《美国版权法》许可制度的'蓝图'，这些担忧可能会加剧。这种行为不仅针对版权所有者本身有害，而且可能以

---

1 Lee B. Burgunder, The Supreme Court performs the right notes for dish in Aereo, Vanderbilt Journal of Entertainment and Technology Law, Summer, 2015.

2 Mark Cikowski, Clear skies ahead: why the Supreme Court's decision in Aereo should have limited copyright implications on cloud technology, Southern California Law Review, May, 2016.

3 Mark Cikowski, Clear skies ahead: why the Supreme Court's decision in Aereo should have limited copyright implications on cloud technology, Southern California Law Review, May, 2016.

损害公众利益为代价破坏整个有线电视行业的稳定状态。"

（三）其他案例

哥伦比亚电影工业公司诉雷德·霍恩案是根据《美国版权法》的传输条款，涉及公开表演作品的基本案例。在该案中，被告雷德·霍恩经营的商店在有电视的私人小隔间里播放视频，一旦顾客选择了要看的电影，店员就会把磁带插入商店前面的一个录像机中，然后把电影传送给顾客的观影台。这涉及一个向旅馆客人以电子方式传送录像带的系统。当酒店的客人选择观看特定的电影时，插入该磁带的录像机将把电影传输到该酒店房间，每部电影只有一盘录像带，而且在任何时间，只有一个摊位或房间可以接收影片。

为了规避公开表演权，被告辩称，他们只是提供电子租赁服务，类似于实际上的借用录像带，但未成功。在该案中，法院发现了对公开表演权的侵犯，强调在著作权法下，一个表演是否是公开的，是否向公众表演……在同一个地方或在不同的地方，同时或在不同的时间接收它。如巡回法院所述，演出地点的非公开性质并不影响根据《美国版权法》判断欣赏演出的人是否构成为公众。[1]

法院指出，每家商店的运营与传统电影院的功能相当，只是增加了隐私性。每部电影的相关"场所"不是在单独的房间内，而是在整个设施内，该整个设施向公众开放。法院还注意到，同样的一部录像带被反复用于传输，其在一段时间内，用于向不同的公众人士播放电影。根据法院的说法，同一份受版权保护的材料在不同的时间多次向不同的无关人士发送，属于"公众传输"。由于这些原因，法院认定被告未经版权所有人许可公开放映了电影。[2]

----

1 Mary Rasenberger, Christine Pepe, Copyright enforcement and online file hosting services: have courts struck the proper balance? Journal of the Copyright Society of the U.S.A., Spring, 2012.

2 Lee B. Burgunder, The Supreme Court performs the right notes for dish in Aereo, Vanderbilt Journal of Entertainment and Technology Law, Summer, 2015.

接下来的一个有指导意义的相关案例是哥伦比亚影业公司诉阿维科公司。在该案中，顾客租用了视频，但是在阿维科公司内租用的私人房间里使用位于该房间内的录像机观看视频。阿维科公司认为，它对录像带和私人录像机进行物理控制，避免了哥伦比亚影业公司诉雷德·霍恩案遇到的集中传输问题。毕竟，客户可以租用录像带并在公司外观看，这一点没有争议。在一个有朋友和家人的私人场所，如果他们租了录像带，并和同一个人在里面私下观看录像带，为什么会有不同呢？

然而，法院认为有区别。由于每个单独的房间可以被不同的人群连续使用，从某种意义上说，它们是向公众开放的。而且由于阿维科公司授权在这些房间内观看，因此它负责向公众开放。无论是阿维科公司租赁视频，还是客户带着自己的视频到阿维科公司的房间观看，法院得出结论认为，阿维科公司公开演出时，重点关注了阿维科公司业务的性质或目的，即运营公众可观看视频的设施。因此，如果在一个地方，无关的个人可以使用相同的设备或设施观看版权内容，那么这就增加了运营商公开表演的可能性。此外，如果运营商的主要目的是提供方便的设施，让客户可以观看受版权保护的演出，这也增加了其参与公开演出的可能性。[1]

接下来的两个相关案例涉及酒店，这些酒店为客人提供了在房间里观看视频的机会。第一个案例是哥伦比亚影业公司诉专业房地产投资者公司。该案涉及一家酒店，其只向客人出租录影带，客人可以在房间里使用DVD播放机观看。版权所有人按照阿维科案的逻辑，声称由于这些房间是租给连续租住的人的，酒店正在进行公开演出。然而法院不同意，认为酒店的性质是提供私人住宿，可能附带包括视频光盘的租赁。[2]

第二个案例是，在指挥视频公司诉哥伦比亚影业案中，酒店使用了一个电子视频传输系统，让客人可以在房间里租赁和观看视频，而不必离开房

1 Lee B. Burgunder, The Supreme Court performs the right notes for dish in Aereo, Vanderbilt Journal of Entertainment and Technology Law, Summer, 2015.
2 Lee B. Burgunder, The Supreme Court performs the right notes for dish in Aereo, Vanderbilt Journal of Entertainment and Technology Law, Summer, 2015.

间。实际上，当客人想看视频时，他们只需从屏幕上的列表中进行选择，由一个集中的、预装的盒式磁带播放机将录像带传送到私人房间的电视上。一旦视频开始播放，客人就无法停止、倒带或快进播放。此外，由于客人使用的是包含选定视频的机器，因此在完成对某一房间客人的播放之前，其他房间的客人都无法访问和观看该机器。乍一看，该系统似乎只是为了方便酒店客人私人浏览。和其他案例的主要区别在于，一旦视频开始播放，客人就无法控制视频的播放。此外，该系统还可能消除租金和回报之间的时间延迟，从而提高了酒店分销系统的效率。这可能使酒店能够减少购买视频的次数，以满足客户的租赁需求。法院认为，使用该系统的酒店从事了公开表演，因为他们在不同的时间将同一录像带中的表演传送给不同的私人观众群体。

华纳兄弟娱乐公司诉WTV Systems公司一案中，被告未能成功地为其Zediva电影流媒体服务寻求保护。被告使用已购买的DVD影碟副本，通过互联网向其客户播放或传送电影，顾客只需按下虚拟按钮即可开始观看电影。被告争辩说，是顾客而不是Zediva在播放受版权保护的作品，因此，没有足够的意愿认为该服务直接侵犯了公众表演权。被告辩称，根据Cablevision案，他们所谓的远程DVD回放传输并不向公众开放，因为只有一个人能够接收到这种传输。被告实质上是想把每一次一对一的互联网传输都减少到一场私人表演。地方法院驳回了这一论点，并得出结论说，Zediva的客户通过打开计算机并选择观看哪部电影来开始播放的事实并不重要——这家服务提供商仍然向公众播放了一场演出。[1] 地方法院基于被告一遍又一遍地使用同一DVD传输原告受版权保护的作品表演这一事实，判定公开表演权受到直接侵犯。[2]

----

1 Mary Rasenberger, Christine Pepe, Copyright enforcement and online file hosting services: have courts struck the proper balance? Journal of the Copyright Society of the U.S.A., Spring, 2012.

2 Mary Rasenberger, Christine Pepe, Copyright enforcement and online file hosting services: have courts struck the proper balance? Journal of the Copyright Society of the U.S.A., Spring, 2012.

华纳兄弟娱乐公司诉WTV Systems公司案的一个关键因素是，提供Zediva服务的一方有权决定通过流媒体向付费客户提供哪些内容。WTV系统创建了一个名为Zediva的服务，称之为在线DVD租赁服务。该系统的工作原理，具体来说，和传统的DVD租赁服务一样，购买了可供客户租赁的DVD。酒店员工并未允许客户携带实物DVD，而是将DVD预装到其设施内的单独的DVD播放器中。然后，客户可以在14天的租赁期内，通过互联网从适合的DVD播放器传输选定的内容。一旦客户开始播放某个特定播放机的DVD，他或她可以暂停该播放，但如果暂停时间超过一小时，则另一个客户可以使用该DVD播放机。当客户希望恢复观看时，内容将从包含同一电影的另一个播放机传输，但如果没有，则客户必须等待，直到拥有该电影的播放机空闲。客户没有例如倒带或快速转发功能，也无法访问DVD上的特殊功能或其他内容。WTV系统公司辩称，它只是向客户出租DVD，然后客户将电影传送给自己。然而，这一抗辩主张失败了。首先，该公司的员工（而不是客户）将DVD加载到播放机中。此外，该系统还可能允许多个客户在一个租用期内访问同一DVD。因此，WTV系统甚至可以说它租赁了一个DVD和一个特定的播放器，然后客户可以在租赁期间完全控制它。这有助于与实物DVD租赁服务区分开来，客户对传输没有主要控制权；相反，该服务显著限制了传输的性质、持续时间和可用性，类似于酒店在线DVD租赁系统。因此，考虑到该系统的操作，法院得出结论认为，WTV系统明显传输了受版权保护的内容。此外，法院还确定传输是向公众发送的，因为它在不同的时间从同一张DVD传输给多个不相关的观众。法院因此颁布了一项初步禁令，认为Zediva服务威胁到版权所有人从授权视频点播服务中获利的能力。[1]

---

1 Mary Rasenberger, Christine Pepe, Copyright enforcement and online file hosting services: have courts struck the proper balance? Journal of the Copyright Society of the U.S.A., Spring, 2012.

二、公开表演权的含义

《美国版权法》对"公开表演"的定义为，传递或以其他方式传达作品的表现或展示。以任何装置或程序向公众提供，不论能够接收表演或展示的公众人士是在同一地点、不同地点或者同一时间或不同时间接收该表演或展示。这一条款被称为"传输条款"，通常适用于电子传输。[1]

根据该条款的规定，侵权行为要求"对公众"表演作品。因此，与公开表演权的构建相关的两个术语是"表演"和"公开"，美国国会在《美国版权法》第101条中定义了这两个术语。"表演"是指直接或通过任何装置，或在电影或其他有声电影的情况下，背诵、渲染、播放、跳舞或表演作品。"公开"是指"公开"地表演或展示一件作品：（1）在一个向公众开放的地方表演或展示，或在一个家庭的正常圈子以外的任何地方聚集了大量的人及其社会熟人表演或展示；或（2）传播或以其他方式传播一项表演。通过任何装置或过程，将作品展示至第（1）款规定的地点或公众，无论能够接收表演或展示的公众成员是否在同一地点、不同地点、同一时间或不同时间接收。"传输"，是指通过任何设备或过程进行通信，从而在发送图像或声音的位置之外接收图像或声音。[2]例如，一个人租用电影的DVD并在家里播放给家人和朋友，就不会公开演出。同样，一群朋友可以在家里观看电视广播，而不违反版权法。但是，在大屏幕电视上播放电影或允许顾客观看周一晚间足球比赛，酒吧将构成公开展示或表演。[3]

随着数字媒体的发展及对版权内容传播新方法和新技术的发明，对公开

1　Rebecca Giblin, Jane C. Ginsburg, We (still) need to talk about Aereo: new controversies and unresolved questions after the Supreme Court's decision, Columbia Journal of Law & the Arts, Winter, 2015.

2　Ernesto Omar Falcon, The value of cablevision and its implications on international copyright law and the internet, Pacific McGeorge Global Business & Development Law Journal, 2015.

3　Lee B. Burgunder, The Supreme Court performs the right notes for dish in Aereo, Vanderbilt Journal of Entertainment and Technology Law, Summer, 2015.

著作权权利理论

表演条款的解释变得极其复杂。法院一直在努力将这一条款的解释适用于新技术。[1]

　　美国国会于1976年修订了《美国版权法》，新的公开表演条款扩大了"公开"的定义："公开"是指，通过任何装置或过程，将作品的表演或展示传送或以其他方式传达到第（1）款规定的地点或公众，无论能够接收表演或展示的公众成员在同一地点或在不同的地点，同时或在不同的时间，接收该表演或展示。这一适用于有线电视的传输条款为广播公司提供了更大的保护，并阻止了企业在不支付转播费的情况下转播其信号。美国国会还规定了一项法定许可权，以尽量减少有线电视提供商的负担。该法定许可权允许提供者在未经版权所有者直接同意的情况下制作和分发受版权保护作品的复制品，只要支付法定许可费。美国国会的意图不仅是为了保护广播公司，而且考虑到由于技术进步而产生的许多新的转播方法。[2]

　　公开表演条款中的主要含糊之处在于，它没有具体地定义"公众"。版权所有者拥有公开展示其作品的专有权，并有权将其作品授权给希望分享该权利的其他人。《美国版权法》第106（4）条和第106（5）条规定了这种排他性的公开表演权利，但都没有详细说明"向公众"表演和私人表演的构成。这种缺乏明确性使得法院难以始终如一地适用《美国版权法》，尤其是在面对技术不断变化的情况时。[3] 传输条款适用于"所有可想象的有线或无线通信媒体的形式和组合"，当"传输以任何形式到达公众时"。因此，法院有机会为未来的技术提供一个标准。

　　1976年《美国版权法》附带的国会报告指出，"通过向公众传播而获得

1　Megan Larkin, The demise of the copyright act in the digital realm: re-engineering digital delivery models to circumvent copyright liability after Aereo, Columbia Journal of Law & the Arts, Spring, 2014.

2　Megan Larkin, The demise of the copyright act in the digital realm: re-engineering digital delivery models to circumvent copyright liability after Aereo, Columbia Journal of Law & the Arts, Spring, 2014.

3　Amanda Asaro, Stay tuned: whether cloud-based service providers can have their copyrighted cake and eat it too, Fordham Law Review, November, 2014.

的表现是'公开的'，即使接受者不是集中在一个地方"。因此很明显，美国国会只关注"公众"是否正在接收受版权保护的作品的表演，而不管传播是从个人还是公共来源产生的，或者公众是否在同一时间或不同时间观看了演出。[1]国会报告还澄清了"通过任何手段或程序"这一短语的范围，表明国会打算将新形式的媒体技术所产生的传播包括在内："足够宽泛，包括所有可能的形式和有线或无线通信媒体的组合，包括但不限于我们所知的广播和电视广播。包括表演或展示的图像或声音被提取和传输的每一种方法都是一种'传输'，如果传输以任何形式向公众传播，则属于《美国版权法》第106条的适用范围。"[2]

　　《世界知识产权组织版权条约》第8条规定，各成员国应保护著作权人向公众传播的权利，"包括向公众提供其作品，使公众可以在各自选定的地点和时间访问这些作品"。在欧洲，"提供"权利的"公开"性质取决于被告是否向"大量人"提供了作品，而不管其事实上是否收到作品。因此，"向公众提供作品的方式应使构成公众的人能够接触到它，而不管他们是否利用了这个机会"。[3]

三、公开表演权的保护与新技术发展

　　20世纪90年代，人们带着光盘上班，边走边播放新买的光盘，这种日

1　Megan Larkin, The demise of the copyright act in the digital realm: re-engineering digital delivery models to circumvent copyright liability after Aereo, Columbia Journal of Law & the Arts, Spring, 2014.

2　Megan Larkin, The demise of the copyright act in the digital realm: re-engineering digital delivery models to circumvent copyright liability after Aereo, Columbia Journal of Law & the Arts, Spring, 2014.

3　Rebecca Giblin, Jane C. Ginsburg, We (still) need to talk about Aereo: new controversies and unresolved questions after the Supreme Court's decision, Columbia Journal of Law & the Arts, Winter, 2015.

子已经一去不复返了。现在，人们走路去上班和上学，手里拿着iPhone和iPad，通过Pandora、Spotify和iTunes电台播放音乐。当人们回到家，他们就可以通过付费有线电视订阅收看各种各样的电视节目，"随需应变"选项允许人们订购最新的电影和节目。通过互联网提供流媒体内容似乎是一种可以接受的、划算的方式，可以为订阅者提供内容。通过订阅许多音乐或有线电视服务，用户可以轻松地收听、观看和录制节目。

最近的趋势开始表明，年轻的消费者越来越倾向于与有线电视提供商"断线"，他们更喜欢只通过互联网来消费媒体，而不是通过更昂贵的传统的有线电视服务消费媒体。[1] 这是一个几乎所有娱乐形式都触手可及的世界。

在美国甚至全球范围内，新技术正在对电视行业以及普通观众消费电视的方式产生特别动态的影响。例如，消费者越来越倾向于使用家庭数字录像机制作"时间转移"节目，这种技术允许观众在播放时录制他们喜欢的节目，并在以后播放，从而比观看通常具有固定时间表的节目更灵活。[2]

也许对传统电视消费模式更具破坏性的是基于互联网的服务，它允许用户将内容直接传输到电视和其他个人设备，如计算机、电话和平板计算机。除了允许用户根据需要选择内容外，这些服务还使电视节目比以往任何时候都更便于携带，因为它们越来越容易通过移动应用程序访问。消费者不仅可以选择何时观看他们喜爱的节目，而且还可以决定在移动设备或笔记本计算机上使用无线互联网连接观看。

为了应对这些变化的趋势，产生了新的公司，以满足公众日益增长的通过互联网提高电视灵活性的需求。Aereo公司就是提供这样一种服务的例子。

Cablevision、Aereo等案件的一个主要问题是，"版权特权是否应屈服

1　Mark Cikowski, Clear skies ahead: why the Supreme Court's decision in Aereo should have limited copyright implications on cloud technology, Southern California Law Review, May, 2016.

2　Mark Cikowski, Clear skies ahead: why the Supreme Court's decision in Aereo should have limited copyright implications on cloud technology, Southern California Law Review, May, 2016.

于技术偏好"。版权法寻求既能奖励内容创作者，又可鼓励创造造福社会。毕竟，Cablevision、Aereo等公司的努力和创新，为消费者提供了比有线电视供应商更便宜、更广泛的电视接入。禁止Aereo公司的技术可能会扼杀创新，阻碍其他公司开发可以改善许多人生活的技术。提供成本更低或更有效传播模式的公司对于内容所有者可能造成侵权，版权内容所有者利用版权法作为一种工具，来阻止新的传播方法并保持市场主导地位，这一结果将剥夺社会宝贵的技术服务。[1]

技术的进步与公开表演权的版权保护之间产生了持续的冲突。在数字媒体时代，必须考虑传统版权主义的目的和数字服务的功能结果。

版权法要求新技术公司在向用户提供互联网流媒体内容之前必须获得许可，从而保护了版权所有者。新技术公司开发的技术，超出了1976年美国国会在对《美国版权法》进行最后一次重大修订时所设想的水平。基于云的服务提供商，如Aereo公司开发了一种系统，可以在没有获得许可的情况下在互联网上实时观看流媒体内容。总部分别位于纽约市和洛杉矶市的这两家公司允许用户在不需要单独订阅有线电视的情况下，通过互联网连接设备观看实时或稍微延迟的无线电视流。由于像Aereo这样的公司无需支付许可费就能播放内容，从而吸引更多的消费者，有线电视广播公司以及那些拥有流媒体节目版权的公司将失去许多观看相同内容的客户。

从有线电视广播公司的角度来看，其影响可能更为严重。随着Aereo公司和其他公司继续在全国各地开展业务，人们认为不可避免地会发生分裂。娱乐内容数字化分销的商业模式正在迅速转变，其首要目标是让用户随时随地访问尽可能多的内容。各种类型的文件托管服务，包括各种形式的所谓的存储服务和用户生成的内容网站，在可用性和受欢迎程度上都有所增长，彻

---

1 Megan Larkin, The demise of the copyright act in the digital realm: re-engineering digital delivery models to circumvent copyright liability after Aereo, Columbia Journal of Law & the Arts, Spring, 2014.

底改变了消费者存储、访问和共享内容的方式。[1]

转向云计算的商业模式和其他类型文件托管服务有很多好处,音乐、电影、报纸和图书出版业的收入已经大幅下降,而科技公司的收入却在持续飙升。[2] 版权所有者可能会对存储和提供大量侵权内容访问的文件托管服务提出直接侵犯版权的索赔。服务提供者本身正在显示、复制、分发或者通过数据流传输提供对视听或音频作品的访问,在未经授权的情况下公开表演受版权保护的内容,构成版权侵权。

云计算公司通常会将《美国版权法》含义内的"公众"的解释为"用户观看、聆听或阅读其存储的作品的副本"是私人表演。但是,Aereo案中的判决,可能会使这些公司承担责任,这会阻碍不断增长的行业的新投资和创新。大多数人认为,Aereo案中对直接版权侵权负有共同责任的判决,可能会对云计算的未来投资、创新和增长产生负面影响。[3]

在Aereo案中,美国联邦最高法院解释说,当一个实体在"任何聚集了大量家庭正常圈子以外的人及其社会熟人的地方"进行表演时,该实体会公开表演。在反复强调向"大量"的人传播即为"向公众"传播后,法院得出结论,"如果一个实体不向家庭及其社交圈以外的大量人传播,它就不会向公众传播。"[4] 布雷耶大法官在判决时表明,我们必须决定Aereo公司是否通过向其用户出售一项技术复杂的服务,侵犯了公开表演权,该服务允许他

---

1 Mary Rasenberger, Christine Pepe, Copyright enforcement and online file hosting services: have courts struck the proper balance? Journal of the Copyright Society of the U.S.A., Spring, 2012.

2 Mary Rasenberger, Christine Pepe, Copyright enforcement and online file hosting services: have courts struck the proper balance? Journal of the Copyright Society of the U.S.A., Spring, 2012.

3 Mark Cikowski, Clear skies ahead: why the Supreme Court's decision in Aereo should have limited copyright implications on cloud technology, Southern California Law Review, May, 2016.

4 Rebecca Giblin, Jane C. Ginsburg, We (still) need to talk about Aereo: new controversies and unresolved questions after the Supreme Court's decision, Columbia Journal of Law & the Arts, Winter, 2015.

们在电视节目播出的同时通过互联网观看电视节目。我们得出结论，确实如此。[1] 即使一个服务构建了传输，只有一个人可以接收到它（例如，作为一个演唱会演出的"私人"直播流），但邀请公众参与，演出仍然会向"公众成员"进行。这强调了传播是否以公众的身份提供给人们，而不是实际的接收者数量。[2]

美国联邦最高法院在处理Aereo案时表示，"公众由一个家庭和朋友之外的一大群人组成。这意味着一个人不仅可以在一个偏远的地方合法地将一个受版权保护的作品传送给自己，还可以单独传送给其他几个朋友和家人"。拥有租赁DVD的人可以在任何位于非公共环境的DVD播放机上观看电影。那么，为什么法律要阻止他将相同的副本传输到远程位置呢？实际上，它相当于一个拥有精密望远镜的人在家里播放时从远处观看电影。每一次传输在技术上可能构成一次私人观看，但总体效果相当于公众观看该DVD电影。

虽然关闭Aaereo公司可能会阻碍其他公司开发新的传播模式，但这反映了版权法的规范，但也可能通过抑制新内容的生产而扼杀创新。至少，由于内容访问量增加而导致的收入损失，可能会限制版权所有者投资新内容和高质量内容的能力。由于广播公司既是传播者又是创作者，因此其也会阻碍创作。虽然Aereo公司和类似的服务公司创造了有用的技术，但这些服务依赖于版权所有者创造的作品。因此，应优先考虑版权所有者的经济权利。为了跟上不可避免的技术发展趋势，需要在激励内容创作者和确保分销商开发更有效的方法之间实现适当的平衡。[3]

----

1 Rebecca Giblin, Jane C. Ginsburg, We (still) need to talk about Aereo: new controversies and unresolved questions after the Supreme Court's decision, Columbia Journal of Law & the Arts, Winter, 2015.

2 Rebecca Giblin, Jane C. Ginsburg, We (still) need to talk about Aereo: new controversies and unresolved questions after the Supreme Court's decision, Columbia Journal of Law & the Arts, Winter, 2015.

3 Megan Larkin, The demise of the copyright act in the digital realm: re-engineering digital delivery models to circumvent copyright liability after Aereo, Columbia Journal of Law & the Arts, Spring, 2014.

综上所述，Aaereo公司所带来的影响越来越明显，根据第二巡回法院的逻辑，基于云存储的公司对公开表演可能承担侵权责任。因此，云计算服务根据个人互联网用户的请求复制和传输版权文件的副本，只要该公司保留特定于个人用户的唯一副本，每个服务本质上就都是一个个人数据的远程存储库，消费者可以以上传和下载他们的文件，在不同的时间和地点传输数据。当基于云的服务传输（例如合法购买的音乐文件）时，该服务正在私下向个人执行工作，可以把这种关系比作你随身携带的一个存储箱，无论你在哪里都可以访问互联网。[1] 这样就可以规避公开表演权侵权问题，这种模式目前正被Dropbox、Google Drive和Microsoft SkyDrive等技术服务公司所使用。

因此可以看到，新技术发展总要对公开表演权的保护提出挑战，法院判决并不能最终解决新技术发展的问题，技术发展总会规避法院判决。公开表演权的保护，在现代社会中，越来越需要与新技术的发展相平衡，不解决好这一冲突问题，公开表演权的侵权必将会愈演愈烈。时代呼吁保护公开表演权的同时，也呼吁促进版权内容快速便捷地传播使用，建立良性的使用收益分配机制，这也许是必然的选择。

---

1 Ernesto Omar Falcon, The value of cablevision and its implications on international copyright law and the internet, Pacific McGeorge Global Business & Development Law Journal, 2015.

第十一章

数字版权时代的集体管理制度

一、集体管理制度的现状

（一）集体管理

屈景明认为，著作权集体管理"简要地讲，就是在一定独立的行政、司法地域（一般是一个国家），某一类著作权人全部（理论上讲）自愿地集合在一起，建立一个会员制组织，会员将个人享有的著作权以有限转让或信托的方式授权这一组织。该组织以自己的名义行使受让的著作权；向使用者发放许可，并收取使用费分配给相应的权利人"[1]。

对酒吧、餐馆、旅馆和其他企业的所有者来说，要找到在任何一天或任何一个晚上播放的每首乐曲的版权所有人是不现实的，而且几乎是不可能的。为了效率和实用性，美国作曲家、作家和出版商协会（ASCAP）成为美国的第一个集体管理团体。ASCAP最早成立于1915年，为其成员提供以下关于公开演出的服务：音乐许可、对侵权行为提起诉讼、对演出频率进行监控以及向版权所有者分配版税。ASCAP成为成千上万名作曲家、词曲作者和音

---

[1] 屈景明，"从昨天到明天——写在中国音乐著作权协会成立十周年"，载《中国专利与商标》，2002年第3期。

乐出版商的共同代理人，成为针对音乐广播公司、音乐用户销售音乐表演权的主要机构。在作曲家、词曲作者和音乐出版商成员的授权下，ASCAP为营利经营和播放音乐的机构和服务授予统一的许可证。[1]

在美国，任何公开演出音乐的使用者——无论是剧院、酒店、餐厅、俱乐部、酒吧还是广播电台——都必须向集体管理组织支付年费，以获得一个全面许可证，从而可以无限制地公开演出他人的任何或所有歌曲。在计算出每首歌的播放频率之后，集体管理组织就从这些许可中相应地收取版税，然后把分成付给出版商和词曲创作人。[2]

1939年，一些主要广播网络的广播组织者和大约500个独立广播电台创建了第二个专业公司——广播音乐公司（BMI），其职能与ASCAP类似。这两个集体管理机构都是在模拟时代发展起来的，包括向广播电台和其他公共音乐广播机构（如酒吧和餐馆）授予一揽子许可证。

在美国另有两个较小的机构——成立于1930年的欧洲舞台作家和作曲家协会（SESAC）、成立于2013年的全球音乐版权组织（GMR）——也发挥了类似的作用。

集体管理机构的成立，曾经引发了垄断的担忧，权利的集体谈判极有可能产生市场垄断问题。美国司法部的反垄断部门分别在1934年和1941年起诉了ASCAP，理由是ASCAP为其数千个成员集体设定许可使用费，这违反了《美国谢尔曼法》。这些诉讼最终在1941年得以解决，判决结果允许ASCAP继续作为其成员的集体许可人发挥作用。[3]

---

1 Steven Masur, Collective rights licensing for internet downloads and streams: would it properly compensate rights holders? Villanova Sports and Entertainment Law Journal, 2011.

2 Steven Masur, Collective rights licensing for internet downloads and streams: would it properly compensate rights holders? Villanova Sports and Entertainment Law Journal, 2011.

3 Thomas M. Lenard, Lawrence J. White, Moving music licensing into the digital era: more competition and less regulation, UCLA Entertainment Law Review, 2016.

美国纽约南区法院代表词曲作者和出版商确定了ASCAP和BMI的收费标准，目前ASCAP和BMI控制着美国绝大多数音乐作品的版权。音乐版权市场已基本发展为三个受监管的市场：作曲公开表演权市场、录音表演权市场和机械复制权市场。

在美国，机械复制权和公开表演权通常由不同的集体管理组织管理。美国以外的国家承认音乐作品作者的另一套权利，即精神权利。精神权利并不移交给或由集体管理组织管理，但集体管理组织在音乐人的要求下在执行这些权利方面发挥了作用。[1] 版权使用费委员会决定了大多数录音表演权利支付的费率。集体管理机构通常签发统一许可，允许被许可方在一段固定的时间内使用其音乐库中的所有歌曲。餐馆和酒吧等场所的统一许可证费用取决于座位容量、音乐演出频率、演出类型和门票费用等。电视和广播公司也向集体管理机构支付大笔版税，其费率主要根据总收入计算。版税随后被分配给成员词曲作者和音乐出版商。[2]

集体管理组织通过向音乐用户提供一站式许可，促进了音乐的合法传播，极大地降低了作者和用户的交易成本。如果没有集体管理组织，词曲作者和音乐出版商将需要与每个音乐用户分别签订合同。对于每一项协议，他们将负责设定条款、设定自己的许可费率、收取费用和执行协议。这对词曲作者来说是非常耗时的，而且可能会妨碍其专注于创作新音乐。如果每一位作者都要为每首音乐作品或歌曲的每次使用负责授权其公开演出权，那么各演出场所很可能只会根据其预算以及与当地词曲作者或出版公司的关系，签订数量有限的协议。这将大大减少在演出场所演唱的歌曲的数量和种类，并

---

1 Daphne A. Bugelli, Daniel J. Gervais, How collective management organizations remunerate musicians worldwide: a guide for U.S.-based songwriters and performers, Landslide, May/June, 2017.

2 Brian R. Day, Collective management of music copyright in the digital age: the online clearinghouse, Texas Intellectual Property Law Journal, Winter, 2010.

将从根本上限制公众获取新知识的途径。[1]

集体管理组织在实现版权法目标方面具有独特的地位。其通过为词曲作者创造可行的资金流，确保词曲作者和音乐出版商通过作品使用间接获得报酬，可以促进新作品的创作。同时，其通过为广播电台、电视频道、酒吧和餐馆、百货商店和舞蹈工作室等音乐用户创造一种简单而廉价的音乐授权方式，促使他们可以最大限度地传播和获得新作品。

音乐用户，需要向集体管理组织购买许可证，才能获得公开演出或复制这些歌曲的权限。通常情况下，他们需要购买一个统一的许可证，允许使用集体管理组织中的任何歌曲。集体管理组织必须具备从多个权利所有人处获得许可的能力，设法向用户提供许可或其他权利，这必然包括谈判或设定价格，以及从用户处获取数据。[2] 集体管理组织不断地从用户和外部来源收集数据，以确定每个词曲作者和发行商每季度的收入。这个数字取决于很多因素，包括一首歌曲播放的次数、播放这首歌的场地大小，以及观众人数。集体管理组织保留一笔管理费，然后将剩余部分按比例分配给会员。[3]

（二）延伸性集体管理

不同国家的作者如果需要在其他国家获得集体管理组织的保护，须通过本国集体管理组织与外国相关集体管理组织订立契约，互相代为管理其著作在该国的使用，这种授权协议使得著作权在各国皆能受到妥善保护，并借此增进国际文化交流。但是，某位作者可能不是任何集体管理机构的成员，也可能是与某国集体管理组织没有互惠协议的另一国家集体管理组织的成员。

----

1 Daphne A. Bugelli, Daniel J. Gervais, How collective management organizations remunerate musicians worldwide: a guide for U.S.-based songwriters and performers, Landslide, May/June, 2017.

2 Daniel Gervais, The landscape of collective management schemes, Columbia Journal of Law & the Arts, Summer, 2011.

3 Daphne A. Bugelli, Daniel J. Gervais, How collective management organizations remunerate musicians worldwide: a guide for U.S.-based songwriters and performers, Landslide, May/June, 2017.

这种制度上的差异可能会产生严重的后果。例如，一个广播组织拥有许可证，但在准备节目的过程中发现一个特定的待使用作品没有被覆盖，由于时间限制，如果不能迅速获得所需的许可，广播组织可能不得不取消节目，或者继续进行但面临侵权的可能性。[1]

斯堪的纳维亚开发的延伸性集体许可（ECL）系统为这类问题提供了一个切实可行的解决方案。其许可证将涵盖非协会成员的作品的使用，以便广播公司可以在不担心侵权的情况下继续广播。相关的非成员权利所有人可以在允许的限制期限内，要求根据许可证使用计算出应得的报酬，如果需要，也可以禁止进一步使用该作品。[2]

延伸性集体许可，是指著作权人组织与可受著作权保护作品使用者之间的集体协议，其约束力延伸至非该组织成员的权利人的一种法律模式。自20世纪60年代初以来，北欧国家就采用了这种模式进行版权集体管理。延伸性集体许可作为解决信息社会中大多数版权纠纷的主要手段，受到北欧国家的追捧，并在世界范围内引起了积极的兴趣。[3] 延伸性集体许可提出了一种解决国外作品使用的方案，以及一种降低与所有国外作者单独谈判所产生的高昂交易成本的方法。

延伸性集体管理始于北欧国家，专为广播公司设计。通常，北欧国家只有用于特定用途和特定用户的延伸性集体管理。延伸性集体许可模式是为了处理北欧国家的广播权问题而发起使用的，但目前涵盖了权利所有人众多、分散和难以找到的广泛情况。多年来，北欧版权法包含了延伸性集体许可规则（ECL规则）。ECL规则和基于这些规则的ECL协议（统称为ECLs）提供

1　Jonathan Band, Brandon Butler, Some cautionary tales about collective licensing, Michigan State International Law Review, 2013.

2　Jonathan Band, Brandon Butler, Some cautionary tales about collective licensing, Michigan State International Law Review, 2013.

3　Thomas Riis, Jens Schovsbo, Extended collective licenses and the Nordic experience: it's a hybrid but is it a Volvo or a lemon? Columbia Journal of Law & the Arts, Summer, 2010.

了一种独特的集体权利管理，它是强制许可和传统集体协议的混合体。[1] 在北欧国家，延伸性集体许可主要用于与广播、教育机构、图书馆、博物馆等相关的用户。[2]

延伸性集体管理是一种许可协议，由集体管理组织和用户自由协商。第一，有一个基于协商的协议，这是延伸性集体管理的自愿方面，随后由法律扩展到外部作品。第二，存在延伸效应，目的是将非会员纳入协议范围。第三，这种延伸效应是依法实现的，非会员有权选择退出。[3] 在延伸性集体管理模式中，作者不必成为集体管理组织的成员。这项法律对非会员实施了延伸效应，免除了作者成为集体管理组织成员的必要性。

延伸性集体管理规则可以处理一些现代版权最棘手的问题，例如"孤儿作品"和公共广播机构文化遗产的数字化等问题。在诸如谷歌图书项目、Europeana项目等大型数字化项目以及与"孤儿作品"相关的领域，延伸性集体管理作为一种可能的国际规则制定模式而受到国际关注就不足为奇了。[4]

延伸性集体管理被扩展到未被代表的权利人，这是该模式的一个基本特征。一些延伸性集体管理规则使得权利所有人有可能选择退出，从而回到排他性状态。然而，在大多数情况下，权利所有人不能选择退出或依赖他们的排他性。对此不满或未被代表的权利所有人，只能就延伸性集体管理协议中所约定的报酬向审裁处投诉，并可要求单独计算费用。这样的延伸性集体管理规则就是强制性延长集体许可。

1　Thomas Riis, Jens Schovsbo, Extended collective licenses and the Nordic experience: it's a hybrid but is it a Volvo or a lemon? Columbia Journal of Law & the Arts, Summer, 2010.

2　Alain Strowel, The European "extended collective licensing" model, Columbia Journal of Law & the Arts, Summer, 2011.

3　Alain Strowel, The European "extended collective licensing" model, Columbia Journal of Law & the Arts, Summer, 2011.

4　Thomas Riis, Jens Schovsbo, Extended collective licenses and the Nordic experience: it's a hybrid but is it a Volvo or a lemon? Columbia Journal of Law & the Arts, Summer, 2010.

　　此外，即使在权利所有人选择不使用延伸性集体管理，其也可能具有与强制许可相同的效果。[1] 虽然权利人有权通过"选择性退出"机制排除延伸管理制度，但延伸管理制度并无通知权利人其作品在延伸管理制度下被使用的机制，因此许多权利人可能根本未意识到自己的作品受到延伸管理管辖，从而缺乏必要的信息以禁止作品在延伸管理制度下的使用，这种情况下延伸许可的效果更类似于强制许可。[2]

　　延伸性集体管理做法的引入应充分保护创作者的权利，不应不合理地损害创作者的商业利益。寻求获得公平报酬的外国版权所有者面临着严重的现实障碍，他们很难知道自己的作品被使用，尤其是"孤儿作品"。外国人比国内版权所有者更难拥有版权收入，他们的作品常常被视为"孤儿作品"，或者被排除在正常分配之外。[3] 这可能意味着，"孤儿作品"只有经过仔细搜索被确认"孤儿"身份后，才会被纳入延伸性集体管理计划。

　　延伸性集体管理可以分为，权利持有人有选择退出可能性的延伸性集体管理规则和不包含此类选择的延伸性集体管理规则。排除选择退出的安排是最严格的，因此最可能违反国际版权规范。[4] 一种延伸性集体管理规则要被认为是自愿的，它必须包括选择退出特性。没有"退出"选项的延伸性集体管理规则，可能会挑战国际版权体系的基础。为了减轻对选择不加入集体管理组织的作者的强制，延伸性集体管理模式可以让作者选择退出并单独管理他们的权利。

1　Thomas Riis, Jens Schovsbo, Extended collective licenses and the Nordic experience: it's a hybrid but is it a Volvo or a lemon? Columbia Journal of Law & the Arts, Summer, 2010.

2　林秀芹，李晶，"构建著作权人与作品使用人共赢的著作权延伸性集体管理制度——一个法经济学角度的审视"，载《政治与法律》，2013年第11期。

3　Jonathan Band, Brandon Butler, Some cautionary tales about collective licensing, Michigan State International Law Review, 2013.

4　Thomas Riis, Jens Schovsbo, Extended collective licenses and the Nordic experience: it's a hybrid but is it a Volvo or a lemon? Columbia Journal of Law & the Arts, Summer, 2010.

在北欧国家，延伸性集体管理非常有用和有效，在解决现代版权中与大规模许可有关的一些令人烦恼的问题方面发挥了作用。人们倾向于将延伸性集体管理作为解决信息社会中版权纠纷的主要手段。但在制度移植时，人们也必须考虑相关的风险和后果。

延伸性集体管理制度在北欧国家很普遍，并已被提议作为解决新技术时代使用版权所带来的许多问题的办法。延伸性集体管理基于北欧法律，并与北欧社会的特定文化背景有关。文化背景似乎暗示了一种风险，即人们高估了延伸性集体管理的好处，低估了其风险。因此，在国际上采用延伸性集体管理规则的任何考虑都应以认真研究国际版权法和国家版权法以及更广泛的社会和文化情况为基础。想要移植这些模式，就必须非常小心地将规则本身以及更广泛的权利人组织背景、竞争法控制等纳入制度设计中。

尽管欧盟版权指令中没有包含具体的延伸性集体管理规则，但欧盟立法已经包含了延伸性集体管理因素。延伸性集体管理仍在欧盟立法议程上。例如，欧盟委员会的《知识经济中的版权绿皮书》就认为，延伸性集体管理是解决知识经济中出现的一些版权问题的一种可能的方法。最近，欧盟委员会发布了一份反思文件，建议将延伸性集体管理作为某种形式的数字化和创造性内容在线使用的解决方案。[1]

延伸性集体管理已经被引入英国。根据2014年《表演版权和权利扩大集体许可条例》，英国首相可授权一个集体管理机构经营一项延伸性集体管理的计划，期限最长为五年，并从最初的授权期结束时更新授权。集体管理机构必须能够证明其对特定类型的作品具有重要的代表性，并且必须获得其成员、会员的同意，必须提供给非会员退出选择权。许可证只能授予在英国境内使用作品的权利。[2]

----

1 Thomas Riis, Jens Schovsbo, Extended collective licenses and the Nordic experience: it's a hybrid but is it a Volvo or a lemon? Columbia Journal of Law & the Arts, Summer, 2010.

2 Jonathan Band, Brandon Butler, Some cautionary tales about collective licensing, Michigan State International Law Review, 2013.

二、数字版权时代集体管理制度的不适应

（一）在线音乐的困境

在20世纪20年代的模拟时代，词曲作者和音乐出版商如何很好地行使他们的公开表演权利的问题变得突出，公开表演变得越来越重要。当时，许多广播电台和其他场所想播放音乐。从减少交易费用的角度来看，这些困难从反面证明了将职能集中于若干个大的集体管理组织是合理的。[1]

事实证明，追索互联网上发生的大量侵权行为，并向个人行使法律追索权，成本高又费时。例如，美国唱片工业协会在过去的五年中已经起诉了3万多人。这些案件中的大多数最终都得到了解决，但是这种策略并没有阻止未经授权在互联网上使用受版权保护作品的趋势。[2] 在数字时代，电子分销网络的普及和全球化，使立法者考虑到应该修改版权法，以建立从所有互联网用户收取合理费用的模式，改变互联网上消费音乐和其他受版权保护的内容而造成的知识产权侵权泛滥的状况。[3]

对现有的音乐作品和录音制品授权模式提出质疑，并考虑进行有意义的改变的时机已经成熟。人们普遍认为，许可证制度已经失灵。在美国，通过广播、电视、数字服务和其他发行媒体进行公开演出的音乐的授权系统是复杂的、晦涩的，并且受到严格监管。它的基本结构是通过模拟信道传输音乐。目前的授权系统也很麻烦，即使是一段音乐，也要从多个来源获得多个许可。要创造一个更具竞争力的制度，就必须放弃集体许可，允许出现更有

---

1 Thomas M. Lenard, Lawrence J. White, Moving music licensing into the digital era: more competition and less regulation, UCLA Entertainment Law Review, 2016.

2 Steven Masur, Collective rights licensing for internet downloads and streams: would it properly compensate rights holders? Villanova Sports and Entertainment Law Journal, 2011.

3 Steven Masur, Collective rights licensing for internet downloads and streams: would it properly compensate rights holders? Villanova Sports and Entertainment Law Journal, 2011.

效的捆绑许可制度。[1]

消费者渴望体验音乐、电影和其他形式的多媒体产品，其通过音乐和视频来表达自己的渴望也在持续增强。将音乐作品用于在线或移动开发的在线服务提供商或数字音乐零售商，需要明确授予作者的两类权利：机械复制权和公开表演权。[2] 在线音乐市场被定义为在互联网上提供任何音乐的服务，如同步广播、网络广播、流媒体、下载、在线点播服务等。[3]

在数字时代，交互式流媒体是音乐消费者访问他们喜爱的专辑和歌曲的首选途径。然而，用于管理音乐版权和版税的传统版权体系没有相应的发展，这不仅阻碍了音乐平台创新者的进步，也让无法从音乐版权中获益的艺术家、唱片公司和作曲家感到沮丧。[4]

在线音乐服务提供商已经改变了消费者获取音乐的方式。在音乐分销方面似乎有一个不可逆转的趋势：用户现在更喜欢音乐服务，而不是音乐产品。现在的消费者不去商店购买CD或在iTunes上下载音乐，而是主要利用在线流媒体服务，如Apple Music和Spotify，访问他们最喜欢的专辑和歌曲。[5]

21世纪，用于传播音乐的技术已经发生了翻天覆地的变化。互联网、无线网络、压缩技术和不断扩大的存储容量创造了一种有效地交付和享受音乐

----

1 Thomas M. Lenard, Lawrence J. White, Moving music licensing into the digital era: more competition and less regulation, UCLA Entertainment Law Review, 2016.

2 Giuseppe Mazziotti, New licensing models for online music services in the European Union: from collective to customized management, Columbia Journal of Law & the Arts, Summer, 2011.

3 Ana Eduarda Santos, Experimenting with territoriality: pan-European music license and the persistence of old paradigms, Duke Law & Technology Review, September 22, 2009.

4 Gary Warren Hunt III, Marching to the beat of the EU's drum: refining the collective management of music rights in the United States to facilitate the growth of interactive streaming, Indiana Journal of Global Legal Studies, Summer, 2018.

5 Gary Warren Hunt III, Marching to the beat of the EU's drum: refining the collective management of music rights in the United States to facilitate the growth of interactive streaming, Indiana Journal of Global Legal Studies, Summer, 2018.

的环境，无论消费者在哪里，只要有需要，几乎可以无限选择音乐。消费者在获得音乐作品方面比以往任何时候都要丰富、自由，但令人沮丧的是，音乐产业在充分利用这些新技术方面遇到了困难。[1]

尽管音乐产业的未来看起来很有希望，但任何增长或创新都可能会被陈旧的音乐许可制度扼杀，尤其是如果它不能适应数字时代。数字可及性的增加对音乐产业产生了经济上的影响，但互动音乐服务目前运行的版权系统是在数字可及性音乐的概念还远未出现之前设计的。现在是时候使版权制度现代化，并为数字音乐的授权发展出一种有效的程序。[2]

在线获取大规模存储应该是一个主要的发展方向，前景是云计算。版权内容将逐步驻留在服务器上，而不是个人计算机上，用户可以从任何设备访问，将内容移动到"云"上。[3] 集体管理组织应该支持基于云的许可模式的发展，其可以而且应该协助建立和管理支付，以处理至少某些形式的大规模存储应用，而这是符合作者和用户利益的。[4]

（二）扩大的地域困境

与世界上众多不同国家和地区谈判许可证时所面临的挑战一直受到人们的密切关注。传统上，集体管理组织通过使用互惠协议来绕过这一难题，授

1 Thomas Riis, Jens Schovsbo, Extended collective licenses and the Nordic experience: it's a hybrid but is it a Volvo or a lemon? Columbia Journal of Law & the Arts, Summer, 2010.

2 Gary Warren Hunt III, Marching to the beat of the EU's drum: refining the collective management of music rights in the United States to facilitate the growth of interactive streaming, Indiana Journal of Global Legal Studies, Summer, 2018.

3 Daniel Gervais, The landscape of collective management schemes, Columbia Journal of Law & the Arts, Summer, 2011.

4 Daniel Gervais, The landscape of collective management schemes, Columbia Journal of Law & the Arts, Summer, 2011.

予彼此在对方领土上许可作品的权利。[1]

以欧盟为例，一家点播音乐服务提供商必须与许多家不同的集体管理组织谈判许可证，以便在整个欧盟范围内分销音乐。自20世纪中叶签署成立欧盟委员会的条约以来，欧洲一直在试验解决领土划分问题。从那时起，欧盟的每个成员国都逐渐失去了主权的元素，这一过程使欧盟内部边界变得更加平滑，直到人们和商品都从在不同国家的流动、生活、工作和贸易的普遍自由中受益。然而，正如Hugenholtz等人所指出的那样，欧洲的合作进程在很大程度上保留了一个对建立内部市场更为严重的障碍：版权和相关权利的领土性质。[2]

对版权所有人而言，根据国界界定和划分市场更容易，并在不同的成员国为相同的产品或服务设定不同的价格和条件。然而，这一功能有一个严重的缺陷：这种价格歧视和知识产权的使用方式，从根本上与实现欧盟内部交易的目标相抵触。

目前，存在有遍布各地但在单一领土基础上运作的集体权利管理实体，其在国家领土基础上对版权进行集体管理的做法要求，每个集体权利管理者必须与其他领土的其他集体管理组织合作。在实践中，这意味着商业用户需要从欧盟每个国家的相关的集体权利管理者那里获得作品访问许可。[3]

不是所有的集体权利管理协会都会签订双边代表协议，而集体管理组织之间的合作是通过相互代表协议达成的，如果一个集体权利管理者想要覆盖整个世界范围，这种协议的数量可以上升到天文数字的水平。

1　Gary Warren Hunt III, Marching to the beat of the EU's drum: refining the collective management of music rights in the United States to facilitate the growth of interactive streaming, Indiana Journal of Global Legal Studies, Summer, 2018.

2　Ana Eduarda Santos, Experimenting with territoriality: pan-European music license and the persistence of old paradigms, Duke Law & Technology Review, September 22, 2009.

3　Ana Eduarda Santos, Experimenting with territoriality: pan-European music license and the persistence of old paradigms, Duke Law & Technology Review, September 22, 2009.

跨境权利管理的核心问题还在于版权与领土性密切相关的旧模式已越来越不适应，在互联网时代，本质上版权已不再有太多领土性限制，特别是互联网和技术已经使得这个世界无国界。在互联网时代，不应该一直把领土作为原则，数字版权时代版权在本质上是无国界的。因此，是时候拆除领土壁垒趋势了，地域性绝对不适合在线版权世界。

对大多数词曲作者和音乐出版商来说，控制创作作品的表演权是他们最大的收入来源。然而，目前由集体管理组织实施的在线音乐的授权制度，使版权所有者无法获得互联网和数字音乐传输所能产生的经济利益。问题是，集体管理组织对在线音乐的许可是限制性的、以国家为领域的，而音乐的在线传播是全球性的，不受国界的限制。在线传输音乐的许可，受到国家领域的限制，因为集体管理组织和版权所有者之间签订的协议，要求版权所有者仅在国家领域内授予许可。在数字传输不受国界限制的情况下，这些地域限制协议在在线音乐的许可中没有一席之地。目前的授权体系效率低下，成本高昂，而且阻碍了在线音乐提供商向消费者分销音乐的能力的发展。最终，这个系统会阻止权利人实现互联网产生的全部经济利益。[1]

三、数字版权时代集体管理制度的发展展望

（一）世界各国的做法

随着模拟时代让位给数字时代，美国国会试图通过1995年颁布的《声音录音中的数字表演权法案》（DPRA）和1998年颁布的DMCA来实现音乐许可的现代化。这些法案将版权保护扩展到通过数字音频传输的公开表演，包括当时新兴的Sirius XM的前身satelite服务，以及后来基于互联网的流媒体服务，如Pandora和Spotify。这些法案还规定了非交互式数字服务

---

1 Neil Conley, The future of licensing music online: the role of collective rights organizations and the effect of territoriality, John Marshall Journal of Computer & Information Law, Summer, 2008.

的强制许可。[1]

iTunes音乐商店的成功是自愿许可的一个典型范例。在美国，最近推出的创新的在线服务，例如苹果的iTunes，微软的Zune、Rhapsody、Beatport和Pandora等软件，已经彻底改变了合法获取和使用在线内容的方式，为数字版权许可创造了有益的模式。[2]

2015年2月，美国版权局向国会提交了一份报告，总结了目前音乐版权的形式和程序，并提出了修改建议。报告显示，改革现有的范式问题的时机已经成熟，建议政府在支持集体解决方案的同时，允许自愿交易。建议的修改包括把所有音乐的用途都视为相同，允许音乐出版商在授权互动服务时选择不使用集体管理组织，鼓励私营部门建立权威数据库，以促进许可证发放过程。[3]

2004年，欧盟委员会开始关注版权跨境集体管理，但这些方面被2001/29.19号理事会指令的起草者所忽视和低估，即使其主要目标是促进建立一个由新技术促成的欧洲内部市场。一年后，欧盟委员会决定加快实现其针对最近出现的在线音乐服务市场的版权许可。2005年10月18日，欧盟委员会发布了一份关于网上版权音乐跨境许可的工作文件。[4]

《2005年委员会关于合法在线音乐服务版权及相关权利集体跨境管理的建议》是向成员国和共同体内参与版权及相关权利管理的所有经济经营者提

---

1 Thomas M. Lenard, Lawrence J. White, Moving music licensing into the digital era: more competition and less regulation, UCLA Entertainment Law Review, 2016.

2 Giuseppe Mazziotti, New licensing models for online music services in the European Union: from collective to customized management, Columbia Journal of Law & the Arts, Summer, 2011.

3 Thomas M. Lenard, Lawrence J. White, Moving music licensing into the digital era: more competition and less regulation, UCLA Entertainment Law Review, 2016.

4 Giuseppe Mazziotti, New licensing models for online music services in the European Union: from collective to customized management, Columbia Journal of Law & the Arts, Summer, 2011.

出的。在音乐作品在线开发的时代，商业用户需要一个与无处不在的在线环境相适应的许可策略。因此，该建议提高了商业用户在其活动方面的法律确定性，并促进合法在线服务的发展，进而增加版权所有人的收入，提供多地区许可是适当的。[1]

该建议的主要目标是建立一种与无处不在的在线环境相适应的多地区许可政策，以有利于新的商业用户，如在线音乐服务提供商。该建议第5段讨论了在线许可环境中权利所有人与集体权利管理者之间的关系，旨在给予权利所有人最大限度的自主权和选择自由。它确立了权利人与集体权利管理者之间关系，版权权利人有权决定委托集体管理的网络权利，确定集体权利管理者职权范围内的能力，并且有权撤销委托给某一特定管理人的任何权利，以及将这些权利的多地区管理权转让给另一管理人。[2]

欧盟委员会最终意识到，尽管基于网络的环境具有无国界的本质，但版权管理导致了严格按地域划分所谓内部市场的许可实践。从那时起，欧盟委员会一直在寻找解决方案，以解决版权管理地域限制导致的经济效率低下问题，并最终推动合法在线内容服务的增长，其中首要的是音乐服务。[3]从技术和基础设施的角度来看，欧洲似乎已经准备好让在线市场蓬勃发展：宽带互联网接入服务和移动通信正在以非常快的速度发展，并且在欧盟越来越普遍。[4]

2014年欧盟关于在线音乐作品的集体权利管理和多地区授权的指令，有

1　Ana Eduarda Santos, Experimenting with territoriality: pan-European music license and the persistence of old paradigms, Duke Law & Technology Review, September 22, 2009.

2　Ana Eduarda Santos, Experimenting with territoriality: pan-European music license and the persistence of old paradigms, Duke Law & Technology Review, September 22, 2009.

3　Giuseppe Mazziotti, New licensing models for online music services in the European Union: from collective to customized management, Columbia Journal of Law & the Arts, Summer, 2011.

4　Giuseppe Mazziotti, New licensing models for online music services in the European Union: from collective to customized management, Columbia Journal of Law & the Arts, Summer, 2011.

三方面的目的。首先，它旨在建立关于治理、透明度和财务管理的标准，以改善集体管理组织的管理方式。其次，它为管理音乐作品在线使用权利的集体管理组织制定了简化多地区授权的共同标准。最后，它的目标是提供更多的改变，以增加对在线音乐的合法访问。[1] 2014年欧盟指令对音乐版权管理集体管理组织实施了关键改革，以提高透明度和准确性。美国也考虑采用类似的管理和透明度标准，在可能的地方建立数字音乐的一站式授权商店，以简化音乐授权。[2]

该指令将极大地惠及权利人、服务提供商和消费者。服务提供商将承担较低的交易成本，因为指令所要求的变化将允许服务提供商更有效地将使用与所有权挂钩。欧盟希望交易成本的降低将催生新的在线服务，并增加欧洲消费者对创造性内容的可获得性。此外，该指令所规定的标准可能会使集体管理组织的管理更加准确和透明，从而提高内容所有者的收入分配。

上述标准适用于所有集体管理组织。但该指令也对集体管理组织实施了具体要求，以管理音乐作品中的作者权利。为了适应数字时代，该指令要求集体管理组织提高其处理大量数据的能力和准确识别服务提供商使用作品的能力。此外，集体管理组织必须改进其业务，以便能够迅速向服务提供者开具发票，并向权利所有人分发准确的版税。总的来说，该指令所规定的标准旨在精简欧盟的许可证程序。一旦指令中讨论的变化得到实施，集体管理组织的运作将更加高效，数字服务提供商为欧洲消费者创建和管理新的音乐平台也将更加实际。

2006年，应美国国会议员的要求，美国版权局准备了一份"孤儿作品"报告，全面详细地说明了用户在寻找未知版权所有者时所面临的挑战。虽然

---

1 Gary Warren Hunt III, Marching to the beat of the EU's drum: refining the collective management of music rights in the United States to facilitate the growth of interactive streaming, Indiana Journal of Global Legal Studies, Summer, 2018.

2 Gary Warren Hunt III, Marching to the beat of the EU's drum: refining the collective management of music rights in the United States to facilitate the growth of interactive streaming, Indiana Journal of Global Legal Studies, Summer, 2018.

这一提议得到了学者的赞扬，但还有一种替代的、补充的法定方法可能会被证明更加有利：强制许可。在强制许可制度下，使用者可在特定情况下以支付法律规定的费用来使用"孤儿作品"。

"孤儿作品"是受版权保护的作品，其所有者很难找到，甚至不可能找到。"孤儿作品"的确切数量不得而知，但作为一个类别，它们在整个版权库中占了相当大的一部分，特别是在摄影、电影和录音领域。例如，美国国会图书馆收藏了1000多卷身份不明的无声电影，35000多卷家庭电影，以及成千上万的照片和印刷图片，这些图片因缺乏足够的识别信息而无法被确定权利状况。这些"孤儿作品"，有的也许价值不大，有的甚至没有价值，但很多都具有重大的文化和历史意义。在NAACP的馆藏中，图书馆收藏了大量民权时代的照片和录音，但由于其中许多作品缺乏版权信息，因此无法以数字形式向公众开放。同样地，由于版权诉讼的高昂费用、招致风险的考虑，许多作者、学者和小型出版商都不鼓励使用"孤儿作品"，即使没有人反对使用。所有权的不确定性也使图书馆无法妥善处理那些旧作品，从而导致它们退化并最终遭到破坏。[1]

如果一件作品的作者不为人所知或无法找到，那么该作品就不能被授权用于新的创作，而且公众通常无法获得该作品的使用权利。强制许可使用"孤儿作品"，将有助于减少用户的搜索、交易和管理成本，激励对"孤儿作品"项目的投资，并提供必要的灵活性，使大型档案和修复项目达到规模。[2]

强制许可制度有如下显著的优点：

第一，强制许可具有较低的交易成本。用户为换取法定许可而支付的费用相当于使用的合同价格，在协商许可时不产生额外的成本。强制许可的这一特征对"孤儿作品"的有效许可大有裨益。特别是，强制许可将促进大规模的数字化项目，在这些项目中，即使是适度的交易成本，在乘以数千或数

---

1 Robert Kirk Walker, Negotiating the unknown: a compulsory licensing solution to the orphan works problem, Cardozo Law Review, February, 2014.

2 Robert Kirk Walker, Negotiating the unknown: a compulsory licensing solution to the orphan works problem, Cardozo Law Review, February, 2014.

百万或单个许可时，也可能昂贵得令人望而却步。第二，要求用户尝试定位"孤儿作品"的单个所有者会给他们带来巨大的管理、搜索和机会成本，这反过来又限制了能够承担这种资源密集型项目的用户类型。第三，强制许可制度将为投资新创意项目的投资者提供更大的确定性和更低的风险。允许用户在特定作品中获得积极权利的机制，可能会为利用"孤儿作品"的创造性努力带来更直接的投资和更低的资本成本。[1]

（二）数字版权时代集体管理制度的改革趋势

在一个不断扩展的数字环境中，必须实施新的机制来授权受版权保护的作品，监控它们的使用，并收取版税。快节奏的技术发展，加上当前通信行业的发展，加强了对这种机制的需求。卫星转播权、信息网络传播权等，不仅特别适合集体管理，而且只能通过集体管理才得以实现。互联网的出现意味着全球范围内盗版的风险增加。互联网使作品可以轻松地被访问、复制和修改，对许多人来说，网络空间就是一台巨大的复印机。因此，版权所有者的主要关注点在于确保准确和有效的版权执行。[2]

数字发行技术的进步和互联网的广泛使用，使媒体发行技术直接进入消费者手中，且价格低廉，对普通公众来说几乎是即时的。[3] 所有改革模式的基础是，必须简化获得音乐版权许可的程序，以便应对快速发展的在线市场，并允许合法音乐参与竞争。

尽管改革者们的做法各有不同，但他们普遍认为，降低交易成本对于促进在线音乐许可的实现至关重要。虽然互联网可能提高了音乐传播的速度和

---

1 Robert Kirk Walker, Negotiating the unknown: a compulsory licensing solution to the orphan works problem, Cardozo Law Review, February, 2014.

2 Virginie L. Parant, Copyright enforcement in a digital environment: tolls on the superhighway? Entertainment and Sports Lawyer, Summer, 1996.

3 Steven Masur, Collective rights licensing for internet downloads and streams: would it properly compensate rights holders? Villanova Sports and Entertainment Law Journal, 2011.

方式，但数字许可并没有超出目前系统的能力。[1] 目前的音乐授权系统还停留在模拟时代，为了让音乐产业的所有利益相关者，尤其是互动服务提供商在数字时代繁荣发展，有必要对音乐授权进行重大变革。

也许由于与音乐产业相关的技术快速进步，音乐许可将永远是复杂的。这种加速发展的一个主要例证是，当管理音乐权利的法律建立时，数字媒体和流媒体还只是未知的概念。然而，发展到现在，通过技术的改进，音乐许可的透明度和效率是可以实现的。[2] 挑战在于从集体授权转向出版商和唱片公司以及音乐发行服务之间的直接谈判，随着新的音乐传输技术的出现，一些特殊的修改需要被引入，以反映新的变化。[3]

1.在线音乐授权交换中心

随着音乐数字发行方式的扩大，改革现有音乐版权许可结构的呼声也越来越高。学术界、授权机构，甚至版权局都提出了如何最好地重组支离破碎的数字音乐授权格局的理论。这些改革建议可以分为两类：一类是寻求立法改革，另一类是寻求以某种方式合并音乐许可证。[4] 一些改革者建议授予一个单一实体管理所有音乐版权的权利，这一单一实体即在线音乐授权交换中心。在线音乐授权交换中心，以一种与传统许可实践相一致的方式向许可人提供公平的补偿，并允许那些被许可人轻松、快速地获得作品使用权。[5]

在线音乐授权交换中心承诺降低行业和消费者的交易成本，当获得音乐

---

1 Brian R. Day, Collective management of music copyright in the digital age: the on-line clearinghouse, Texas Intellectual Property Law Journal, Winter, 2010.

2 Gary Warren Hunt III, Marching to the beat of the EU's drum: refining the collective management of music rights in the United States to facilitate the growth of interactive streaming, Indiana Journal of Global Legal Studies, Summer, 2018.

3 Thomas M. Lenard, Lawrence J. White, Moving music licensing into the digital era: more competition and less regulation, UCLA Entertainment Law Review, 2016.

4 Brian R. Day, Collective management of music copyright in the digital age: the on-line clearinghouse, Texas Intellectual Property Law Journal, Winter, 2010.

5 Brian R. Day, Collective management of music copyright in the digital age: the on-line clearinghouse, Texas Intellectual Property Law Journal, Winter, 2010.

许可证的过程简化后，障碍就消除了，在线音乐的合法发行就会繁荣起来。这个超级"中间人"将提供包含音乐作品和录音表演、复制和发行权利的单一许可证，然后负责把版税分配给所有版权所有人。[1]

在线音乐授权交换中心主要有以下好处：（1）保留现有的许可证结构，允许词曲作者、出版商和艺术家在谈判桌上保持他们的地位；（2）为消费者提供一站式购物；（3）发放许可证，杜绝长时间谈判和拒不接受的行为；（4）实施该建议无需进行法律修改；（5）降低交易各方的交易成本；（6）几乎没有反垄断的顾虑，简化许可程序将使合法在线音乐的可获得性和需求增加。[2]

在线音乐授权交换中心由所有专业人士、出版商和词曲作者组成，他们寻求授权的音乐作品，并执行表演、复制和分销权利。同样，该在线音乐授权交换中心将向行使其录音复制、发行和数字表演权利的唱片公司以及寻求保护自己音乐的艺术家开放。在线音乐授权交换中心会员资格只有最低限度的限制，允许范围广泛的权利所有人轻松地加入。

当用户访问在线音乐授权交换中心并在网站上注册时，注册问题可能包括有关公司的业务结构或期望的许可证使用。例如：下列哪项最能描述你的机构？你想听多少首歌？你是否正在寻求流媒体、复制或分发音乐的许可？你想在互联网上播放音乐吗？在许可购买之前，可能需要额外的验证步骤。在注册之后，用户还会被问到关于音乐的具体用途等其他问题。回答每个问题将有助于在线音乐授权交换中心准确地识别需要哪种类型的许可，以及必须从谁那里获得许可。在线音乐授权交换中心将从每个许可证组织选择适当的算法，进行简单的自动总结，然后向用户报价。

在报价的同时，还会有一份详细说明，包括获得哪些许可证，从谁那里获得许可证，以及每种许可证的总成本。用户可以自由地接受报价并在线支付，或者在适当的时候使用详细的报价明细，以便在法庭上寻求赔偿。

---

1 Brian R. Day, Collective management of music copyright in the digital age: the on-line clearinghouse, Texas Intellectual Property Law Journal, Winter, 2010.

2 Brian R. Day, Collective management of music copyright in the digital age: the on-line clearinghouse, Texas Intellectual Property Law Journal, Winter, 2010.

在线音乐授权交换中心还包括创建一个统一的在线平台，在这个平台上，授权实体可以聚集在一起，简化获得授权的流程，从而增加音乐授权交易，促进在线音乐的合法发行。这种合作和妥协是必要的，也是早就应该的。[1]

此外，在线音乐授权交换中心还可以引入延伸性集体管理规则，同时允许版权人自由退出，允许使用延伸性集体管理的强制许可机制，促进作品的快速使用。

在线音乐授权交换中心提案的最大优势之一是它保留了现有的许可结构。这种保护确保了不同利益集团在谈判桌上保持其应有的地位。此外，对于反垄断的担忧因许可方之间的划分和缺乏许可池而减轻。其为消费者在一个集中的在线空间提供真正的一站式许可证购物，提供了方便、易于适应和安全的系统，每天能够处理巨额交易。该在线音乐授权交换中心还提供了一种有效的方式来管理和存储授权机构的庞大音乐目录，以及所有的详细账户。最后，在线音乐授权交换中心可以在几乎不修改版权法或干涉先前司法裁决的情况下实施。[2]

2.开发合法化P2P

绝大多数的P2P文件传输都违反了版权法，并威胁到依赖版权保护的商业模式的生存能力。点对点数字盗版的附带损害包括：抑制整体经济增长、阻碍创新、产生大量的诉讼，以及导致唱片和电影公司销售额的大幅下降。许多人认为，这是P2P文件共享的直接结果。[3] 因此，美国通过Napster等判例对P2P侵权进行了处理。

然而，P2P文件共享模式具有其自身的技术优势，开发合法化P2P文件共享方法，这样可以同时给版权所有者带来经济补偿。这种方法的目的是建立

---

1 Brian R. Day, Collective management of music copyright in the digital age: the on-line clearinghouse, Texas Intellectual Property Law Journal, Winter, 2010.

2 Brian R. Day, Collective management of music copyright in the digital age: the on-line clearinghouse, Texas Intellectual Property Law Journal, Winter, 2010.

3 Steven Masur, Collective rights licensing for internet downloads and streams: would it properly compensate rights holders? Villanova Sports and Entertainment Law Journal, 2011.

传播经过认证的原创作品的强大技术工具，通过建立集体许可制度来确保创作者获得的报酬。[1]

通过向作者提供补偿的方式使P2P文件共享合法化的建议已被世界各地的版权学者所提倡。在美国，威廉·费希尔的提议是众所周知的。费希尔提出了一种行政赔偿制度，在这种制度下，音乐或电影的版权所有者可以向版权局注册作品，以获得一个唯一的注册码，用于跟踪该文件的分发和使用情况。通过这种方法，政府将对用于获得数字娱乐内容的设备和服务收取税收，然后将其分发给版权所有者，并且因为要跟踪识别数字文件，所以只有注册作品才能从税收制度产生的补偿中获益。在这一模式下，文件共享将被合法化，并将适用于所有受版权保护的作品。

Netanel也提出了类似的建议，通过向作者提供有偿服务，以获得授权分享原创作品。在一项强制许可计划下，P2P网络中的作品发行将被允许。版权所有人将通过向那些因文件共享而受益的版权使用人征收费用来获得补偿，这些产品或服务包括互联网接入、P2P软件及用于存储、复制和收听从P2P网络下载的文件的消费电子设备。[2]

法国学者Phillipe Aigrain出版了一本名为《互联网与安全》的书，他提出了一个详细的系统。在这个系统中，用户每月支付一定的费用，就可以从通过P2P网络转移作品的全面许可中获益，所得款项将用于补偿版权所有者。[3]

像Choruss这样的团体目前正试图通过与美国大学合作，将音乐版权费用纳入学费支付中，以便通过文件共享使音乐交换合法化。[4] 最广为人知的模

---

1 Caroline Colin, Peer-to-peer file sharing and copyright: what could be the role of collective management? Columbia Journal of Law & the Arts, Summer, 2011.

2 Caroline Colin, Peer-to-peer file sharing and copyright: what could be the role of collective management? Columbia Journal of Law & the Arts, Summer, 2011.

3 Caroline Colin, Peer-to-peer file sharing and copyright: what could be the role of collective management? Columbia Journal of Law & the Arts, Summer, 2011.

4 Steven Masur, Collective rights licensing for internet downloads and streams: would it properly compensate rights holders? Villanova Sports and Entertainment Law Journal, 2011.

式是对所有的美国大学，在他们通常的网络收费基础上再增加一笔费用（大概是5美元），然后将这笔钱转移到一个或多个现有的或新成立的集体管理组织。艺术家和其他版权所有者将被要求参加集体权利组织，并且每个集体管理组织负责分配收益，这一收益是互联网服务提供商根据公式反映的作品或作品的使用次数计算出来的。每年收取的费用将形成高达200亿美元的资金池，用于支付给艺术家和版权所有者。[1]

3.版权数据库（GARD）

为了适应互联网环境下的全球在线音乐授权交换模式，一旦集体管理组织有能力授权所有必要的音乐作品权利，就应当建立一个用于数字许可的数据库，这将允许互动音乐服务提供商获得一个曲目范围。作曲家、作家与出版商协会可以过渡到组织管理数字传输，建立数据库将是一个重要的一步简化音乐许可，从而提高内容分发和数字服务创新的措施。[2]

创建一个全球权威版权数据库，将使用与所有权联系起来，是将音乐版权管理进程带入数字时代的必要之举。从技术角度来看，通过建立全球权威的版权数据库，可以使音乐授权更加有效。该数据库可以精确地记录和跟踪全球对音乐版权的所有权和控制。尽管目前的技术能够实时跟踪世界各地的每首歌曲，但缺乏一种有效的下游信息共享方式，这可以通过创建一个全球权利数据库来实现。这种数据库的必要组成部分包括每一数字传输权的所有者、权利所有者的联系信息以及各自权利所有者接受的费率。[3]

一个全球版权数据库要想成功，还必须为所有过去、现在和未来的音乐

---

1 Steven Masur, Collective rights licensing for internet downloads and streams: would it properly compensate rights holders? Villanova Sports and Entertainment Law Journal, 2011.

2 Gary Warren Hunt III, Marching to the beat of the EU's drum: refining the collective management of music rights in the United States to facilitate the growth of interactive streaming, Indiana Journal of Global Legal Studies, Summer, 2018.

3 Gary Warren Hunt III, Marching to the beat of the EU's drum: refining the collective management of music rights in the United States to facilitate the growth of interactive streaming, Indiana Journal of Global Legal Studies, Summer, 2018.

作品创建一个唯一标识符的标准化系统。标识符应对应于单个作品的所有类型的版权，包括数字传输权利。其中一个重要的步骤是，为每个音乐作品以及相关的特定录音版本开发一个唯一标识符的标准化系统，以便用户和发行商能够确定他们必须向谁授权，以避免侵权。[1]

美国知识产权组织则提议建立一个全球音乐数据库，称为国际音乐登记处（IMR）。IMR将提供有关世界各地音乐作品、录音和音乐录影的准确和权威的基本信息，这是在数字时代确保此类作品获得许可的重要因素。国际音乐登记处将创建一个平台，在这个平台上，用户还可以根据每个集体管理组织的目录，选择其在线音乐服务的效用，决定与哪个集体管理组织协商许可。集体管理组织、艺术家、唱片公司和个人音乐创作者向数据库贡献他们的作品时可能需要奖励，并在资金上支持数据库的创建。[2] 国际音乐登记处的作用是作为一个数据库，而不是作为一个授权实体，其对全世界的集体管理组织来说是一项重要资产，但目前还没有建立该数据库的明确计划。[3]

使用唯一标识符系统的统一的、权威的版权数据库，将使对集体权利组织提出的修改更容易实现。创建和实施一个将使用与所有权联系起来的版权数据库，不仅会加快专利使用费的确定，提高授权许可的准确性，而且还会创建一个不那么复杂、更透明的许可制度。总的来说，一个更透明和更有效率的音乐许可制度可以减少互动服务提供商目前在获得所需音乐数字传输权方面所面临的管理困难，并有效地将音乐许可带入数字时代。[4]

---

1 Thomas M. Lenard, Lawrence J. White, Moving music licensing into the digital era: more competition and less regulation, UCLA Entertainment Law Review, 2016.

2 Gary Warren Hunt III, Marching to the beat of the EU's drum: refining the collective management of music rights in the United States to facilitate the growth of interactive streaming, Indiana Journal of Global Legal Studies, Summer, 2018.

3 Daphne A. Bugelli, Daniel J. Gervais, How collective management organizations remunerate musicians worldwide: a guide for U.S.-based songwriters and performers, Landslide, May/June, 2017.

4 Gary Warren Hunt III, Marching to the beat of the EU's drum: refining the collective management of music rights in the United States to facilitate the growth of interactive streaming, Indiana Journal of Global Legal Studies, Summer, 2018.

为了追踪音乐的流媒体传播，俄勒冈州波特兰的Digimarc公司开发了一种无形的、不可删除的数字水印，识别作品版权所有者和控制其使用。在加利福尼亚州的帕洛阿尔托，数字信息商品交易所设计了一种类似的数字邮票。早期的水印技术有许多缺陷，但是最近由马萨诸塞州的Aris技术公司介绍的系统，已经证明令人满意。[1] 图书出版商和唱片公司支持电子编码，以提醒版权所有人未经授权的复制。通过识别非法上传受保护作品的人，数字水印可以用来追踪未授权发行的来源。

最后，艺术家保护自己作品的一个简单方法是只在网上发布低分辨率的版本，那些dpi太低的版本，没有任何软件可以提高它们的质量。对于文学和音频作品来说，防止盗版的最有效措施是在用户能够完整访问作品之前确保支付。[2]

在数字网络上使用受保护作品的费用可以采取三种形式：按使用费率、按访问费率和订阅费率。娱乐行业通常会根据每个作品的具体使用情况，采用按次收费的方式。随着数字网络的出现，私人使用（特别是数字分发和下载）能够被有效监控，隐写术（或数字指纹）技术、数字水印技术可以记录作品的每一次使用。

此外，为了使权利人直接与最终用户进行交易而不需要中间人，即集体管理组织和商业用户直接进行大规模互联网上许可，预计可以通过区块链帮助解决这些问题，基于区块链的音乐平台的出现正在彻底改变在线音乐的格局。[3]

---

1 Virginie L. Parant, Copyright enforcement in a digital environment: tolls on the superhighway? Entertainment and Sports Lawyer, Summer, 1996.

2 Virginie L. Parant, Copyright enforcement in a digital environment: tolls on the superhighway? Entertainment and Sports Lawyer, Summer, 1996.

3 Tanya M. Woods, Working toward spontaneous copyright licensing: a simple solution for a complex problem, Vanderbilt Journal of Entertainment and Technology Law, Summer, 2009.

第十二章
艺术与文化遗产纠纷的国际仲裁调解机制

艺术与文化遗产经常会发生流失到别国的问题，尤其像我国这样的文化大国，历经战乱，有许多艺术品和文化遗产被盗取而流失国外。艺术与文化遗产回归之路非常漫长，针对艺术与文化遗产的回归，我国必然与别国产生各种纠纷。如何更好地处理艺术与文化遗产纠纷？我国可以借鉴国际上正在迅速发展的仲裁与调解机制，从而使文物回归、文化遗产返还的工作更为顺利、更有成效。

一、艺术与文化遗产纠纷的特点

艺术与文化遗产是一个比较宽泛的概念，相关纠纷通常涉及各种不同的个人、私人组织、公共利益团体，甚至国家机构。

艺术与文化遗产的利害关系人通常会卷入各种类型的纠纷中，如收藏品的来源、返还、赔偿、管理和所有权问题。同时也可能会产生知识产权问题。例如，涉及描绘一种别国的神话传说（无形的知识产权问题）的油画（有形财产问题）的纠纷；某国要求返还艺术品，而该艺术品目前被另一国的博物馆收藏。又如，雕塑（有形财产）的归还中，可能发生这种雕塑的照片被出版商复制（无形的知识产权）问题；博物馆可能会公开再现属于其他国家土著社团的艺术品，而未经过该土著社团的授权。因此，可能在一个案件中，既涉及有形的财产归属与返还问题，也涉及无形的知识产权法律问题，甚至还可能涉及证据和法律程序与法律冲突问题。

此外，还有合同性的艺术与文化遗产纠纷，例如艺术家和美术馆之间可能就艺术品展览、版权许可、版权转让等问题达成协议并且产生合同性纠纷，文化机构也可能与捐赠人就捐赠协议发生纠纷。艺术研究人员对展出的作品进行复制时，也会发生知识产权纠纷。艺术品归还协议、保险公司关于艺术品保险合同等，也可能会产生纠纷。艺术品出售方和购买方，如拍卖行和艺术收藏家，也可能产生合同纠纷。例如，关于艺术品的真实性进行担保而发生纠纷。

非合同性的艺术与文化遗产纠纷也是非常多样的。例如，艺术家可能与艺术收藏家和美术馆就转售艺术品发生纠纷；或者出版商、摄影家或其他当事人未经授权复制艺术家的作品，就可能发生知识产权纠纷。土著社团也可能与文化机构就使用和复制非物质文化遗产或民间艺术作品而发生纠纷。此外，归还被盗文化财产或不法占有的文化财产的返还中，都可能涉及不同的主体，如国家、文化机构、非政府组织、土著社团和个人，产生众多的纠纷。

二、仲裁解决机制的优势

应当看到，在艺术与文化遗产纠纷中，由于涉及复杂的文化和历史背景问题，法院诉讼并不是最合适的解决之道。与法院诉讼解决相反，仲裁解决机制恰恰可以发挥其特殊的作用。

艺术与文化遗产纠纷通常是跨国界和跨地区的，在进行司法诉讼解决之时，必然面临着法律冲突和法律适用问题。例如，某一文化作品未经许可地在四个不同法域被复制和出版，就可能涉及在四个不同国家进行诉讼的问题。如果在四个国家进行诉讼，将导致成本高昂、时间拖延，也可能存在着国家偏见、潜在的法律冲突、利益矛盾、各国在艺术与文化遗产纠纷领域的立法也并不协调一致。这常常导致复杂的诉前程序，并且使得案件迟迟无法真正开展。

相比而言，中立的仲裁争端解决机制对于多国的多方当事人来说，更为公正和重要，他们可以共同选定某一仲裁机构，适用某一仲裁规则寻求解决争端。仲裁可以提供一个中立而单一的平台，解决当事人的争端，这对于国际间的艺术与文化遗产纠纷特别有利，可以避免多法域的法律冲突和跨法域进行诉讼。当事人可以在仲裁机制下设计程序步骤，选择适用的法律、语言、调解或仲裁地点，选择调解员、仲裁员或专家的国籍，这样就可以最大限度地规避跨国跨法域所带来的复杂问题。

由于艺术与文化遗产纠纷常常涉及复杂的历史和文化问题，要求审理机构和审理人员具有较为深厚的学术修养和理论基础，能够透彻了解艺术和文化领域的最新发展，而法官可能并不总是具有这些知识，有可能仅仅限于从法律规定出发审理案件。从这一点上看，选择仲裁机构进行仲裁，可以确保对文化和艺术具有较深入了解的仲裁员审理案件，作出较为合理的审查和判断。

法院诉讼的结果，通常是进行金钱赔偿，但这对于艺术与文化遗产纠纷来说并不总是合适的，当事人有时可能并不着意于金钱赔偿，而是可能寻求其他非法律性质上的利益。因此，仲裁和调解机制，可以保障当事人针对非法律性质的利益能够相互交换意见，从而寻求针对非法律性质的利益的解决办法。在仲裁程序中，提供了一个灵活的平台，一些敏感的非法律性质问题都会被加以考虑。仲裁也可以采取各种非金钱赔偿方法，这对于当事人也有益处。

此外，法院诉讼的结果或赢或输，这可能并不利于长期合作关系的稳定，也不利于当事人之间的非法律性质的利益和问题的解决。在仲裁中，当事人可以要求仲裁员进行衡平仲裁，从而保持当事人之间的关系得以长期发展。

在艺术与文化遗产纠纷案件中，法律和非法律问题纠缠在一起，这些都要求纠纷的每一方当事人相互谅解。艺术与文化遗产纠纷不仅仅涉及法律问题，还涉及情感、伦理、历史、政治、宗教等问题，诉讼不一定是最佳的解决之道，仲裁和调解在这一领域具有很大的优势。通过仲裁和调解程序，当事人针对艺术与文化遗产纠纷的各个方面的问题，都可以充分涉及，并且充分交换意见。调解程序可以考虑到商业、文化、道德、历史、精神、宗教或精神层面的问题。典型的诉讼上的障碍，如诉讼时效问题，在调解中也可以被克服。调解可以以较小的成本上在保存或增强当事人之间的关系的前提下，保证谈判的机密性和较为快速地解决问题。

调解是一个平台，在其中习惯法和惯例可以用于帮助达成协议。针对艺术与文化遗产纠纷通常涉及土著社团的特点，仲裁可以考虑各种习惯法和惯例。对于涉及神圣宗教性的传统财产的纠纷案件，仲裁的机密性非常有益。这类案件通常并不希望通过司法程序，在较为公开透明的机制下解决。例如The Australian Milpurrurru & Others v. Indofurn Pty Ltd案，就反映了艺术与文化遗产纠纷所产生的敏感问题，当事人更多希望能够通过仲裁机制加以解决。在该案中地毯生产商复制了土著艺术家的艺术作品而未经其同意，该艺术作品包含土著社团的传统图片与知识。按照习惯法或土著社团的惯例，如果未经其社团许可，第三方不适当地使用了这一传统图片，将会导致对艺术家的惩罚。因此，该案选择由仲裁机构解决，从而保留了该案的敏感信息。

三、ICOM-WIPO仲裁机制的形成

世界知识产权组织（WIPO）与联合国教科文组织（UNESCO）合作，关注民间文学艺术作品的法律纠纷，可以溯及至20世纪70年代。在1982年，这两个组织就为各国立法制订了关于民间文学艺术作品保护的规范蓝本。1997年，UNESCO/WIPO保护民间文学艺术作品世界论坛制订了一个在该领域内的行动计划，并且提出了未来的工作计划。

WIPO从1998年开始启动关于遗传资源、传统知识和民间文学艺术作品的保护机制。1998年和1999年，WIPO派出了九个调查团，在全世界范围进行调查，以确定民间文学艺术作品保护的需求。这些调查团都推荐仲裁和调解是保

护传统知识持有人的可行办法。2000年，WIPO成立了知识产权与遗传资源、传统知识和民间文学艺术政府间委员会（IGC）。联合国教科文组织管理下的促进文化财产归还原属国或返还非法占有文化财产政府间委员会（ICPRCP）也在2005年制订了调解机制，以解决文化财产的返还和赔偿问题。

国际博物馆协会（ICOM）与WIPO开发并制订了一个特别调解程序，以解决ICOM活动领域的纠纷。2005年4月，按照2004年ICOM韩国首尔大会的提议，ICOM法律事务委员会提出进行调解解决争议的构想。

从2006年起，ICOM就日益感觉到急需使用特别解决机制解决艺术与文化遗产纠纷。因此，ICOM与WIPO及其仲裁和调解中心制订了一个调解程序，以解决文化遗产纠纷，这一程序适用于所有博物馆机构。在2007年ICOM第22届大会第四次会议上，ICOM和WIPO仲裁中心，在ICOM前任主席Alissandra Cummins提出的一份2006年文本的基础上，达成了ICOM-WIPO调解规则。2010年12月，ICOM还起草了一份全球调解计划，并且于2011年5月，在日内瓦签订ICOM-WIPO协议加以确定下来。

ICOM-WIPO艺术与文化遗产调解程序是一个专门为艺术与文化遗产纠纷设计的非营利调解服务机构，是一个面向ICOM成员与非成员的开放性机构。ICOM和WIPO这两大组织都以其严格管理和专业知识而知名，都可以为当事人提供程序性建议和法律支持。ICOM-WIPO艺术与文化遗产调解程序的适用范围是非常宽泛的，覆盖了ICOM领域的全部争议，包括但不限于返还和赔偿、借出与保藏、获取和知识产权。艺术作品的保险、传统文化在金融交易中的抵押、艺术博览会、数字化、捐赠、追续权、私占挪用等方面发生的纠纷，可以适用该调解程序。国家、博物馆、土著社团和个人均可以使用该调解程序处理他们之间的纠纷。

在ICOM-WIPO艺术与文化遗产调解程序中，按照调解规则向当事人提供清晰、高效的程序框架。这一规则结合了ICOM博物馆规则，也包含了关于调解员公平性和独立性的特别规定。

调解程序是一个双方协议选定的程序。当事人有两种途径将纠纷提交本调解程序以达成协议。第一种做法是当事人事先在协议或合同中加入调解条款，ICOM和WIPO都制订有ICOM-WIPO调解示范合同条款；第二种做法是在纠纷发生后将纠纷交由调解程序加以解决。在这种情况下，当事人可以签订ICOM-WIPO调解示范合同文本。

当事人将调解合同向ICOM秘书处提交。ICOM秘书处进行初步审查，在30天内完成调解请求的初步审查。此后，所有合格的请求被发至WIPO仲裁中心进行调解，由WIPO中心管理这一程序。当事人可以选择在艺术与文化遗产纠纷调解方面富有经验的调解员。如果申请不符合调解程序要求，ICOM秘书处将向当事人双方发送退回函。纠纷双方当事人可以选择使用WIPO电子案件工具（WIPO ECAF），这一工具允许当事人和所有其他案件中的主体提交电子文件，以提高通信效率。ICOM和WIPO均严格遵守程序进程，以提高程序效率。

四、WIPO处理的艺术与文化遗产纠纷实例

（一）WIPO在土著社团与博物馆之间文化遗产纠纷中的"善意调停"

一家土著社团向WIPO仲裁中心提出要求调解和仲裁的申请，认为一件古代文化遗产属于社团的神圣性宗教财产，并且经过充分调查，认为其属于社团所有，其在许多年前被某一博物馆购买并且列入该博物馆的馆藏与展览名录中。该土著社团更进一步提出，该文化遗产的图片未经其许可而被复制。

WIPO运用"善意调停"机制，调查了解博物馆的潜在利益和主要关切点，以使博物馆同意将该纠纷提交调解和/或仲裁。

博物馆进行了回应。它解释了对于文化遗产性质的不同理解，试图澄清该遗产购买的目的。博物馆认为在购买之前获得了文化遗产所属国的授权同意。博物馆也指出，它并未为商业目的使用该文化遗产，而是良好地保护该文化遗产并且仅仅用于教育目的。特别是，博物馆承认对该文化遗产图片未经许可进行了复制，但并没有从中获得利益。最后，博物馆认为本纠纷不适

宜进行调解或仲裁。

该纠纷并未最终正式提交调解或仲裁，但是从该案的处理上，可以看到仲裁与调解机制在文化遗产纠纷中的作用。"善意调停"机制，可以为双方当事人未来的对话提供帮助，它提供了一个平台，允许当事人澄清事实和意见，也可以让利益相关方充分考虑相关文化遗产纠纷是否需要通过仲裁程序加以解决。

（二）关于艺术家与艺术画廊合同纠纷的仲裁

一家欧洲艺术画廊与一位欧洲艺术家签订了排他性合作协议，以在国际市场上推介该艺术家。该合同包含了指定三位仲裁员的仲裁条款。合同签订后三年，双方关系恶化，艺术家向画廊发出解除合同的通知。艺术画廊提起仲裁，WIPO仲裁中心指定了三位仲裁员。

仲裁庭建议双方进行谈判，双方也再次达成了协议，并且向仲裁庭请求批准同意。该协议包括终止双方的合同，并且规定若干艺术家的作品由艺术家提供给画廊。

（三）WIPO关于文化产品金融协议的简易仲裁程序

某艺术演出制作人与保险公司签订一份金融协议，该协议包含了WIPO简易仲裁程序条款。后来，该制作人对在新加坡的企业提起仲裁，按照这一金融协议要求对方承担在新加坡进行仲裁的费用。由于保险公司拒绝支付这一费用，制作人提起WIPO简易仲裁程序，要求支付这一费用。作为裁决的一部分，新加坡仲裁庭要求WIPO简易仲裁在其开始之后的六周内作出最终的裁决。在与双方当事人协商之后，WIPO仲裁中心指定了一个独任仲裁员。在德国法兰克福经过一天的庭审，独任仲裁员在五周内作出了一个及时的仲裁。

综上所述，艺术与文化遗产纠纷并不适宜使用法院诉讼程序加以解决，尤其是对于跨国发生的纠纷更为不适合。仲裁和调解机制，可以为当事人提供一个较为自由宽松的专业平台，从而更为灵活地解决艺术与文化遗产纠纷。目前较为成熟运行的是ICOM-WIPO艺术与文化遗产调解程序，此外

WIPO仲裁中心也处理相关艺术与文化遗产纠纷问题。笔者认为，我国作为文化遗产大国，文物回归、文化遗产返还等问题一直是急迫呼吁解决的问题，因此灵活地应用仲裁和调解机制，是我国艺术品、文物、文化遗产回归的一条可选择的道路。